देश का विभाजन और सावरकर

डॉ. राकेश कुमार आर्य

डायमंड बुक्स

www.diamondbook.in

प्रकाशक : डायमंड पॉकेट बुक्स (प्रा.) लि.
X-30, ओखला इंडस्ट्रियलएरिया, फेज-II
नई दिल्ली-110020
फोन : 011-40712200
ई-मेल : sales@dpb.in
वेबसाइट : www.diamondbook.in
संस्करण : 2023
मुद्रक : रेप्रो (इंडिया)

Desh Ka Vibhajan Aur Savarkar
by *Dr. Rakesh Kumar Arya*

लेखकीय निवेदन

सावरकर जी की जयंती के अवसर पर इस बार प्रधानमंत्री श्री नरेंद्र मोदी देश के नए संसद भवन का उद्घाटन कर रहे हैं। जिस पर प्रत्येक राष्ट्रवादी को अपार प्रसन्नता की अनुभूति हो रही है।

यद्यपि इसी समय देश के विपक्षी नेता कांग्रेस के नेतृत्व में इस उद्घाटन समारोह का बहिष्कार कर रहे हैं। महापुरुषों की जयंतियों के अवसर पर ऐसी राजनीति केवल भारत में ही देखी जा सकती है। सचमुच विपक्षी दलों के नेताओं के इस प्रकार के आचरण को देखकर दुख होता है।

सावरकर जी का इतिहास चिंतन बड़ा अनुपम है। उन्होंने सोयी हुई हिंदू जाति को जगाने के लिए इतिहास की गौरवशाली व्याख्या प्रस्तुत की।'सावरकर समग्र' के खंड 2 के पृष्ठ 435 पर वह लिखते हैं :- 'जिस कालखंड में बुद्ध धर्म और वैदिक धर्म के बीच कुछ-कुछ धार्मिक और अधिकांश राजनीतिक कारणों से जो लड़ाइयाँ छिड़ीं, जिसमें अंत में बौद्धों को पराजित होना पड़ा था, इन लड़ाइयों के दौरान उस समय जिस राष्ट्रीय संकट का पहाड़ टूटने वाला था, उसका निवारण कर लिया गया। आगे के कालखंड में हिंदू राष्ट्र की समन्वय प्रक्रिया के तहत इसी भगवान बुद्ध को दसवें अवतार के रूप में समाविष्ट कर लिया गया। इसलिए हिंदू राष्ट्र का इतिहास पढ़ते समय हिंदू संगठकों को ऐसी ही समन्वय बुद्धि से इतिहास को पढ़ना चाहिए। ....आज की परिस्थितियों में जितना निंदनीय है अथवा जो कुछ देश के लिए घातक है, बस उतना ही आज त्याज्य है। जो कुछ भी आज देश के लिए हितकारी है, वह सब आचरण करने योग्य है। इतिहास की पिछली घटनाओं का उल्लेख करते समय भी इस बात की सावधानी बरती जानी चाहिए कि हम आपसी कलह की चिंगारी को फिर से नाहक ही हवा न दे पाएं। इससे यथासंभव बचना चाहिए। जिन घटनाओं के वर्णन मात्र से हमारे आज के हिंदू संगठन और

मजबूत होते हैं, हिंदुओं में आपसी प्रेम सहयोग एक राष्ट्रीयता की भावना में वृद्धि होती हो, ऐसी ही हम सबके गौरव की बातों का उल्लेख आज के लेखन में किया जाए। जो राष्ट्रीय राम कहानी आज की दृष्टि से लाभदायक हो सकती है, उनका उल्लेख भी आज के लेखन में किया जाए।

सावरकर जी के इस कथन का अभिप्राय यह नहीं कि हम अपने इतिहास में आए झूठे विवरणों को भी इसलिए स्वीकार कर लें कि इससे सामाजिक समरसता को स्थापित करने में सहायता मिलेगी। उनके इस कथन का अभिप्राय स्पष्ट है कि वे उस गौरवशाली इतिहास परंपरा को अक्षुण्ण रखने के समर्थक हैं जिससे हिंदू राष्ट्रवाद की अवधारणा को बलवती करने में सहायता मिलती हो।

यहाँ पर हम इतिहास लेखन की उस विकृत परंपरा की ओर संकेत करना चाहेंगे जिसमें हमारे वैदिक धर्मरक्षक महान शासक पुष्यमित्र शुंग को बौद्ध धर्म विरोधी सिद्ध कर उसे राजा का हत्यारा बताकर अपमानित करने का षड्यंत्र रचा गया।

पुष्यमित्र शुंग पर आरोप लगाया गया कि उसने राजा ब्रहद्रथ की हत्या करने का पाप किया था। हमें पुष्यमित्र शुंग के बारे में सत्य को समझने की आवश्यकता है। यह सत्य है कि महात्मा बुद्ध वैदिक धर्म के उद्धारक थे। वह वेद व्यवस्था के समर्थक थे परंतु उनके अनुयायियों ने कालांतर में एक अलग संप्रदाय का संस्थापक सिद्ध कर उन्हें वेद विरोधी बनाने का भी राष्ट्रघाती प्रयास किया। ब्रहद्रथ अशोक के वंशज के रूप में उन दिनों मगध पर शासन कर रहा था। अशोक पर अपने शासनकाल के दौरान बौद्ध धर्म का रंग इस कदर चढ़ गया था कि उसने 84 हजार मठों का निर्माण करा दिया था। कलिंग युद्ध के पश्चात उसने अपनी सेना को भी बौद्ध धर्म अपनाने और अहिंसावादी बन जाने की शिक्षा देकर उसे कायर बना दिया था। अपने पूरे शासन तंत्र को उसने बौद्ध धर्म के लिए समर्पित कर दिया था। इससे भारत के क्षत्रिय धर्म की बड़ी हानि हुई। वीरता के स्थान पर कायरता की बातें होने लगी।

अशोक की इस प्रकार की कायरतावादी सोच और नीतियों का विरोध करने के लिए उस समय वैदिक धर्मी लोग सक्रिय हो रहे थे। पतन की जिस कहानी का सूत्रपात अशोक कर रहा था उसका प्रतिरोध करने के लिए और देश की मौलिक वैदिक वीर क्षत्रिय परंपरा की स्थापना के लिए भी काम करने वाले लोग सक्रिय हो रहे थे। विदेशी आक्रमणकारी सिकंदर के आक्रमण के 90 वर्ष पश्चात ब्रहद्रथ के काल में जब पतन की निम्न अवस्था आई तो विदेशी ग्रीक हमलावर मनिंदर अशोक द्वारा निर्मित किए गए मठों में बौद्ध भिक्षुओं के रूप में अपने सैनिकों को भेजने में सफल हो गया था। उसके इस घातक षडयंत्र की भनक हमारे उस समय के शासक ब्रहद्रथ के महान सेनापति पुष्यमित्र शुंग को लग गई थी। इस शासक के शासनकाल तक उस समय का बहुत बड़ा भारत बौद्ध मतावलंबी बन चुका था। अब आप अपनी कल्पना कीजिए कि कायरतावादी सोच की उस रंगत को उतारने के लिए उस समय कितने बड़े स्तर पर योजनाएं बनाई गई होंगी और क्रांति की आवश्यकता अनुभव करते हुए कितने बड़े स्तर पर कार्य किया गया होगा? सचमुच उस समय पुष्यमित्र शुंग के नेतृत्व में बड़ी क्रांति हुई थी।

पुष्यमित्र शुंग के समक्ष उस समय दो बड़ी चुनौतियाँ काम कर रही थीं। एक तो राजा बृहद्रथ की कायरता उसकी आँखों में चुभती थी। दूसरे विदेशी हमलावर मनिंदर की गुप्त योजनाओं को समझकर उसका समूल नाश करना उसके लिए बड़ी चुनौती थी। ग्रीक राजा मनिंदर उस समय बौद्ध धर्मगुरुओं से संपर्क साधे हुआ था और उनसे इस विदेशी राजा ने स्पष्ट कर दिया था कि यदि वह उसे भारत को जीत लेने देंगे तो वह स्वयं बौद्ध मत स्वीकार कर लेगा। राष्ट्रद्रोह की सीमाओं को लाँघते हुए उस समय के बौद्ध धर्म गुरुओं ने अपने सारे मठ विदेशी हमलावर राजा मनिंदर को अपनी योजना को सिरे चढ़ाने के लिए उपलब्ध करा दिए।

पुष्यमित्र शुंग को जब इस प्रकार की गतिविधियों की जानकारी हुई तो उसने अपने राजा से इन गतिविधियों की जाँच कर देशद्रोही लोगों के विरुद्ध कार्रवाई करने की अनुमति माँगी। परंतु राजा ने उसे अनुमति नहीं दी। तब राष्ट्रभक्ति से ओतप्रोत वह महान सेनापति स्वयं ही इन राष्ट्रद्रोहियों का सामना करने के लिए चल दिया।

अपनी कार्यवाही के दौरान पुष्यमित्र शुंग ने अनेक देशद्रोही बौद्धों को भी गिरफ्तार किया। कितने ही विदेशियों को मौत के घाट उतारा। जब पुष्यमित्र शुंग अपने इस विजय अभियान को पूर्ण करके राजधानी लौटा तो उस समय राजा अपनी सेना का निरीक्षण कर रहा था। उसके द्वारा की गई इस कार्यवाही पर राजा ने अपना क्रोध और विरोध व्यक्त किया। इस बात को लेकर दोनों में वहीं पर कहासुनी हुई। राजा ने अपने सेनापति को उस समय मारने का असफल प्रयास किया। अपनी प्राण रक्षा करते हुए पुष्यमित्र शुंग ने इतना जोरदार प्रहार किया कि उसमें राजा ब्रहद्रथ मारा गया।

निराशावादी और भ्रामक इतिहास लेखन में तथ्यों के साथ खिलवाड़ करते हुए देशद्रोही बन गए राजा को बहुत ही न्याय प्रिय और देशभक्त दिखाने का प्रयास किया गया है। जबकि पुष्यमित्र शुंग जैसे महान सेनापति को राष्ट्रभक्त के स्थान पर राजद्रोही दिखाने का अक्षम्य अपराध किया गया है। इतिहास लेखन के इसी घटिया नमूने को काँग्रेस ने नेहरू भक्ति या गांधी भक्ति के रूप में देश पर लादने का प्रयास किया। इससे इतिहास के महान देशभक्तों के साथ अन्याय हुआ।

सावरकर इस प्रकार के इतिहास लेखन के विरोधी थे। आज जब हमारी नई संसद का उद्घाटन सावरकर जी की जयंती के अवसर पर हो रहा है तो हमें अब यह अपेक्षा करनी चाहिए कि इसके पश्चात राष्ट्र नायकों का अभिनंदन करने वाला इतिहास शीघ्र ही हमारे स्कूलों के पाठ्यक्रम में लगेगा। वास्तव में, ऐसे इतिहास लेखन को ही सावरकर जी को सच्ची श्रद्धांजलि देना माना जाएगा। आज राष्ट्र को सावरकरवाद की आवश्यकता है।

जिसका अर्थ है स्वाभिमानी,स्वावलंबी, समर्थ,सक्षम और विश्व गुरु भारत। इस पुस्तक के माध्यम से हमने यह स्पष्ट करने का प्रयास किया है कि सावरकर जी अपने काल में किस प्रकार

इतिहास के सच के माध्यम से भारत के लोगों को वास्तविकता का बोध करा रहे थे? कुछ लोगों ने उनको देश के विभाजन के लिए जिम्मेदार माना है। कांग्रेस के नेताओं ने कम्युनिस्टों के साथ मिलकर इस दिशा में कई प्रकार के आरोप सावरकर जी पर लगाए हैं। उस दृष्टिकोण से यह स्पष्ट होना आवश्यक है कि भारत में द्विराष्ट्रवाद के सिद्धांत का वास्तविक जनक कौन था?

कौन सी विचारधारा से प्रेरित होकर देश का विभाजन हुआ? उस समय देश के लोगों में नेहरू गांधी के प्रति आक्रोश क्यों था? क्यों वे उस समय सावरकर जी को अपनी भावनाओं के कहीं अधिक निकट मान रहे थे? जिस समय देश का विभाजन हुआ उस समय पाकिस्तान से हिंदुस्तान के लिए चले हिन्दुओं के द्वारा कैसे-कैसे कष्ट उठाए गए? सावरकर जी से काँग्रेस और मुस्लिम नेतृत्व घृणा क्यों करता था? यह स्पष्ट होना भी समय की आवश्यकता है। बस, ऐसी ही सोच से प्रेरित होकर इस पुस्तक को मेरे द्वारा तैयार किया गया है। जिसमें जिन विद्वानों के ग्रंथों के उद्धरण मैंने प्रस्तुत किए हैं उनके प्रति कृतज्ञता ज्ञापित करता हूँ।

जिन महानुभावों ने विभाजन की उस पीड़ा को अपनी आँखों से देखा था उनके अनुभवों को इस पुस्तक के अंत में परिशिष्ट भाग में प्रस्तुत किया गया है, जिसका संपादन मेरे द्वारा किया गया है। उनके द्वारा प्रस्तुत किए गए विचारों ने पुस्तक को और भी अधिक उपयोगी बनाने में अपना सहयोग दिया है। अतः उनके प्रति भी आभार व्यक्त करता हूँ।

पुस्तक प्रकाशन के लिए डायमंड पॉकेट बुक्स के चेयरमैन श्री नरेंद्र कुमार वर्मा जी का सहयोग भी अत्यंत वंदनीय है। जिन्होंने अति शीघ्र इस पुस्तक को पाठकों के हाथों में प्रस्तुत करने में अपना अप्रतिम सहयोग मुझे प्रदान किया है। इसके अतिरिक्त परमपिता परमेश्वर की असीम अनुकंपा को हृदय से नतमस्तक होकर मैं अपने पूज्य माताजी - पिताजी श्रद्धेय ज्येष्ठ अग्रज प्रोफेसर विजेंद्र सिंह आर्य जी (जो कि स्वयं कवि हैं और कई पुस्तकों के लेखक हैं,) मेजर वीर सिंह आर्य जी और श्री देवेंद्र सिंह आर्य जी(जिनके द्वारा आधा दर्जन पुस्तकों का लेखन कार्य किया गया है और जिनके कुशल मार्गदर्शन में उगता भारत समाचार पत्र परिवार फलफूल रहा है), इसके अतिरिक्त अपने सभी परिजनों, प्रियजनों और उन सभी पाठकों के प्रति भी हृदय से आभार व्यक्त करता हूँ जिनके शुभ आशीर्वाद और शुभकामनाओं के चलते यह पुस्तक आप तक पहुँचती है।

आशा है कि मेरा प्रयास आपके लिए निश्चय ही रुचिकर होगा।

दिनांक : 26 मई 2023

-डॉ. राकेश कुमार आर्य

विषय सूची

अध्याय 1: नए संसद भवन का उद्घाटन और विपक्ष

नए संसद भवन के उद्घाटन समारोह के बहिष्कार के बहाने विपक्ष 2024 के लोकसभा चुनावों की अपनी भूमि और भूमिका तैयार कर रहा है। जितने भर भी राजनीतिक दल नए संसद भवन के उद्घाटन समारोह का बहिष्कार कर रहे हैं उन्हें 2024 के चुनावों की राजनीति ऐसा करने के लिए बाध्य कर रही है। माना जा रहा है कि सारा विपक्ष एक हो गया है। यद्यपि विपक्ष इस समय भी एक नहीं है। उसके भीतर संतरे की फाड़ियाँ आज भी बनी हुई हैं। तात्कालिक आधार पर ऊपरी आवरण उनके एक होने का भ्रम पैदा कर रहा है। राजनीति में सत्ता स्वार्थ किसी को निकट तो किसी को दूर कर देते हैं। इन सत्ता स्वार्थों को पहचानने वाले लोग कभी यह नहीं कहते कि ये लोग एक हो गए हैं या स्थायी रूप से दूर हो गए हैं।उद्घाटन समारोह का बहिष्कार करने की घोषणा करने वाली पहली राजनीतिक पार्टी तृणमूल कांग्रेस थी। तृणमूल कांग्रेस की राजनीति को समझकर 20 और विपक्षी दल भी बहिष्कार की राजनीति पर उतर आए। इन राजनीतिक दलों में आम आदमी पार्टी, कांग्रेस, राजद, जदयू, राकांपा के अलावा वाम दल भी सम्मिलित हैं। ये सारे के सारे राजनीतिक दल राजनीति में शुचिता की बात करते हुए सिद्धांतों को लागू कराने और लोकतंत्र के नाम पर लोकतांत्रिक परंपराओं का निर्वाह करने की दुहाई देते दिखाई दे रहे हैं। यद्यपि इनमें से एक भी राजनीतिक दल ऐसा नहीं है, जिसने लोकतांत्रिक मान्यताओं,सिद्धांतों, परंपराओं और मूल्यों का कभी अक्षरश: पालन किया हो। जिस प्रकार राजनीतिक दलों का इस समय 21 बनाम 24 के आंकड़े के साथ ध्रुवीकरण हुआ है उसका एक ही कारण है कि सभी को 2024 के लोकसभा चुनाव दिखाई दे रहे हैं।

यदि बात कांग्रेस की करें तो कांग्रेस के नेता राहुल गांधी स्वयं लोकतंत्र की हत्या करते हुए सबसे पहले उस समय देखे गए थे जब उन्होंने अपने ही प्रधानमंत्री मनमोहन सिंह के एक विधेयक को सार्वजनिक रूप से फाड़ दिया था। हम सभी जानते हैं कि राहुल गांधी उस समय

केवल एक सांसद थे और सांसद को कभी भी यह अधिकार नहीं होता कि वह देश के प्रधानमंत्री का सार्वजनिक रूप से इस प्रकार अपमान करे। पर कांग्रेस के एक परिवार के 'राजकुमार' को यह विशेषाधिकार था कि वह लोकतंत्र और लोकतांत्रिक मूल्यों की हत्या करते हुए संविधान को भी फाँसी पर चढ़ा दे? इसीलिए उन्होंने ऐसा किया। कांग्रेस की नेता सोनिया गांधी उस समय यूपीए की चेयरपर्सन होने के नाते राष्ट्रपति और प्रधानमंत्री से भी नमस्कार नहीं करती थीं। वह अपने आप को संविधानेत्तर मानती थीं और इसी रूप में लोगों से मिला करती थीं। उन्होंने उस समय देश के प्रधानमंत्री की उपस्थिति में पूर्वोत्तर भारत के एक राज्य मणिपुर और उसके अतिरिक्त एक दूसरे राज्य छत्तीसगढ़ की विधानसभाओं का उद्घाटन भी किया था। उस समय उन प्रान्तों के राज्यपाल तक को आमंत्रित नहीं किया गया था। धर्म का पाठ पढ़ाने वाली कांग्रेस के लिए धर्म या नैतिकता उस समय कहाँ चली गई थी?

सवाल हैं, और लोग सवाल अवश्य पूछेंगे। सवाल यह भी है कि जब द्रौपदी मुर्मू एक आदिवासी महिला के रूप में चुनाव लड़ रही थीं तो उस समय उनका विरोध कांग्रेस और उसके साथी दल क्यों कर रहे थे? यदि उनसे इतना ही प्रेम था तो वह एक आदिवासी महिला को ससम्मान राष्ट्रपति भवन पहुँचने देते।

सवाल यह भी है कि जबसे प्रधानमंत्री मोदी ने प्रधानमंत्री पद का कार्यभार संभाला है क्या तबसे लेकर आज तक कोई भी ऐसा मुद्दा, विधेयक या प्रस्ताव संसद में आया है जिसे विपक्ष ने अपनी सहज स्वीकृति देकर पारित होने दिया? जबकि अनेक विधेयक और प्रस्ताव ऐसे आए हैं जो राष्ट्रहित में यथावत पारित हो ही जाने चाहिए थे। परंतु कांग्रेस ने सरकार और संसद को न चलने देने की कसम खा ली। यही कारण रहा कि पिछले 9 वर्ष में संसद का एक सत्र भी ऐसा नहीं गया जिसमें केवल और केवल अड़ंगा डालने की नीति से अलग कांग्रेस और उसके साथी दलों ने कभी सहयोगी दृष्टिकोण अपनाकर विधायी कार्य करने में सरकार की सहायता की हो।

कांग्रेस को अभी तक के स्वाधीन भारत के इतिहास में सबसे अधिक केंद्र में शासन करने का अवसर प्राप्त हुआ है। इस पार्टी में भी एक 'परिवार' को यह सौभाग्य अधिक मिला है। राजनीति का यह सिद्धांत है कि जो व्यक्ति अधिक देर तक सत्ता में रह लेता है उसे सत्ता का मद भी आ जाता है। पद और मद दोनों का अन्योन्याश्रित संबंध है। देश के पहले प्रधानमंत्री पंडित जवाहरलाल नेहरू ने देश पर 2 सितंबर 1946 से लेकर 1964 की 27 मई तक निरंतर शासन किया। उनके भीतर राजशाही ठाट से रहने की प्रवृत्ति थी। दुर्भाग्य से उन्होंने अपनी इस प्रवृत्ति को सत्ता प्राप्त करने के पश्चात भी परिवर्तित नहीं किया था। कदाचित यही कारण था कि उन्हें अपने प्रधानमंत्रित्व काल में देश के राष्ट्रपति भवन में एक सीधा-सादा, जमीन से जुड़ा हुआ, सादगी पसंद और भारत व भारतीयता से प्रेम करने वाला राष्ट्रपति अर्थात डॉ. राजेंद्र प्रसाद पसंद नहीं थे।

पंडित जवाहरलाल नेहरू ने कोई भी ऐसा अवसर खाली नहीं जाने दिया था जब उन्होंने डॉ.

राजेंद्र प्रसाद की उपेक्षा न की हो। राजेंद्र बाबू जहाँ देश के पहले राष्ट्रपति थे, वहीं वे आज तक के ऐसे पहले राष्ट्रपति भी हैं जिनकी राष्ट्रपति भवन में रहते हुए अपने समकालीन प्रधानमंत्री के द्वारा सर्वाधिक उपेक्षा की गई हो। राजेंद्र बाबू चाहते थे कि भारतीय संस्कृति को क्षतिग्रस्त करने वाले कानून न बनाए जाएं तो अच्छा है, पर हिंदू कोड बिल को लाकर जवाहरलाल नेहरू ने राजेंद्र बाबू की भावनाओं को आहत किया और आहत राष्ट्रपति से हिंदू कोड बिल पर हस्ताक्षर करवाकर उन्हें नीचा दिखाने का काम भी किया।

पंडित जवाहरलाल नेहरू नहीं चाहते थे कि देश का पहला राष्ट्रपति डॉ. राजेंद्र प्रसाद को बनाया जाए। वे शाही तड़क-भड़क रखने वाले सी0 राजगोपालाचारी को अपने अनुकूल मानते थे और चाहते थे कि देश का पहला राष्ट्रपति बनने का सौभाग्य उन्हीं को प्राप्त हो। इस योजना को सिरे चढ़ाने के लिए उन्होंने झूठ बोलते हुए एक पत्र डॉ. राजेंद्र प्रसाद को लिख दिया था कि वे स्वयं और सरदार पटेल नहीं चाहते कि आप देश के पहले राष्ट्रपति बनें। इस पत्र को पढ़कर डॉ. राजेंद्र प्रसाद को अत्यंत कष्ट हुआ था। उन्होंने इस पत्र को जब सरदार पटेल के पास भेजा तो वह भी इस पत्र को पढ़कर सन्न रह गए थे। वास्तव में पटेल और नेहरू के बीच ऐसी कोई बात हुई ही नहीं थी।

राजेंद्र प्रसाद देश के दो बार राष्ट्रपति बने और दोनों बार ही उन्हें नेहरू के विरोध का सामना करना पड़ा। डॉ. राजेंद्र प्रसाद देश के राष्ट्रपति तो बन गए पर उन्हें राष्ट्रपति भवन में रहते हुए 12 वर्ष तक नेहरू की उपेक्षा,तिरस्कार और बहिष्कार की नीति का सामना करना पड़ा। आज की राहुल गांधी की कांग्रेस उस उपेक्षा, तिरस्कार और बहिष्कार की नीति को संविधान सम्मत मानती है या संविधान विरोधी मानती है?

हम सभी जानते हैं कि जिस समय सोमनाथ मंदिर के जीर्णोद्धार का समय आया था तो उस समय देश के राष्ट्रपति डॉ. राजेंद्र प्रसाद ने उस कार्यक्रम में जाने की इच्छा व्यक्त की थी। जिस पर नेहरू ने असहमति व्यक्त की थी। यद्यपि भारतीय अस्मिता के प्रतीक सोमनाथ मंदिर के जीर्णोद्धार के संबंध में आयोजित होने वाले कार्यक्रम में डॉ. राजेंद्र प्रसाद उपस्थित हुए, पर यह सच है कि नेहरू ने अपनी खिन्नता को उस समय सार्वजनिक भी कर दिया था। सोमनाथ मंदिर के प्रकरण को लेकर डॉ. राजेंद्र प्रसाद पूर्णतया सरदार पटेल के साथ थे।

सरदार पटेल के जाने के पश्चात जब इस मंदिर का उद्घाटन 1951 में किया गया तो उस समय भी डॉ. राजेंद्र प्रसाद को उस कार्यक्रम में जाने से नेहरू ने रोका था। राजन बाबू न केवल इस कार्यक्रम में उपस्थित हुए थे बल्कि उन्होंने वहाँ जाकर बहुत ही ओजस्वी भाषण भी दिया था।

डॉ. राजेंद्र प्रसाद नेहरू की चीन और तिब्बत नीति के प्रति प्रारंभ से ही असहमत रहे थे। देश ने देखा कि उस मुद्दे पर देश के राष्ट्रपति ठीक थे और प्रधानमंत्री नेहरू पूर्णतया गलत थे।

इसी प्रकार राजभाषा को लेकर भी डॉ. राजेंद्र प्रसाद की स्पष्ट नीति थी। राजन बाबू ने 1961 में मुख्यमंत्रियों की एक बैठक के लिए अपनी ओर से यह सुझाव प्रेषित किया था कि जैसे यूरोप में सभी भाषाएं रोमन लिपि में लिखी जाती हैं, वैसे ही यदि भारत की सभी भाषाएं देवनागरी लिपि को अंगीकार कर लें तो इससे देश की एकता मजबूत होगी। राष्ट्रपति के इस प्रस्ताव को सभी मुख्यमंत्रियों ने स्वीकार कर लिया था पर नेहरू ने उन्हें नीचा दिखाने के लिए इस प्रस्ताव को मानने से इंकार कर दिया था।

नेहरू ने डॉ. राजेंद्र प्रसाद को नीचा दिखाने का क्रम उस समय भी जारी रखा था जब वह राष्ट्रपति पद के दायित्वों से मुक्त हो गए थे। वह दिल्ली में रहकर अपने संस्मरणों पर आधारित पुस्तक लिखना चाहते थे। जब नेहरू को इस बात की जानकारी हुई तो उन्होंने राजन बाबू को दिल्ली छोड़ने के लिए बाध्य कर दिया था। उनका सामान उठाकर पटना भेज दिया गया था। पटना में भी उन्हें कोई सरकारी बंगला नहीं दिया गया था। डॉ. राजेंद्र प्रसाद के पास अपना कोई निजी आवास नहीं था। तब देश के पहले राष्ट्रपति को सदाकत आश्रम के एक सीलन भरे कमरे में रहकर जीवन व्यतीत करना पड़ा था। वह उस कमरे में कुछ समय ही रह पाए थे। क्योंकि वहाँ जाकर वह बीमार रहने लगे थे। उन्हें दम की बीमारी हो गई थी। प्रधानमंत्री नेहरू ने कभी जाकर उनकी सुध नहीं ली थी। हाँ, जब जयप्रकाश नारायण उनसे उस आवास में मिलने के लिए गए तो उस कमरे की हालत को देखकर वह अत्यंत व्यथित हुए थे। कहते हैं कि तब उन्होंने अपने कुछ सहयोगियों के माध्यम से राजन बाबू के उस आवास को रहने लायक करवाया था, पर कुछ समय पश्चात ही अर्थात 28 फरवरी 1963 को डॉ. राजेंद्र प्रसाद संसार से विदा ले गए। बिहार में उस समय कांग्रेस की सरकार थी। पर नेहरू की सोच को समझकर कांग्रेस की सरकार की ओर से भी डॉ. राजेंद्र प्रसाद को कोई सुविधा उपलब्ध नहीं कराई गई थी।

अंतिम संस्कार के दिन भी नेहरू डॉ. राजेंद्र प्रसाद के अंतिम संस्कार में सम्मिलित न होकर राजस्थान के दौरे पर चले गए थे। राजस्थान के राज्यपाल उस समय डॉ. संपूर्णानंद थे। वह डॉ. राजेंद्र प्रसाद के अंतिम संस्कार में सम्मिलित होना चाहते थे। नेहरू ने उनसे भी यह कह दिया था कि यह कैसे संभव है कि देश का प्रधानमंत्री किसी राज्य में आए और वहाँ का राज्यपाल वहाँ उपस्थित ना हो? तब दु:खी मन से डॉ. संपूर्णानंद ने भी राजन बाबू के अंतिम संस्कार में सम्मिलित होने के निर्णय को टाल दिया था। यद्यपि नेहरू के मना करने के उपरांत भी तत्कालीन राष्ट्रपति डॉ. राधाकृष्णन राजन बाबू के अंतिम संस्कार में सम्मिलित हुए थे।

यदि बात नेहरू के बाद इंदिरा गांधी की करें तो उन्होंने जब देश में 25 जून 1975 को आपातकाल की घोषणा की थी तो रात्रि में जाकर देश के तत्कालीन राष्ट्रपति डॉ. फखरुद्दीन अली अहमद से जबरन आपातकाल लागू कराने के कागजात पर हस्ताक्षर कराए थे। उन कागजात पर हस्ताक्षर करते हुए फखरुद्दीन अली अहमद को पसीने आ गए थे। वह इतने दु:खी

हुए थे कि कुछ समय पश्चात ही सदमे से उनकी मृत्यु हो गई थी। वी. वी. गिरि को इंदिरा गांधी ने एक कमजोर राष्ट्रपति के रूप में राष्ट्रपति भवन भेजने का निर्णय लिया था। उन्हें वह अपनी मर्जी से चलाती थीं। इस प्रकार देश के राष्ट्रपति भवन में प्रधानमंत्री की कठोर छाया वी. वी. गिरि के राष्ट्रपति काल में स्पष्ट देखी जा सकती थी। जब जनता पार्टी के शासनकाल में डॉ. नीलम संजीव रेड्डी देश के राष्ट्रपति बने और जनता पार्टी की सरकार के पश्चात इंदिरा गांधी की सरकार फिर बनी तो उस समय भी प्रधानमंत्री और राष्ट्रपति के बीच अच्छे संबंध नहीं रहे थे।

बात राजीव गांधी की करें तो उन्होंने तो ज्ञानी जैल सिंह से इतनी खटास पैदा कर ली थी कि उन्हें सरकारी फाइलों को दिखाने तक से प्रतिबंधित कर दिया गया था। ज्ञानी जैल सिंह से आयु में बहुत छोटे रहे राजीव गांधी को उनसे नमस्कार करने तक में भी कष्ट होने लगा था। हमारे देश की लोकतांत्रिक परंपरा है कि जब देश का प्रधानमंत्री विदेश से लौटता है तो वह अपने विदेश दौरे की जानकारी देने के लिए राष्ट्रपति भवन जाता है। लेकिन राजीव गांधी ने इस संवैधानिक परंपरा को भी तोड़ दिया था।

कितने दुख की बात है कि जिस कांग्रेस पार्टी ने कदम-कदम पर राष्ट्रपतियों का अपमान किया है आज वही पार्टी राष्ट्रपति के सम्मान की बात करते हुए देश के नए संसद भवन के उद्घाटन समारोह का बहिष्कार कर रही है? कांग्रेस की इस कार्यप्रणाली को कोरी राजनीति तो कहा जा सकता है पर राष्ट्रनीति नहीं कहा जा सकता। कांग्रेस को याद रखना चाहिए कि सत्ता आनी जानी चीज होती है। यदि यह उसके पास नहीं रही तो यह रहेगी भाजपा के पास भी नहीं। पर जब वह कभी भविष्य में सत्ता में लौटेगी तो क्या राष्ट्र विरोधी आचरण से लोकतांत्रिक मूल्यों की हत्या करने से बने राख के ढेर पर बैठकर छाती पीटेगी या देश को चलाने के लिए कुछ बेहतर करने का प्रयास करेगी? आज के किए का भुगतान उस समय करना पड़ेगा। अच्छी बात होगी कि विपक्ष विधवा विलाप को छोड़कर राष्ट्र हित में उचित निर्णय ले।

(26 मई 2023)

❐

अध्याय 2: एक गांधीवादी के आरोप

अभी पिछले दिनों एक हिमांशु कुमार नामक गांधीवादी का लेख पढ़ा। इन महोदय ने अपने लेख के प्रारंभ में लिखा है कि 'मोदी ने अब से चौदह अगस्त को विभाजन विभीषिका स्मरण दिवस घोषित करवा दिया है। ये सोच रहे हैं कि इस बहाने हमें हर साल भारत के विभाजन के लिए जिम्मेदार बता कर मुसलमानों और कांग्रेसियों को गाली देने का मौका मिल जाएगा, लेकिन इस बार भाजपा से गलती हो गई है, क्योंकि सच्चाई अलग है। विभाजन के लिए अगर कोई दोषी है तो आरएसएस और हिन्दू महासभा दोषी हैं। जिन्ना शुरू से एक धर्म निरपेक्ष नेता थे। जिन्ना भगत सिंह के वकील थे, जिन्ना तिलक के वकील थे, सन् 1940 तक जिन्ना ने कभी भारत के बँटवारे की माँग नहीं की थी, जिन्ना को यह माँग करने के लिए मजबूर करने वाले थे हिन्दू महासभा के सावरकर, मुंजे, भाई परमानन्द और गोलवलकर। मुस्लिम लीग ने पाकिस्तान की माँग पहली बार 1940 में की, क्योंकि 1939 में यानी एक साल पहले ही हिन्दू महासभा ने दो कौम दो राष्ट्र का प्रस्ताव कर दिया था, कांग्रेस भी बँटवारे के खिलाफ थी। मौलाना आज़ाद खान अब्दुल गफ्फार खान, गांधी, नेहरू सबके सब बँटवारे के खिलाफ थे, गांधी जी ने तो यहाँ तक प्रस्ताव कर दिया था कि भारत का प्रधानमंत्री जिन्ना को बना दो लेकिन बँटवारा मत करो।'

यह बहुत ही दुर्भाग्यपूर्ण है कि अब जबकि इस्लाम की सांप्रदायिकता और देश में आतंकवाद को बढ़ावा देने की उसकी प्रवृत्ति को देखते – देखते आजादी के 75 वर्ष बीत गए हैं, तब भी हमारे देश में हिंदूवादी राष्ट्रवादी लोगों को ही देश के विभाजन के लिए जिम्मेदार मानने वाले लोग जीवित हैं। इन लोगों की सोच परिवर्तित नहीं हुई है। यद्यपि एक नहीं अनेक उदाहरण इस प्रकार के हैं जिनसे यह सिद्ध होता है कि न केवल भारत में बल्कि संसार के उन सभी देशों में इस्लाम अपनी आतंकवादी सोच के लिए जाना व समझा जाता है, जहाँ-जहाँ इसे मानने वाले लोगों की अच्छी जनसंख्या रहती है। जिन हिंदूवादी राष्ट्रवादी नेताओं का नाम इस लेखक ने ऊपर लिया है उन सभी का दोष केवल एक था कि वे राष्ट्रविरोधी गतिविधियों में संलिप्त लोगों की मानसिकता को उजागर करने का कार्य कर रहे थे और न केवल उजागर करने का कार्य कर

रहे थे बल्कि आवश्यकता पड़ने पर उन्हें उचित प्रतिक्रिया देने से भी नहीं चूकते थे। कहने का अभिप्राय है कि सुरक्षात्मक दृष्टिकोण अपनाकर राष्ट्रहित में वीरोचित काम करना भी राष्ट्रवादी लोगों के लिए इस देश में इन लेखक महोदय जैसे लोगों ने दूभर कर दिया है।

सबसे पहली बात तो यह है कि जिस जिन्नाह का इन गांधीवादी लेखक महोदय ने बचाव किया है उस जिन्नाह का परिवार यदि मुसलमान बना तो निश्चित रूप से इसके पीछे उसके परिवार या उसके पूर्वजों की हिंदू विरोधी मानसिकता ही काम कर रही थी। यह एक अलग कहानी है कि वह कैसे हिंदू से मुसलमान बन गए थे? पर जब मुसलमान बन गए तो उन्होंने वही किया जो एक हिंदू से मुसलमान बना व्यक्ति हिंदू के साथ करता आया है। हम सभी जानते हैं कि कालापहाड़ नाम का एक व्यक्ति ही है जो हिंदू से मुसलमान बनने के बाद आज के बांग्लादेश को बनाने का एकमात्र जिम्मेदार व्यक्ति है। इसी नीति – रणनीति पर काम करने वाले जिन्नाह ने भी देश को बाँटने का कार्य किया। इसके साथ – साथ हम यह भी जानते और मानते हैं कि जिन्नाह प्रारम्भ में धर्मनिरपेक्ष अर्थात सेकुलर था और उसे देश के बँटवारे तक जाने की कोई इच्छा नहीं थी, परंतु जैसे-जैसे उस पर इस्लाम का रंग चढ़ा और उसकी राजनीतिक इच्छा शक्ति जागृत हुई तो कालांतर में वह स्वयं देश के बँटवारे की जिद पर अड़ गया था। इसके पीछे वे अनेक कारण थे जो इस्लाम को इस देश को तोड़ने के लिए सदियों से प्रेरित करते आ रहे थे।

हमें इस भ्रान्त धारणा से बाहर निकलना चाहिए कि मुगलों ने इस देश को जोड़ने का काम किया था, तोड़ने का नहीं। इसके स्थान पर इस सत्य को स्वीकार करना चाहिए कि मुगलों ने इस देश को तोड़ने का कार्य किया, जोड़ने का नहीं। यदि वह हमारे देश में इस्लामिक विचारधारा को नहीं फैलाते तो निश्चित रूप से ना तो आज अफगानिस्तान होता ना पाकिस्तान होता और न बांग्लादेश होता। सावरकर, गोलवलकर, डॉ. मुंजे, भाई परमानंद जैसे लोगों ने इस सत्य को गहराई से समझा। समझकर उन्होंने देश के लोगों को जागृत किया कि मुस्लिम लीग और अंग्रेज मिलकर क्या षड्यंत्र रच रहे हैं? और किस प्रकार वे देश के विभाजन की ओर बढ़ते जा रहे हैं? इन लोगों का इस प्रकार भंडाफोड़ करना ही उन तथाकथित गांधीवादियों को आज तक चुभता रहा है जिनका बड़ा नेता अर्थात महात्मा गांधी अंग्रेजों से 1930 तक भी ₹100 प्रति महीने अपने दैनिक खर्चों के लिए प्राप्त कर रहे थे।

सर सैयद अहमद खान के बारे में

अब हम उपरोक्त लेखक को बताने का प्रयास करेंगे कि जिस समय सावरकर 4 वर्ष के ही थे उस समय मुस्लिम नेता क्या कर रहे थे और क्या कह रहे थे? इस संबंध में सबसे पहले हम सर सैयद अहमद खान के बारे में विचार करते हैं। सर सैयद अहमद खान को एक बहुत बड़े इस्लामिक शिक्षाविद के रूप में दिखाया जाता है। उनके बारे में यह भी प्रचार किया जाता है कि

वह बहुत बड़े राष्ट्रवादी थे और उनके लिए इस्लाम से पहले देश था। यद्यपि ऐसा नहीं था। उनके बारे में सच्चाई यह है कि उन्होंने जीवन भर इस्लाम के लिए काम किया और इस्लाम को फिर से पुनर्जीवित करने में अपनी पूरी शक्ति लगा दी। उनकी इच्छा थी कि अंग्रेजों के जाने के बाद मुसलमानों को देश का राज्य मिले और मुगलों के शासन की वापसी देश में हो। प्रारंभ से ही गांधीवादी लेखकों को हिंदू से मुसलमान बने लोगों की 'घर वापसी' पर तो आपत्ति होती रही है पर मुगलों की 'शासन वापसी' उन्हें सदा स्वीकार्य रही है। यहाँ तक कि गांधीजी स्वयं भी इस बात के समर्थक थे कि यदि इस देश पर मुसलमानों का शासन हो तो कोई बुरी बात नहीं है। वह औरंगजेब जैसे क्रूर बादशाह को भी बहुत ही उदार, दयालु और न्याय कारी मानते थे।

इसके विपरीत सावरकर जी जैसे लोग इस देश पर विदेशियों के प्रत्येक हमले की निंदा करते रहे थे और वे 712 में मोहम्मद बिन कासिम द्वारा किए गए आक्रमण से लेकर अंग्रेजों तक के प्रत्येक विदेशी को विदेशी कहकर संबोधित करते रहे थे। वे तुर्कों और मुगलों को भी इस देश में गुलामी का प्रतीक मानते थे। इसलिए उनकी संस्कृति, उनकी सोच और उनकी राजनीति उनके लिए त्याज्य थी।

वास्तव में अलीगढ़ मुस्लिम विश्वविद्यालय के संस्थापक सर सैयद अहमद खान भारत में द्विराष्ट्रवाद के सिद्धांत के प्रतिपादक थे। मुस्लिम तुष्टीकरण के राग में लगे गांधीवादी लेखक सावरकर जी पर तो दिराष्ट्रवाद के सिद्धांत का आरोप लगा देते हैं, पर सर सैयद अहमद खान के बारे में कुछ भी बोलने या उन पर शोध करने से वह पीछे हट जाते हैं। सर सैयद अहमद खान जैसे लोगों की प्रत्येक गतिविधि उन्हें राष्ट्रभक्ति में सनी हुई दिखाई देती है। उनके किसी भी राष्ट्र विरोधी वक्तव्य पर चिंतन करना उन्हें रास नहीं आता। तथ्यों की बात करने वाले इन जैसे लोग सत्य के सामने आते ही उससे मुँह फेर कर खड़े हो जाते हैं।

यदि सर सैयद अहमद खान के विषय में गंभीरता से और सूक्ष्मतापूर्वक अध्ययन किया जाए तो पता चलता है कि उनके विचारों से ही पाकिस्तान का जन्म हुआ। इतिहास के निष्पक्ष समीक्षकों की यह दृढ़ मान्यता है कि पाकिस्तान का जनक यदि जिन्नाह था तो उसका पितामह सर सैयद अहमद खान थे। उनके द्विराष्ट्रवाद के सिद्धांत को ही आगे चलकर इक़बाल और जिन्नाह ने विकसित किया जो पाकिस्तान के निर्माण का सैद्धांतिक आधार बना। सुप्रसिद्ध इतिहासकार डॉ. रमेशचंद्र मजूमदार कहते हैं- "सर सैय्यद अहमद खान ने दो राष्ट्रों के सिद्धांतों का प्रचार किया जो बाद में अलीगढ़ आंदोलन की नींव बना... इसके बाद मुस्लिम अलग राष्ट्र है – इस सिद्धांत को गेंद की तरह इससे ऐसी गति मिलती रही कि उससे पैदा हुई समस्या को पाकिस्तान निर्माण के द्वारा हल किया गया।"

इस्लामिक चिंतन को बढ़ावा दिया

जब सर सैयद अहमद खान के द्विराष्ट्रवाद सिद्धांत की व्याख्या की जाती है तो पता चलता है कि उनका सारा प्रयास केवल इस बात पर आधारित था कि हिंदुस्तान में फिर से औरंगजेब

का शासन लौटे। जी हाँ, वही शासन जिसमें हिंदुओं को गुलाम बनाकर मूर्तिपूजकों का नाश कर देना अंतिम उद्देश्य होता था। वह सोचते थे कि ऐसा करके वह अल्लाह के सच्चे मार्ग पर आगे बढ़ रहे हैं और इस्लाम की सच्ची खिदमत कर रहे हैं। उनकी सोच थी कि काफिरों का शरीर और माल एक बार फिर से मुसलमानी राज्य के अधीन आ जाए। जहाँ तक काफिर शब्द की बात है तो काफिर का शाब्दिक अर्थ वैसे तो नास्तिक होता है परंतु इस्लाम में काफिर का अर्थ है जो कुफ्र करे। इस्लाम में विश्वास न रखना कुफ्र है और ऐसा करने वाला काफिर है। स्पष्ट है कि अपने शिक्षा आंदोलन के माध्यम से सर सैयद अहमद खान कुफ्र और काफिर की इसी परिभाषा पर काम करने के लिए लोगों को तैयार कर रहे थे। जब वह इस्लामिक परंपरा, इस्लामिक सोच और इस्लामिक चिंतन को आगे बढ़ाने की बात करते थे तो उसका अर्थ यही होता था कि एक बार फिर कुफ्र और काफिर के आधार पर काम करने वाली हुकूमत स्थापित की जाए।

जिन्नाह के जीवनीकार हेक्टर बोलियो लिखते हैं- "वे अर्थात सर सैयद अहमद खान भारत के पहले मुस्लिम थे, जिन्होंने विभाजन के बारे में बोलने का साहस किया और यह पहचाना कि हिंदू-मुस्लिम एकता असंभव है, उन्हें अलग होना चाहिए। बाद में जिन्ना की इच्छा के अनुसार जो हुआ उसका पितृत्व सर सैयद का है। पाकिस्तान शासन द्वारा प्रकाशित आज़ादी के आंदोलन के इतिहास में मोइनुल हक कहते हैं- "सच में हिंद पाकिस्तान में मुस्लिम राष्ट्र स्थापित करने वाले संस्थापकों में से थे। उनके द्वारा ही डाली गई नींव पर कायदे आज़म ने इमारत बना कर पूरी की।"

सर सैयद अहमद खान की सोच थी कि देश में दारुल इस्लाम और दारुल हरब के आधार पर काम करते हुए आगे बढ़ा जाए।

रामधारी सिंह दिनकर 'संस्कृति के चार अध्याय' के पृष्ठ 258–59 पर इस्लाम की इस सोच पर प्रकाश डालते हुए लिखते हैं कि 'जहाँ-जहाँ इस्लाम के उपासक गए, उन्होंने विरोधी संप्रदाय के सामने तीन रास्ते रखे – या तो कुरान हाथ में लो और इस्लाम कबूल करो या जजिया दो और अधीनता स्वीकार करो। यदि दोनों में से कोई बात पसंद नहीं तो तुम्हारे गले पर गिरने के लिए हमारी तलवार प्रस्तुत है।'

हिंदुस्तान के लिए काम नहीं किया

सर सैयद अहमद खान हिंदुस्तान और हिंदुस्तानियत के लिए नहीं बल्कि मुसलमान और मुसलमानियत के लिए काम कर रहे थे। डॉ. मोहन लाल गुप्ता ने अपनी पुस्तक 'कैसे बना था पाकिस्तान' में यह स्पष्ट किया है कि सर सैयद अहमद खान ने 1857 की क्रांति के समय जो कुछ बोला था उससे उनके इसी मत की पुष्टि होती है। उन्होंने कहा था कि 'जितना अनुभव और जितना विचार किया जाता है सब का निर्णय यही है कि अब भारत के मुसलमानों को भारत की

अन्य कौमों से समानता कर पाना असंभव सा लगता है। बंगाली तो अब इतने आगे बढ़ गए हैं कि यदि बंगाल और पंजाब के मुसलमान पंख लगा कर उड़ें तो भी उनको पकड़ नहीं सकते। भारत की हिंदू कौमों ने मैदान में मुसलमानों को बहुत पीछे छोड़ दिया है कि मुसलमान दौड़कर भी उनको पकड़ नहीं सकते।'

उन्होंने यह भी स्पष्ट किया है कि सर सैयद अहमद खान ने भारत की राजनीति में सांप्रदायिकता का रंग घोला। उन्होंने मुसलमानों के हितों की राजनीति करने के नाम पर उन उपायों का सहारा लिया जो राष्ट्रीय जीवन के मार्ग को अवरुद्ध करने वाले हुए। सर सैयद अहमद मुसलमानों के ऐतिहासिक महत्व का बखान करके हिंदू और मुसलमानों में गहरी खाई उत्पन्न करना चाहते थे। ताकि मुसलमानों को प्रथकतावादी राजनीति के लिए तैयार किया जा सके। सर सैयद ने जिस तरह के विचारों को बढ़ावा दिया उसी का नतीजा था कि अलीगढ़ कॉलेज में जल्दी ही सांप्रदायिक वातावरण तैयार हो गया और वहाँ से प्रकाशित अलीगढ़ इंस्टिट्यूट गजट शैक्षणिक विषयों पर ध्यान केंद्रित न करके राजनीतिक क्रियाकलापों की खिल्ली उड़ाने और गाली गलौज करने लगा।'

1857 की क्रांति और मुसलमानी नेतृत्व

1857 की क्रांति के बारे में सर जेम्स आउट्रम ने लिखा था कि 'यह विद्रोह मुसलमानों के षड़यंत्र का परिणाम था, जो हिंदुओं की शक्ति के बल पर अपना स्वार्थ सिद्ध करना चाहते थे। वी.ए. स्मिथ ने इसके संदर्भ में लिखा है कि 'यह हिंदू शिकायतों की आड़ में मुस्लिम षडयंत्र था, जो पुनः मुगल बादशाह के नेतृत्व में मुस्लिम सत्ता स्थापित करना चाहते थे।'

बात स्पष्ट है कि 1857 की क्रांति के समय यदि कोई मुसलमान उस क्रांति में साथ दे रहा था तो उसका उद्देश्य भारत में फिर से इस्लामिक शासन स्थापित करना था। राष्ट्र की स्वाधीनता से उनका कोई लेना-देना नहीं था।

पाकिस्तानी विश्वविद्यालयों में मान्यता प्राप्त "अ शॉर्ट हिस्ट्री ऑफ़ पाकिस्तान" के खंड 4 के नौवें अध्याय में मुस्लिम राष्ट्रवाद पाकिस्तान के अस्तित्व में आने की कहानी का आरंभ बिन्दु 1857 के युद्ध में असफलता की प्रतिक्रिया को बताया गया है। मुसलमानों के प्रति ब्रिटिश आक्रोश को कम करने और ब्रिटिश सरकार व मुसलमानों के बीच सहयोग का पुल बनाने के लिए उस क्रांति के पश्चात सर सैयद अहमद खान ने योजनाबद्ध प्रयास आरंभ किया। ब्रिटिश आक्रोश को कम करने के लिए उन्होंने 1858 में "रिसाला अस बाब-ए-बगावत ए हिंद" (भारतीय विद्रोह की कारण मीमाँसा) शीर्षक पुस्तिका लिखी, जिसमें उन्होंने प्रमाणित करने की कोशिश की कि इस क्रांति के लिए मुसलमान नहीं, हिंदू जिम्मेदार थे।

अब इन गांधीवादी लेखकों को कौन समझाए कि 1857 की क्रांति के समय मुसलमानों की सोच क्या थी? उनका अंतिम उद्देश्य क्या था और सर सैयद अहमद खान किस प्रकार भारतीय राष्ट्रवाद की हवा निकालने के काम में लगे हुए थे?

सर सैय्यद भले ही मुस्लिमों में अंग्रेज़ी शिक्षा के पक्षधर थे, पर मुस्लिम धर्म, इतिहास परंपरा, राज्य और उसके प्रतीकों और भाषा पर उन्हें बहुत अभिमान था। वह मुसलमानों का आधुनिकीकरण करना चाहते थे परंतु अंग्रेजी माध्यम से ऐसा करने की योजना पर कार्य कर रहे थे। यदि उनका भारतीयता अर्थात हिंदुस्तानियत से कोई संबंध होता तो निश्चय ही वे अंग्रेजों को लात मारकर भारत के प्राचीन राष्ट्रीय गौरव के लिए काम करते हुए दिखाई देते हैं। तब वह कहते कि हम भारत के मुसलमान भारत को फिर से विश्व गुरु बनाने के लिए भारत के लोगों के साथ अपनी आत्मिक चेतना के पूर्ण समर्पण को व्यक्त करते हैं और जिन मुस्लिम बादशाहों ने हमारे हिंदू भाइयों के दिलों को चोट पहुँचाई है, उनके लिए प्रायश्चित करते हुए अपने सभी हिंदू भाइयों को यह विश्वास दिलाते हैं कि भविष्य में हम सब मिलकर राष्ट्र के लिए समर्पित होकर काम करेंगे। परंतु उनकी एक स्पीच में कहीं पर भी इस संबंध में एक शब्द भी हमें नहीं मिलता।

हिंदी विरोधी और उर्दू के पक्षधर थे

1867 में अंग्रेज़ सरकार ने हिंदी और देवनागरी के प्रयोग का आदेश जारी किया। सर सैयद इस बात से बहुत बैचेन थे कि अब भारत में इस्लामी राज्य खोने के पश्चात हमारी भाषा भी गई। तब उन्होंने डिफेन्स ऑफ उर्दू सोसायटी की स्थापना की। डॉ. इकराम ने कहा है कि आधुनिक मुस्लिम अलगाव का शुभारंभ सर सैय्यद के हिंदी बनाम उर्दू का मुद्दा हाथ में लेने से हुआ। सर सैयद अहमद खान भारत के पहले मुस्लिम नेता थे जिन्होंने हिंदी के स्थान पर उर्दू को स्थापित करने का खुलेआम प्रयास किया। उनके ऐसा करने के पीछे का उद्देश्य यही था कि जब हमको हिंदुस्तान आजाद कराने के बाद यहाँ की हुकूमत लेनी ही है तो उर्दू को मरने ना दिया जाए और हिंदी को स्थापित न होने दिया जाए।

सर सैयद अहमद खान के इसी प्रयास का परिणाम यह हुआ कि आज तक भी भारतवर्ष में कोई भी मुसलमान हिंदी के पक्ष में काम करता हुआ दिखाई नहीं देता। गांधीवादियों के आदर्श गांधीजी जीवन भर उर्दू के समर्थक रहे। एक बार उन्होंने सरदार वल्लभभाई पटेल से भी यह आग्रह किया था कि उन्हें उर्दू सीख लेनी चाहिए। जिससे कि मुसलमानों का दिल जीता जा सके। यह अलग बात है कि उस समय सरदार वल्लभभाई पटेल ने गांधी जी को दो टूक जवाब देते हुए स्पष्ट कर दिया था कि अब जब मेरा यह शरीर 68 वर्ष का हो चुका है तो अब मैं उर्दू सीख कर क्या करूँगा? पर बापू! मुझे यह तो बताओ कि आपने उर्दू सीखकर कितने मुसलमानों का दिल जीत लिया?

सर सैयद अहमद खान का द्विराष्ट्रवाद का सिद्धांत

सर सैयद को अक्सर उदारवादी और हिंदू-मुस्लिम एकता के पक्षधर के रूप में प्रस्तुत किया जाता है। 1867 से 1887 तक के बीच सर सैय्यद अक्सर कहा करते थे कि हिंदू और मुस्लिम

वधू की दो आँखों की तरह हैं। पहले वे हिंदू और मुस्लिमों को दो कौमें बताते थे तो उसका अर्थ होता था दो समाज। परन्तु 1887 से कौम शब्द का उपयोग राष्ट्र के संदर्भ में करने लगे थे। खुलकर द्विराष्ट्रवाद के समर्थन में बोलने लगे थे।

उन्होंने 28 दिसंबर 1887 को लखनऊ में और 14 मार्च 1888 को मेरठ में जो लम्बे-लम्बे भाषण दिए, उनमें यह मुद्दा उठाया। वास्तव में 1885 में कांग्रेस की स्थापना हुई और दो वर्षों में ही सर सैय्यद के ध्यान में आया कि कांग्रेस हिंदू और मुसलमानों और सभी के लिए धर्मनिरपेक्ष होने के उपरांत भी बहुसंख्यक हिंदुओं की ही संस्था रहने वाली है। इसके द्वारा हिंदू राजनीतिक तौर पर संगठित होंगे। भविष्य में लोकतांत्रिक व्यवस्था आने पर बहुसंख्यक हिंदुओं को ही लाभ होगा। अपनी इसी सोच के अंतर्गत उन्होंने इसके पश्चात हिंदुओं का खुला विरोध करना आरंभ कर दिया था। इसके बाद जीवन भर में कांग्रेस को हिंदू संस्था के रूप में देखते रहे। इसी सोच को आगे चलकर जिन्ना और इकबाल जैसे नेताओं ने खाद पानी देकर आगे बढ़ाया। इस प्रकार सर सैयद अहमद खान के मन मस्तिष्क से उपजी द्विराष्ट्रवाद की विचारधारा अंत में पाकिस्तान के रूप में फलीभूत हुई।

पाकिस्तान में आज पूर्ण स्पष्टता के साथ पढ़ा जा रहा है कि हिंदुस्तान के भीतर अबसे लगभग 1000 वर्ष पूर्व गजनवी के आक्रमणों के समय ही पाकिस्तान की आधारशिला रख दी गई थी। उसके पश्चात अपना देश लेने के लिए मुसलमानों को 1000 वर्ष तक लड़ाई लड़नी पड़ी। मुसलमानों की इस प्रकार की सोच का इन गांधीवादियों के पास क्या उत्तर है?

❒

अध्याय 3: सर सैयद अहमद खान का द्विराष्ट्रवाद

14 मार्च, 1888 को मेरठ में दिए गए अपने भड़काऊ भाषण में सर सैयद अहमद खान ने स्पष्ट कर दिया था कि हिंदू-मुस्लिम मिलकर इस देश पर शासन नहीं कर सकते। अपने भाषण में उन्होंने कहा- "सबसे पहला प्रश्न यह है कि इस देश की सत्ता किसके हाथ में आनेवाली है? मान लीजिए, अंग्रेज़ अपनी सेना, तोपें, हथियार और बाकी सब लेकर देश छोड़कर चले गए तो इस देश का शासक कौन होगा? क्या उस स्थिति में यह संभव है कि हिंदू और मुस्लिम कौमें एक ही सिंहासन पर बैठें? निश्चित ही नहीं। उसके लिए आवश्यक होगा कि दोनों एक दूसरे को जीतें, एक दूसरे को हराएँ। दोनों सत्ता में समान भागीदार बनेंगे, यह सिद्धांत व्यवहार में नहीं लाया जा सकेगा।"

उन्होंने आगे कहा- "इसी समय आपको इस बात पर ध्यान देना चाहिए कि मुसलमान हिंदुओं से कम भले हों मगर वे दुर्बल हैं, ऐसा मत समझिए। उनमें अपने स्थान को टिकाए रखने का सामर्थ्य है। लेकिन समझिए कि नहीं है तो हमारे पठान बंधु पर्वतों और पहाड़ों से निकलकर सरहद से लेकर बंगाल तक खून की नदियाँ बहा देंगे। अंग्रेज़ों के जाने के बाद यहाँ कौन विजयी होगा, यह अल्लाह की इच्छा पर निर्भर है। लेकिन जब तक एक राष्ट्र दूसरे राष्ट्र को जीतकर आज्ञाकारी नहीं बनाएगा तब तक इस देश में शांति स्थापित नहीं हो सकती।"

उन्होंने कहा कि भारत में प्रतिनिधिक सरकार नहीं आ सकती, क्योंकि प्रतिनिधिक शासन के लिए शासक और शासित लोग एक ही समाज के होने चाहिए।"

हिन्दुओं ने हमें गुलाम बनाया है

सर सैयद अहमद खान को इस बात पर सदा गर्व रहा कि मुसलमानों ने हिंदुस्तान को गुलाम बनाया है। इसके साथ ही उन्हें इस बात पर भी गर्व था कि अब हम पर शासन करने के लिए अंग्रेज कौम यहाँ आई है। उन्हें इस बात पर कष्ट होता था कि आज हिंदू समाज हमें गुलाम बनाए

हुए हैं। कितनी उल्टी बात है कि जो उस समय हमको गुलाम बनाए हुए लोग थे अर्थात अंग्रेज उन पर तो सर सैयद अहमद खान गर्व करते थे और जो देश की आजादी के लिए काम करने वाले लोग थे उन हिंदुओं पर उन्हें शर्म आती थी। वे उस समय हिंदुओं के बारे में मिथ्या प्रचार करते थे कि उन्होंने हमको गुलाम बनाया हुआ है।

यही कारण था कि सर सैयद अहमद खान ने अपने उपरोक्त भाषण में मुसलमानों को उत्तेजित करते हुए कहा- "जैसे अंग्रेज़ों ने यह देश जीता वैसे ही हमने भी इसे अपने आधीन रखकर गुलाम बनाया हुआ था। ...अल्लाह ने अंग्रेज़ों को हमारे शासक के रूप में नियुक्त किया हुआ है। ...उनके राज्य को मज़बूत बनाने के लिए जो करना आवश्यक है, उसे ईमानदारी से कीजिए (अर्थात ऐसे काम करिए कि जिससे अंग्रेज भारत को छोड़ न सकें क्योंकि उनका यहाँ बने रहना ही मुसलमानों के हित में है)। ...आप यह समझ सकते हैं मगर जिन्होंने इस देश पर कभी शासन किया ही नहीं, जिन्होंने कोई विजय हासिल की ही नहीं, उन्हें (हिंदुओं को) यह बात समझ में नहीं आएगी। मैं आपको याद दिलाना चाहता हूँ कि आपने बहुत से देशों पर राज्य किया है। आपने 700 साल भारत पर राज किया है। अनेक सदियाँ कई देशों को अपने आधीन रखा है। मैं आगे कहना चाहता हूँ कि भविष्य में भी हमें किताबी लोगों की शासित प्रजा बनने के बजाय (अनेकेश्वरवादी) हिंदुओं की प्रजा नहीं बनना है।"

जातीय अहंकार हावी था सर सैयद अहमद खान पर

इस प्रकार स्पष्ट है कि सर सैयद अहमद खान हिंदुओं और हिंदुस्तान के उस गौरवशाली इतिहास को पूर्णतया उपेक्षित करके चलते थे जो यह स्पष्ट करता था कि कभी संपूर्ण भूमंडल पर इन आर्यों का शासन हुआ करता था। इतिहास की विकृत परिभाषा और भाषा के कारण ही सर सैयद अहमद खान जैसे लोग भारत के बारे में यह कहने में कोई संकोच नहीं करते थे कि इन लोगों ने अर्थात हिंदुओं ने कभी शासन किया ही नहीं। यदि उनके भीतर हिंदुस्तान और हिंदुस्तानियत की तनिक सी भी भावना होती तो वह निश्चय ही भारत के गौरवशाली वैदिक इतिहास का अध्ययन करते। वे जातीय अहंकार में सड़े हुए थे।

2 दिसंबर, 1887 को वह लखनऊ में मुस्लिम समाज के सामने यह बताते हुए स्पष्ट करते हैं कि किस तरह लोकतंत्र निरर्थक है? वे कहते हैं- "कांग्रेस की दूसरी माँग वाइसरॉय की कार्यकारिणी के सदस्यों को चुनने की है। समझो ऐसा हुआ कि सारे मुस्लिमों ने मुस्लिम उम्मीदवारों को वोट दिए तो हर एक को कितने वोट पड़ेंगे? यह तो तय है कि हिंदुओं की संख्या चार गुणा ज़्यादा होने के कारण उनके चार गुणा ज़्यादा सदस्य आएँगे, मगर तब मुस्लिमों के हित कैसे सुरक्षित रहेंगे। ...अब यह सोचिए कि कुल सदस्यों में आधे सदस्य हिंदू और आधे मुसलमान होंगे और वे स्वतंत्र रूप से अपने-अपने सदस्य चुनेंगे। मगर आज हिंदुओं से बराबरी करनेवाला एक भी मुस्लिम नहीं है।"

उन्होंने आगे कहा- "पल भर सोचें कि आप कौन हैं? आपका राष्ट्र कौन सा है? हम वे लोग हैं जिन्होंने भारत पर छः-सात सदियों तक राज किया है। हमारे हाथ से ही सत्ता अंग्रेज़ों के पास गई। हमारा (मुस्लिम) राष्ट्र उनके खून का बना है जिन्होंने सऊदी अरब ही नहीं, एशिया और यूरोप को अपने पाँवों तले रौंदा है। हमारा राष्ट्र वह है जिसने तलवार से एकधर्मीय भारत को जीता है। मुसलमान अगर सरकार के खिलाफ आंदोलन करें तो वह हिंदुओं के आंदोलन की तरह नरम नहीं होगा। तब आंदोलन के खिलाफ सरकार को सेना बुलानी पड़ेगी, बंदूकें इस्तेमाल करनी पड़ेंगी। जेल भरने के लिए नए कानून बनाने होंगे।"

इस प्रकार अपने मुस्लिम पूर्वजों की वकालत करते हुए सर सैयद अहमद खान यही स्पष्ट कर रहे थे कि हमने छः सात सौ वर्ष हिंदुस्तान पर शासन किया है और अनेक संस्कृतियों को अपने पांव तले रौंदने का कीर्तिमान स्थापित किया है। जिस व्यक्ति को अपनी जाति की क्रूरता और बर्बरता पर भी प्रसन्नता की अनुभूति हो रही हो, उससे आप न्याय संगत व्यवहार करने की अपेक्षा नहीं कर सकते।

हमीद दलवई ने उनके बारे में कहा था- "1887 बद्रुदीन तैयबजी कांग्रेस के अध्यक्ष बने थे। उनसे कुछ मुद्दों पर सर सैयद के मतभेद थे। तब तैयबजी को लिखे पत्र में सर सैयद ने कहा था- "असल में कांग्रेस नि:शस्त्र गृहयुद्ध खेल रही है। इस गृहयुद्ध का मकसद यह है कि देश का राज्य किसके (हिंदुओं या मुसलमानों) हाथों में आएगा? हम भी गृहयुद्ध चाहते हैं, मगर वह नि:शस्त्र नहीं होगा। यदि अंग्रेज़ सरकार इस देश के आंतरिक शासन को इस देश के लोगों के हाथों में सौंपना चाहती है तो राज्य सौंपने से पहले एक स्पर्धा परीक्षा होनी चाहिए। जो इस स्पर्धा में विजयी होगा, उसी के हाथों में सत्ता सौंपी जानी चाहिए। लेकिन इस परीक्षा में हमें हमारे पूर्वजों की कलम इस्तेमाल करने देनी चाहिए। यह कलम सार्वभौमत्व की सनदें लिखने वाली असली कलम है (यानी तलवार)। इस परीक्षा में जो विजयी हो, उसे देश का राज दिया जाए।"

सावरकर जी का विरोध क्यों?

सावरकर जैसे महान विचारक और इतिहास की गहरी समझ रखने वाले नेता ने सर सैयद अहमद खान की इस विचारधारा का पहले दिन से विरोध करना आरंभ किया। सावरकर जी के इस प्रकार के विरोध को ही गांधीवादी लेखकों ने भारत विभाजन के लिए उनकी एक प्रकार की कार्यशैली के रूप में इंगित किया। जबकि कांग्रेस अपनी तुष्टिकरण की नीति के अंतर्गत सर सैयद अहमद खान को शिक्षा क्षेत्र के महारथी और एक उदारवादी महान नेता के रूप में स्थापित करती रही।

अलीगढ़ संस्थान के 1 अप्रैल, 1890 के राज-पत्र में सर सैय्यद ने भविष्ययवाणी की थी- "यदि सरकार ने इस देश में जनतांत्रिक सरकार स्थापित की तो इस देश के विभिन्न धर्मों के अनुयायियों में गृहयुद्ध हुए बिना नहीं रहेगा।"

1893 में एक लेख में उन्होंने धमकी दी थी- "इस राष्ट्र में मुस्लिम अल्पसंख्यक हैं लेकिन इसके बावजूद परंपरा यह है कि जब बहुसंख्यक उन्हें दबाने की कोशिश करते हैं तो वे हाथों में तलवारे ले लेते हैं। यदि ऐसा हुआ तो 1857 से भी भयानक आपत्ति आए बिना नहीं रहेगी।"

कहने का अभिप्राय है कि सर सैयद अहमद खान जनतांत्रिक सरकार के स्थान पर इस्लाम की बादशाहत को स्थापित करने के पक्षधर थे। उन्हें हिंदुओं पर अत्याचार करने वाली सरकार की आवश्यकता थी और वह भी यदि मुगलिया अंदाज की सरकार हो तो इससे उत्तम कोई बात उनके लिए हो ही नहीं सकती थी।

उन्होंने खुली धमकी दी थी कि यदि इस्लामिक बादशाहत के स्थान पर जनतांत्रिक सरकार को स्थापित करने का प्रयास भारतवर्ष में किया गया तो 1857 की क्रांति से भी बुरी स्थिति देश में हो जाएगी अर्थात ऐसी स्थिति में देश में हिंदुओं को थोक के भाव काटा जाएगा।

सर सैयद अहमद खान की इसी अलगाववादी और द्विराष्ट्रवाद के सिद्धांत की जनक विचारधारा ने आगे चलकर जिन्नाह का निर्माण किया। जिसने धर्म के आधार पर इस देश का विभाजन करवाया और कांग्रेस ने उसे अपनी सहमति व स्वीकृति प्रदान कर देश के साथ अपघात किया।

सावरकर जी ने सर सैयद अहमद खान और इन जैसे अलगाववादी नेताओं की चालों को बहुत पहले समझ लिया था। वह नहीं चाहते थे कि देश का किसी भी आधार पर बँटवारा हो। इतने स्पष्ट प्रमाणों के होने के उपरांत भी यदि सावरकर जी को भारत विभाजन का दोषी माना जाता है तो मानना पड़ेगा कि इतिहास को पूर्ण सत्यता के साथ लिखने का समय आ गया है। नहीं तो वह दिन दूर नहीं जब चोर बादशाह बन जाएगा और बादशाह चोर बन जाएगा।

वैसे इतिहास के तथ्यों की बात करने वाले लोगों को यह तथ्य ध्यान रखना चाहिए कि भारत में द्विराष्ट्रवाद की बात करने वाले सर सैयद अहमद खान जब 1887 में अपने भड़काऊ भाषण दे रहे थे, उस समय सावरकर जी मात्र 4 वर्ष के थे।

हमारे गांधीवादी लेखकों को इन तथ्यों की समीक्षा अवश्य करनी चाहिए।

(25 मई, 2023)

❐

अध्याय 4: भारत में इस्लामिक सांप्रदायिकता और अंग्रेजी सरकार

भारत में इस्लामिक सांप्रदायिकता और अंग्रेजी सरकार

हिमांशु कुमार नामक गांधीवादी लेखक अपने उपरोक्त लेख में आगे लिखते हैं कि 'याद रखिये मुस्लिम लीग का गठन हिन्दुओं के खिलाफ नहीं हुआ था। आप मुझे मुस्लिम लीग का कोई स्टेटमेंट हिन्दुओं के खिलाफ दिखा दीजिये, वहीं दूसरी तरफ हिन्दू महासभा और राष्ट्रीय स्वयं सेवक संघ का गठन सिर्फ मुसलमानों के खिलाफ हिन्दुओं को संगठित करने के लिए किया गया था। इन हिंदुत्ववादी संगठनों ने शुरू से ही मुसलमानों के खिलाफ ज़हर और नफरत फैलाना और उन्हें हिन्दुओं से दूर करने का लगातार काम किया, जबकि गांधी लगातार हिन्दुओं और मुसलमानों को जोड़ने और मिलकर आज़ादी की लड़ाई में शामिल करने के लिए कोशिश कर रहे थे, हिन्दू महासभा के नेता भाई परमानन्द ने 1908 में ही इसकी शुरुआत कर दी थी। भाई परमानंद ने विशेष रूप से उर्दू में ऐसा साहित्य लिखा जिसमें मुख्य रूप से कहा जाता था कि हिंदू ही भारत की सच्ची संतान हैं और मुसलमान बाहरी लोग हैं। सन् 1908 के प्रारंभ में ही उन्होंने विशिष्ट क्षेत्रों में संपूर्ण हिंदू व मुस्लिम आबादी के आदान-प्रदान की योजना प्रस्तुत कर दी थी।'

भारत में इस्लामिक सांप्रदायिकता

इस संदर्भ में इन लेखक महोदय को बताना होगा कि मुस्लिम लीग का जन्म ही हिंदू विरोध को लेकर हुआ था। इसमें अंग्रेजों की पूर्ण सहमति रही थी। इसके अतिरिक्त मुस्लिम लीग भारतीय इतिहास की उस दीर्घकालिक परंपरा की फलश्रुति थी जिसे इतिहास में इस्लामिक सांप्रदायिकता के नाम से जाना जाता है। स्पष्ट है कि भारत में इस्लामिक सांप्रदायिकता 712 में मोहम्मद बिन कासिम के आक्रमण से ही आरंभ हो गई थी। प्रत्येक इस्लामिक आक्रांता ने भारत पर आक्रमण करने का अपना उद्देश्य केवल भारत और भारतीयता का विनाश करना सुनिश्चित

किया था। यदि उसी परंपरा का निर्वाह मुस्लिम लीग कर रही थी तो कहने की आवश्यकता नहीं कि इसका जन्म ही हिंदू विरोध के लिए हुआ था।

भारत में हिंदू राष्ट्रवाद के संदर्भ में हमें यह समझना चाहिए कि प्रत्येक विदेशी आक्रमणकारी के विरुद्ध जब-जब हमने मोर्चे बनाए या संयुक्त राष्ट्रीय सेना का गठन कर उनका सामना किया, तो वह हमारे राष्ट्रवाद का ही परिचायक था। ऐसी घटनाएं मोहम्मद बिन कासिम के द्वारा 712 ई. में किए गए आक्रमण के समय से ही अनेक बार घटित हो चुकी थीं। अतः यह कहना की मुस्लिम लीग से पहले हिंदू राष्ट्रवाद का उदय भारत में हो रहा था,एक मूर्खतापूर्ण वक्तव्य है। हां, इतना अवश्य है कि जब 1857 की क्रांति में अंग्रेजों ने भारत में मुसलमानों को हिंदुओं का साथ देते हुए देखा तो उन्होंने 1885 में जहाँ कांग्रेस जैसी ब्रिटिश राज भक्त और चाटुकार संस्था को जन्म दिया, वहीं 1906 में उन्होंने मुस्लिम लीग को इसलिए स्थापित कराया कि वह धीरे-धीरे आर्य समाज और हिंदू महासभा जैसी राष्ट्रवादी संस्थाओं का दमन करने में अंग्रेजों का साथ दें और भारत की राष्ट्रीय एकता को दुर्बल करने में भी ब्रिटिश सरकार का मोहरा बने। मुस्लिम लीग ने अंग्रेजों की इसी प्रकार की नीति को समझ कर उसका साथ देने का निर्णय अपने जन्म से भी पूर्व ले लिया था अर्थात इसके जनक रहे मुस्लिम नेताओं ने ब्रिटिश सरकार को ऐसा ही करने का विश्वास दिला कर मुस्लिम लीग की स्थापना की।

सर सैयद अहमद खान केवल मुस्लिम हितों के लिए संघर्ष करने वाले नेता के रूप में उस समय स्थापित हो चुके थे, जिन्हें अपना मोहरा बनाना ब्रिटिश शासकों ने उचित माना। यह बात ध्यान रखने योग्य है कि ब्रिटिश शासकों ने सर सैयद अहमद खान को ही आगे इसलिए किया था कि उनके भीतर पहले से ही ऐसे परमाणु मौजूद थे जिनसे वे भारत में मुस्लिम अलगाववाद को प्रोत्साहित कर सकते थे। लॉर्ड कर्जन ने मुस्लिम हितों को हवा देते हुए बंगाल का विभाजन किया था। उस समय लॉर्ड कर्जन कई बार बंगाल के दौरे पर गया था। उसने वहाँ जाकर मुस्लिमों को बार-बार यह विश्वास दिलाया था कि उनके हितों की रक्षा के लिए ही वह बंगाल का विभाजन कर रहा है। लॉर्ड कर्जन की इस बात को मुस्लिम नेतृत्व ने अपने हितों के अनुकूल समझा, इसलिए उसे अपना पूर्ण समर्थन देने का निर्णय लिया।

लॉर्ड मिंटो की योजना

लॉर्ड मिंटो ने उस समय हिंदू-मुस्लिम के बीच की खाई को और चौड़ा करने के उद्देश्य से प्रेरित होकर अपने निजी सचिव स्मिथ को अलीगढ़ कॉलेज के प्रिंसिपल आर्चीवाल्ड से मिलने के लिए भेजा। इस बैठक में यह बात निश्चित हुई कि मुसलमानों को एक प्रतिनिधिमंडल के रूप में वायसराय से मिलना चाहिए जो उन्हें बहुत कुछ देने के लिए तैयार हैं। इसी बैठक में मुस्लिम सांप्रदायिकता को हवा देने के हर बिंदु और मुद्दे पर विचार किया गया। मुसलमानों ने अंग्रेजों की

इस चाल का भी भरपूर समर्थन किया। इस प्रकार यहाँ से मुसलमान और अंग्रेज दोनों का साझा शत्रु हिंदू हो गया।आर्चीवाल्ड ने स्मिथ का सुझाव अलीगढ़ कॉलेज के सचिव नवाब मोहसिन-उल-मुल्क को समझाया तो उसकी बांछें खिल गई।

इस प्रस्ताव के परिणामस्वरूप मुसलमानों ने निर्णय लिया कि वायसराय से होने वाली बैठक में पृथक निर्वाचन क्षेत्रों की माँग की जाएगी। परिणामस्वरूप नवाब मोहसिन-उल-मुल्क ने 4000 मुसलमानों के हस्ताक्षरयुक्त एक प्रार्थना-पत्र तैयार किया। 35 प्रमुख मुसलमानों के प्रतिनिधिमंडल ने सर आगा खां के नेतृत्व में 1 अक्टूबर, 1906 ई. को वायसराय से शिमला में भेंट की। गांधीवादी उपरोक्त लेखक यदि इस मीटिंग की पड़ताल करें तो उन्हें पता चलेगा कि इसी बैठक में वायसराय के साथ मुसलमानों के इन 35 प्रतिनिधियों ने सांप्रदायिक प्रतिनिधित्व की माँग की थी। सांप्रदायिक प्रतिनिधित्व की यही प्रक्रिया आगे चलकर पाकिस्तान के रूप में फलीभूत हुई। किसी भी वृक्ष का जन्म किसी बीज से ही हुआ करता है और बीज को भी पहले मिट्टी में मिलना पड़ता है।

जहाँ तक हिंदू नेतृत्व की बात है तो हिंदू नेतृत्व इस प्रकार की सांप्रदायिक प्रतिनिधित्व की सोच और उसके पीछे की प्रत्येक चाल को समझ कर पहले दिन से उसका विरोध कर रहा था। गांधी और गांधीवादी लोग चाहे इस रणनीति को नहीं समझे पर प्रत्येक वह हिंदूवादी नेता जो क्रांतिकारी उपायों में विश्वास रखता था, इस प्रकार की चालों को पहले दिन से समझ रहा था। वायसराय से मिले इस प्रतिनिधिमंडल ने मुसलमानों को सरकारी सेवाओं में उचित अनुपात में स्थान प्राप्त करने नौकरियों में प्रतियोगी तत्व की समाप्ति करने, प्रत्येक उच्च न्यायालय में मुसलमानों को भी न्यायाधीश बनाने,नगर पालिका में दोनों समुदायों को प्रतिनिधि भेजने की सुविधा प्रदान करने, विधान परिषद के लिए मुस्लिम जमीदारों,वकीलों, व्यापारियों, जिला परिषदों और नगर पालिकाओं के मुस्लिम सदस्य और 5 वर्षों का अनुभव वाले मुस्लिम स्नातकों का एक वर्ग अलग निर्वाचक मंडल बनाए जाने और वायसराय की काउंसिल में भारतीयों की नियुक्ति करने के समय मुसलमानों के हितों का ध्यान रखने की बात उठाई। इसके अतिरिक्त एक मुस्लिम विश्वविद्यालय बनाने पर भी विचार किया गया।

तब लॉर्ड मिन्टो ने कहा था कि –"मुस्लिम सम्प्रदाय को इस बात से पूर्णतः निश्चित रहना चाहिए कि मेरे द्वारा प्रशासनिक पुनर्संगठन का जो कार्य होगा उसमें उनके अधिकार और हित सुरक्षित रहेंगे।"

मौलाना मोहम्मद अली का वक्तव्य

उपरोक्त गांधीवादी लेखक महोदय को इस संबंध में मौलाना मुहम्मद अली को अवश्य पढ़ना चाहिए। जिन्होंने अंग्रेजों और मुसलमानों के इस खेल पर प्रतिक्रिया व्यक्त करते हुए कहा था कि ' मुस्लिम प्रतिनिधिमंडल अंग्रेजों के द्वारा बजाई गई बाँसुरी थी। उसमें हिंदू विरोधी लोगों की प्रधानता थी।

प्रतिनिधिमंडल की सफलता से मुसलमान अधिक उत्साहित हुए और उधर अंग्रेज़ अधिकारी भी प्रसन्न हो गए। एक अंग्रेज़ अधिकारी ने मिन्टो की पत्नी मेरी मिन्टो को यह सूचित किया कि – " आज एक बहुत बड़ी बात हुई. आज एक ऐसा कार्य हुआ है, जिसका प्रभाव भारत और उसकी राजनीति पर चिरकाल तक रहेगा। 6 करोड़ 20 लाख लोगों को हमने विद्रोही पक्ष में सम्मिलित होने से रोक लिया है।" तब मेरी मिन्टो ने अपनी हार्दिक प्रसन्नता व्यक्त करते हुए कहा था कि यह एक युगांतरकारी घटना है।

मेरी मिंटो का इस प्रकार का कथन यह स्पष्ट करता है कि अंग्रेज इस घटना को लेकर इसलिए उत्साहित और प्रसन्न थे कि वह जो करना चाहते थे, उसमें सफल हो गए थे।

जब अंग्रेजों की पूर्ण कृपा मुस्लिमों पर होती हुई दिखाई दी तो मुस्लिम नेतृत्व के मन में अपना एक संगठन बनाने की बात आई। मुसलमान अब तक यह भली प्रकार समझ चुके थे कि यदि वह कोई अपना संगठन बनाते हैं तो इससे ना केवल मुसलमानों के हितों की रक्षा हो सकेगी बल्कि हिंदुओं के विरोध में अंग्रेजों की कृपा भी उन्हें प्राप्त होती रहेगी। बात स्पष्ट है कि मुसलमानों ने यहीं से अपनी कीमत वसूलने का मन बना लिया था। उन्होंने समझ लिया था कि यदि हिंदुओं के विरुद्ध जाकर अंग्रेजों से अधिक से अधिक सुविधाएं प्राप्त की जा सकती हैं तो उन्हें लेने में किसी भी प्रकार से परहेज नहीं करना चाहिए। यदि तत्कालीन मुसलमान नेताओं की सोच राष्ट्रवादी होती तो वह स्वार्थ प्रेरित राजनीति न करके राष्ट्रनीति करने पर चिंतन करते।

मुस्लिमों को राजनीति में आने का आमंत्रण

तत्कालीन वायसराय लॉर्ड मिंटो ने मुस्लिमों की मानसिकता को समझा और उसने भी अपनी ओर से अभिजात मुसलमानों को भारत की राजनीति में प्रवेश करने का आमंत्रण दिया। मुस्लिम और अंग्रेज दोनों मिलकर संकेतों में ही एक दूसरे की बातों को समझ रहे थे और हिंदू विरोध या राष्ट्रविरोध के किसी भी अवसर को चूकने नहीं देना चाहते थे। मुस्लिमों और अंग्रेजों की इसी चालाकी भरी कपट नीति के चलते अब भारत में मुसलमानों के एक राजनीतिक दल या संगठन की स्थापना की बातें होने लगी थीं। फलस्वरूप अंग्रेजों के संरक्षण में ढाका में मुसलमानों का एक सम्मेलन 30 दिसंबर, 1906 को आहूत किया गया। इस सम्मेलन की अध्यक्षता नवाब बकार-उल-मुल्क द्वारा की गई थी। इसी स्थान पर ऑल इंडिया मुस्लिम लीग की स्थापना हुई।

अब हिमांशु कुमार जी को इन नवाब वकार-उल-मुल्क के विषय में भी बताते हैं कि नवाब साहब ने अलीगढ़ के विद्यार्थियों की सभा में उस समय कहा था कि "अच्छा यही होगा कि मुसलमान अपने-आपको अंग्रेजों की ऐसी फ़ौज समझें जो ब्रिटिश राज्य के लिए अपना खून बहाने और बलिदान करने के लिए तैयार हों।" नवाब वकार-उल-मुल्क ने कांग्रेस के आन्दोलन में मुसलमानों को भाग नहीं लेने की सलाह दी थी। ब्रिटिश शासन के प्रति निष्ठा रखना मुसलमानों का राष्ट्रीय कर्तव्य है।

मुस्लिम लीग का दूसरा अधिवेशन 1907 ई. में कराँची में आहूत किया गया था। इधर-उधर की कई बातों को करने के उपरांत इस अधिवेशन में मुस्लिम लीग के संविधान को अंतिम स्वरूप दिया गया था। जिसमें यह स्पष्ट किया गया था कि ब्रिटिश सरकार के प्रति भारतीय मुसलमानों में निष्ठा की भावना पैदा करना और इस योजना के सम्बन्ध में मुसलमानों के प्रति होने वाली सरकारी कुधारणाओं को दूर करना इस संगठन का प्रमुख उद्देश्य होगा। मुस्लिम लीग के नेताओं के द्वारा इस प्रकार का वचन दिए जाने पर अंग्रेजों ने भी पुरुष पुलिस का मुस्लिमीकरण करना आरंभ कर दिया था। यह इसलिए किया जा रहा था कि अब अंग्रेज इस बात को लेकर आश्वस्त हो गए थे यदि भारतवर्ष में 1857 को किन्ही कारणों से पुनः दोहराया गया तो इस्लाम को मानने वाले पुलिस के सिपाही और ब्रिटिश राजभक्त मिलकर हिंदुओं का दमन कर सकेंगे।

हिंदुओं का सहयोग करने से पीछे हटी मुस्लिम लीग

इस प्रकार की व्यवस्था से यह स्पष्ट कर दिया गया था कि ब्रिटिश सरकार यह कभी न सोचे कि मुसलमान हिंदुओं के साथ मिलकर देश की आजादी के लिए लड़ाई लड़ेगा। हम अपने समुदाय के लोगों के लिए अधिकारों की माँग करेंगे और उसकी एवज में सरकार का पूर्ण सहयोग और समर्थन करते रहेंगे। यह कहना कि मुस्लिम लीग का जन्म हिंदुओं के विरुद्ध नहीं हुआ था, पूर्णतया गलत है। ऐसा कहकर ये तथाकथित गांधीवादी गांधीजी और गांधीवाद के प्रति देश के लोगों का सम्मान कम करते हैं। इन्हें दीवार पर लिखी इबारत दिखाई नहीं देती।

उपरोक्त लेखक का कहना है कि मुझे आप मुस्लिम लीग की ओर से दी गई एक भी ऐसी स्टेटमेंट दिखा दे जो हिंदुओं के विरोध में हो?

इसके संबंध में लीग के सचिव जकाउल्लाह खान ने मुस्लिम लीग की स्थापना के समय ही यह स्पष्ट कर दिया था कि 'कांग्रेस के साथ हमारी एकता संभव नहीं हो सकती, क्योंकि हमारे और कांग्रेसियों के उद्देश्य एक नहीं। वह प्रतिनिधि सरकार चाहते हैं, मुसलमानों के लिए जिसका मतलब मौत है। वे सरकारी नौकरियों में नियुक्ति के लिए प्रतियोगी परीक्षा चाहते हैं और इसका मतलब होगा कि मुसलमान सरकारी नौकरियों से हाथ धो बैठेंगे। इसलिए हम लोगों को (हिंदुओं के साथ) राजनीतिक एकता के नजदीक जाने की आवश्यकता नहीं।'

उस समय अलीगढ़ में विद्यार्थियों को संबोधित करते हुए नवाब वकार- उल- मुल्क ने भी यह स्पष्ट कर दिया था कि 'अगर हिंदुस्तान से ब्रिटिश हुकूमत खत्म हो गई तो उस पर हिंदू राज करेंगे और तब हमारी जिंदगी,जायदाद और इज्जत पर सदैव खतरा मंडराया करेगा। इस खतरे से बचने के लिए मुसलमानों के लिए एकमात्र उपाय है,ब्रिटिश हुकूमत जरूर बनी रहे। मुसलमान अपने को ब्रिटिश फौज समझें और ब्रिटिश राज के लिए अपना खून बहाने और अपनी जिंदगी

कुर्बान कर देने के लिए तैयार रहें। आपका नाम बेटे हिंदुस्तान की तारीख में सुनहरे शब्दों में लिखा जाएगा। आने वाली पीढ़ियाँ आपका एहसान मानेंगी।'

खिलाफत आंदोलन और गांधीजी

स्पष्ट रूप से इस प्रकार के बयान हिंदू विरोध में दिए गए बयान ही थे। गांधीजी के खिलाफत आंदोलन को भुनाते हुए मुसलमानों ने उस समय केरल के मोपला में बड़ी संख्या में हिंदुओं को मौत के घाट उतारा था। जब गांधी जी ने 1922 में अचानक असहयोग आंदोलन रोक दिया तो मुसलमानों को यह बात उचित नहीं लगी। उस समय के मुस्लिम नेताओं ने पूरे देश में घूम घूम कर यह प्रचार किया कि गांधी जी ने अपने स्वार्थों की सिद्धि के लिए मुसलमानों को गुमराह किया है। मोपला हत्याकांड पर हम अलग से लिख चुके हैं इसलिए उस पर अधिक प्रकाश डालने की आवश्यकता नहीं है।

उपरोक्त लेखक का यह मत पूर्णतया निराधार है कि हिन्दू महासभा और राष्ट्रीय स्वयं सेवक संघ का गठन मुसलमानों के खिलाफ हिन्दुओं को संगठित करने के लिए किया गया था। इसके स्थान पर सच यह है कि ये संगठन इस्लाम के मूलतत्ववाद अर्थात दारुल हरब और दारुल इस्लाम से पूर्णतया परिचित थे। मुस्लिम नेताओं की सोच और उनके उद्देश्य के प्रति पूर्णत: सजग थे। यही कारण था कि ये संगठन और उनके नेता मुस्लिम लीग और उसके नेताओं पर सदा कड़ी दृष्टि रखते थे।

इस कड़ी दृष्टि को ही गांधीवादी लेखकों ने हिंदूवादी संगठनों की इस्लामिक संगठनों के प्रति 'शुरू से ही ज़हर और नफरत फैलाने वाली नीति कहकर प्रचारित किया। ऐसे ही गांधीवादी लेखकों ने राष्ट्रवादी संगठनों पर यह आरोप लगाया कि उन्होंने मुसलमानों को हिन्दुओं से दूर करने का लगातार काम किया।

यह कहना कि हिन्दू महासभा के नेता भाई परमानन्द ने 1908 में ही मुसलमानों के विरुद्ध हिंदुओं को उकसाने या उग्रवाद की राजनीति आरम्भ कर दी थी, भी पूर्णतया निराधार है। 1908 में मुस्लिम लीग क्यों कर रही थी और क्या उसके उद्देश्य थे? – उसे ब्रिटिश शासकों की ओर से किस प्रकार देश के बहुसंख्यक समाज के विरुद्ध प्रयोग किया जाने लगा था? इसको भाई परमानंद जैसे नेताओं ने बड़ी गंभीरता से समझ लिया था। इस सच को समझ कर ही भाई परमानंद ने 'उर्दू में ऐसा साहित्य लिखा जिसमें मुख्य रूप से कहा जाता था कि हिंदू ही भारत की सच्ची संतान हैं और मुसलमान बाहरी लोग हैं। सन् 1908 के प्रारंभ में ही उन्होंने विशिष्ट क्षेत्रों में संपूर्ण हिंदू व मुस्लिम आबादी के आदान-प्रदान की योजना प्रस्तुत कर दी थी।'

यह भविष्य के संकट को समझ कर लिखा जाने वाला साहित्य था। देश को जगाना और देश के युवाओं को आसन्न खतरे के प्रति सचेत करना प्रत्येक लेखक और देश के प्रत्येक जिम्मेदार नागरिक का कर्तव्य होता है। निश्चित रूप से भाई परमानंद जी जागरूक करने वाले साहित्य का सृजन कर अपने इसी दायित्व का निर्वाह कर रहे थे।

अध्याय 5: नेहरू-शेख संबंध और नेहरूवादी लेखक

27 मई, 1964 को देश के पहले प्रधानमंत्री पंडित जवाहरलाल नेहरू का देहांत हुआ था।

हम सभी जानते हैं कि पंडित जवाहरलाल नेहरू धर्मनिरपेक्षता के दीवाने थे। उन्हें धर्मनिरपेक्षता के नाम पर शेख अब्दुल्लाह से मिलकर महाराजा हरि सिंह को नीचा दिखाने में आनंद की अनुभूति होती थी। पीयूष बबेले ने अपनी पुस्तक 'नेहरू मिथक और सत्य' में अपने मित्र शेख अब्दुल्लाह के प्रेम में डूबे नेहरू का बचाव करते हुए लिखा है कि '15 अगस्त 1947 के पहले के कश्मीर के निजाम का वर्णन सरदार पटेल के सचिव शिवशंकर ने 'सरदार पटेल के चुने हुए पत्र व्यवहार, खंड-1' में कुछ इस तरह किया है :- 'महाराजा हरि सिंह का प्रशासन कार्य कुशल होते हुए भी प्रबुद्ध निरंकुश शासन था, जो महाराजा द्वारा पसंद किए गए प्रसिद्ध और प्रतिभावान लोगों द्वारा चलाया जाता था। राज्य की आबादी के पिछड़े हुए मुस्लिम वर्ग का राज्य की सरकार में कोई हाथ नहीं था।'

यह ऐसे शब्द हैं जिन्हें धर्मनिरपेक्ष नेहरू के प्रशंसक इस प्रकार दिखाने का प्रयास करते हैं कि उस समय महाराजा हरि सिंह एक निरंकुश शासक की भांति शासन चला रहे थे। जिसमें मुसलमानों का कोई योगदान नहीं था। यदि उस समय मुसलमान शेख अब्दुल्ला के नेतृत्व में कश्मीर से महाराजा को भगाने के उद्देश्य से प्रेरित होकर 'महाराजा! कश्मीर छोड़ो' आंदोलन चला रहे थे तो इसमें उनका कोई दोष नहीं था। क्योंकि ऐसा करके वे 'मुकम्मल आजादी' की बात कर रहे थे। जबकि सच यह था कि मुसलमान किसी हिंदू शासक की सत्ता को सहन करने के लिए तैयार नहीं थे। उन्होंने उन्हें गैर मुस्लिम का शासन अपने ऊपर एक अत्याचारी के शासन के समान दिखाई देता था। कश्मीर को उन्होंने सैकड़ों वर्ष से अपने शासन के अधीन रखा था। अब जबकि महाराजा रणजीत सिंह जैसे हिंदू हितैषी वीर शासक के कारण वहाँ पर फिर से हिंदू सत्ता स्थापित हो गई थी तो इसे वहाँ का मुस्लिम सहन नहीं कर सकता था। इसीलिए वह 'महाराजा!

कश्मीर छोड़ो' आंदोलन चला रहा था। मुसलमानों की इस भावना को शेख अब्दुल्ला ने समझा था,इसलिए इस भावना की पतवार चढ़कर वह अपनी सत्ता प्राप्ति की नैया पार करने के लिए मुसलमानों की भावनाओं के साथ खिलवाड़ कर रहा था।

इस सत्य को ओझल कर नेहरूवादी लेखकों ने तथ्यों को दूसरी रंगत देने का प्रयास किया है और वे बड़े गर्व के साथ कहते हैं कि उस समय महाराजा हरि सिंह का प्रशासन एक निरंकुश शासन के रूप में मुस्लिमों पर अत्याचार कर रहा था, इसलिए वहाँ महाराजा हरिसिंह के विरुद्ध वातावरण बन रहा था। देश विरोधी शेख अब्दुल्ला के नेतृत्व में जिस प्रकार वहाँ आंदोलन उठ रहा था उसे फ्रैंक मॉरिस के माध्यम से पीयूष बबेले इस प्रकार व्यक्त करते हैं '1929 में लाहौर में हुए कांग्रेस के अधिवेशन से पहले अशिक्षित और दबे कुचले कश्मीर के लोग राजनीतिक रूप से बहुत जागरूक नहीं थे। नेहरू की अध्यक्षता में हुए इस अधिवेशन में कांग्रेस ने पूर्ण स्वतंत्रता को अपना लक्ष्य बताया था। यह पहला अवसर था जब कश्मीर में राजनीतिक जागरूकता ने जोर पकड़ा। उसमें 25 साल के बेरोजगार अध्यापक शेख अब्दुल्ला ने कश्मीर में आजादी के आंदोलन का नेतृत्व करना आरंभ किया। 6 फुट 4 इंच लंबे अब्दुल्लाह जल्द ही 'शेरे कश्मीर' के नाम से विख्यात हो गए। वह डरते नहीं थे, सीधा और साफ बोलने वाले थे। हालांकि उनके भीतर कहीं गहरी कुटिलता और छल था।'

हिंदू शासक से मुक्ति पाना अंग्रेज लेखक और उसके बाद नेहरूवादी लेखक कश्मीर में राजनीतिक जागरूकता का शुभारंभ मान रहे हैं। इससे पहले जब कश्मीर से हिंदू नाम की चिड़िया को विलुप्त करने के गहरे षड्यंत्र मुस्लिम शासकों के शासन में हुए उस सबको धर्मनिरपेक्षता के नाम पर भुलाने की चेष्टा की जाती है और यदि उस गंभीर षड्यंत्रात्मक कार्यशैली के विरुद्ध कभी किसी हिंदू ने आंदोलन किया तो उसे राजनीतिक जागरूकता ना कहकर अच्छे भले मुस्लिम शासकों के विरुद्ध हिंदुओं की विरोध की भावना कहकर अपमानित किया जाता है।

अब्दुल्ला यह भली प्रकार जानता था कि कांग्रेस की धर्मनिरपेक्षता की नीति से ही वह कश्मीर में अपने आंदोलन को चलाने में सफल हो सकता है। उसे यह भली प्रकार ज्ञात था कि हिंदू को कांग्रेस की धर्मनिरपेक्षता की नीति के माध्यम से ही कुचला जा सकता है। यही कारण था कि वह अन्य कई कारणों के चलते नेहरू से निकटता बनाने में सफल हुआ। उपरोक्त पुस्तक के लेखक ने मॉरिस के हवाले से ही आगे लिखा है कि 'अब्दुल्ला शुरू से ही भारतीय राष्ट्रीय कांग्रेस की धर्मनिरपेक्ष राजनीति से प्रभावित थे और वह विशेष रूप से नेहरू के करीब आते चले गए। बदले में नेहरू ने भी उनकी राष्ट्रीय सोच की तारीफ की और उसे स्वीकार किया। धीरे-धीरे दोनों करीबी दोस्त हो गए। नेहरू के दृष्टिकोण से प्रभावित होकर अब्दुल्ला ने जून 1939 में 'जम्मू एंड कश्मीर मुस्लिम कांफ्रेंस' को अपना नाम बदलकर और 'जम्मू एंड कश्मीर नेशनल कॉन्फ्रेंस' करने के लिए मना लिया। जब अब्दुल्लाह अपने संगठन में धर्म विशेष की जगह

राष्ट्रवादी बदलाव कर रहे थे, उनके संगठन का एक छोटा धड़ा चौधरी गुलाम अब्बास के नेतृत्व में अलग हो गया और खुद को मुस्लिम कांफ्रेंस ही कहता रहा। इस धड़े ने बाद में पाकिस्तान की हिमायत की, वहीं शेख अब्दुल्ला की पार्टी कांग्रेस के और करीब आ गई।'

मॉरिस के इस कथन की समीक्षा यदि की जाए तो स्पष्ट होता है कि शेख अब्दुल्ला ने अपने संगठन का नाम चाहे थोड़ा बहुत परिवर्तित कर लिया हो पर उसकी सोच में रंचमात्र भी परिवर्तन नहीं आया था। हिंदू विरोध और भारत विरोध को लेकर उसने अपनी पार्टी का गठन किया था और वह जीवन भर इसी विचारधारा पर काम करता रहा। उसी की विरासत को उसके बेटे फारूक अब्दुल्ला और पोते उमर अब्दुल्ला ने आगे बढ़ाया है। बाद की घटनाओं ने यह बात स्पष्ट कर दी कि इस परिवार की सोच राष्ट्र विरोधी रही और जब-जब भी जम्मू-कश्मीर में इन लोगों की सरकार बनी तब तब उन्होंने केंद्र सरकार का मूर्ख बनाकर अपने राजनीतिक हित साधे। इन लोगों ने पाकिस्तान में न जाकर हिंदुस्तान के साथ रहने का मन बनाया, इसके पीछे कोई ऐसा कारण नहीं था जिससे यह कह जा सके कि यह उनकी राष्ट्रभक्ति थी, अपितु इसके पीछे केवल एक कारण था कि कश्मीर को विशेष राज्य का दर्जा दिला कर केंद्र से कश्मीर के विकास के नाम पर मोटे मोटे पैकेज लेकर मौजमस्ती की जाए। कश्मीर के भटके हुए नौजवानों को पत्थर पकड़ा कर देश के अर्धसैनिक बलों पर आक्रमण करवाए जाकर उन्हें भुनाया जाए। यह एक बहुत बड़ा खेल था। जिसके पीछे शेख अब्दुल्लाह की सोच थी कि पाकिस्तान को अपना धर्म का भाई बनाकर मूर्ख बनाया जाए और हिंदुस्तान को पाकिस्तान का भय दिखाकर भुनाया जाता रहे।

मुस्लिम कांफ्रेंस का नाम परिवर्तित हो जाने का अभिप्राय यह नहीं था कि उसकी नीतियों में कोई आमूलचूल परिवर्तन आ गया था। शेख अब्दुल्लाह अभी भी मुकम्मल आजादी की बात करता था। उसे कश्मीर में केवल मुस्लिम हितों की राजनीति करनी थी और उन्हीं के लिए सोचना था। हिंदू उसके लिए एक निरीह प्राणि था। नेहरू जी ने कभी भी अपने मित्र शेख अब्दुल्लाह का हृदय परिवर्तन करने में सफलता प्राप्त नहीं की। वह हृदय से भारत विरोध की बात सोचता रहा और भारत-पाकिस्तान के बीच एक तीसरे देश का सपना देखता रहा। अतः यह कहना कि पंडित जवाहरलाल नेहरू ने समय रहते अपने मित्र शेख अब्दुल्लाह की पार्टी का नाम और नीतियाँ बदलवाने में सफलता प्राप्त की, दिवास्वप्न देखने के समान है। इतना अवश्य है कि पंडित जवाहरलाल नेहरू शेख अब्दुल्लाह को जेल में डालने के उपरांत भी उसके प्रति उदार बने रहे। मित्रता निभाने का शौक पंडित जवाहरलाल नेहरू पर इस कदर चढ़ गया था कि वे एक देशद्रोही बने व्यक्ति को भी दुलार रहे थे। ऐसा कभी नहीं था कि शेख अब्दुल्लाह मुस्लिम होते हुए भी मुस्लिम लीग की तुलना में अपने आप को भारत के अधिक निकट समझने लगे थे। उन्होंने 'दो निशान, दो प्रधान, दो विधान' की वकालत करना कभी नहीं छोड़ा। जो लोग यह

मानते हैं कि पंडित जवाहरलाल नेहरू ने शेख अब्दुल्लाह को अपनी नीतियों में परिवर्तन लाने के लिए बाध्य कर दिया था वह देश से सत्य को छुपाते हैं। यदि शेख अब्दुल्लाह की नीतियों में वास्तव में परिवर्तन आ गया था तो उन्हें सामान्य रूप से भारत का निवासी होने पर गर्व करना चाहिए था। तब उन्हें अपने राज्य जम्मू-कश्मीर के लिए विशेष राज्य का दर्जा देने की वकालत भी नहीं करनी चाहिए थी। कश्मीर के लिए अलग संविधान, अलग झंडा और वहाँ के राज्यपाल को राष्ट्रपति व मुख्यमंत्री को प्रधानमंत्री कहलाना अंततः नीतियों में कौन से परिवर्तन का संकेत था? यदि उसकी नीतियों में परिवर्तन आ गया था और हृदय भी परिवर्तित हो गया था तो वह डंके की चोट खड़े होकर कहता कि मेरा राज्य जम्मू-कश्मीर भी भारत के साथ विलय को स्वीकार करता है और कोई भी विशेषाधिकार लिए बिना सभी राज्यों के समान अपने आप को भारत की मुख्य धारा के साथ जोड़ता है।

नेहरू शेख अब्दुल्लाह की मित्रता के विषय में लिखते हुए उपरोक्त लेखक लिखते हैं कि 'इस दोस्ती का आलम यह था कि 1946 में शेख अब्दुल्ला के राजा के खिलाफ चलाए जा रहे, "कश्मीर छोड़ो आंदोलन' में भाग लेने के लिए नेहरू कश्मीर पहुँच गए और वहाँ उन्हें गिरफ़्तार कर लिया गया। हालांकि, भारत के दबाव में कुछ घंटे बाद उन्हें छोड़ दिया गया। यही नहीं, नेहरू जेल में बंद शेख अब्दुल्ला का मुकदमा लड़ने के लिए भी एक वकील की हैसियत से कश्मीर गए।'

इन पंक्तियों में 'भारत के दबाव' शब्दों को विशेष रूप से देखने की आवश्यकता है। लेखक स्वयं इस मानसिकता से ग्रसित है कि जैसे जम्मू कश्मीर कोई अलग देश है और भारत अलग देश है। यही वह सोच है जो किसी भी कांग्रेसी की जम्मू कश्मीर के बारे में मानसिकता को स्पष्ट कर देती है।

शेख अब्दुल्ला और जवाहरलाल नेहरू के रिश्ते की एक बानगी रामचंद्र गुहा ने अपनी चर्चित पुस्तक 'इंडिया आफ्टर गांधी' में पेश की है:-

'शेख अब्दुल्ला की पहली गिरफ्तारी के दो महीने बाद नेहरू ने लिखा था कि वास्तव में शेख की गिरफ्तारी एक ऐसी बात है, जो मुझे बहुत तकलीफ़ पहुँचाती है। धीरे-धीरे महीने साल में बदल गए और उनकी तक़लीफ़ आत्मिक दुख का कारण बनती गई। इस तक़लीफ़ को कम करने का एक तरीक़ा था कि नेहरू ने अपने मित्र के बेटे की पढ़ाई-लिखाई का ध्यान रखना शुरू किया। कुछ विवरणों के मुताबिक उन्होंने इसका खर्चा भी वहन किया। जुलाई, 1955 में अब्दुल्ला के बड़े बेटे फारुख ने नेहरू से मुलाक़ात की जो उस समय जयपुर के मेडिकल कॉलेज में पढ़ रहे थे। फारुख ने प्रधानमंत्री से कहा कि उसके सहपाठी लगातार उसके पिता को गद्दार कहते रहते हैं। नेहरू ने इसके बाद राजस्थान के एक मंत्री को लिखा कि फारुख के रहने-सहने की उचित व्यवस्था करें और उनके लिए कुछ अच्छे दोस्तों की तलाश करें, ताकि वह किसी तरह

की हीन भावना में न पड़े, जैसा कि नेहरू ने खुद लिखा है कि कुछ लोग बड़े बेवकूफ़ाना ढंग से सोचते हैं कि चूंकि शेख अब्दुल्ला के साथ हमारा कुछ मतभेद है इसलिए हमें उनके बेटे और उनके परिवार की तरफ झुकाव नहीं रखना चाहिए, यह बात सिर्फ बकवास ही नहीं है, बल्कि मैं व्यक्तिगत तौर पर ऐसा सोचता हूँ। शेख अब्दुल्ला जेल में हैं, इसलिए यह मेरा विशेष दायित्व है कि मुझे उनके बेटे और परिवार का ध्यान रखना चाहिए।"

अपने किसी भी विरोधी से व्यक्तिगत शत्रुता न पालना लोकतंत्र का मूल्य है। नेहरू जी यदि इस प्रकार का आचरण उस समय शेख अब्दुल्ला और उसके बेटे फारूक अब्दुल्ला के प्रति कर रहे थे तो निश्चित रूप से वह एक लोकतांत्रिक मूल्य को अंगीकृत कर उसके अनुसार अपना सदाचरण प्रस्तुत कर रहे थे। लोकतांत्रिक राजनीतिक व्यवस्था में इस प्रकार के आचरण की जितनी प्रशंसा की जाए, उतनी कम है। परंतु बहुत ही विनम्रता के साथ यह पूछा जा सकता है कि नेहरू जी यदि इतने ही लोकतांत्रिक थे और उन्हें लोकतांत्रिक मूल्यों के प्रति इतना ही प्यार था तो उन्होंने ऐसा ही आचरण क्रांतिकारियों के प्रति क्यों नहीं अपनाया जो किसी कारण से स्वतंत्रता के पश्चात भी जेल काट रहे थे या उससे पहले जेल काटते रहे थे। उन्होंने बलिदानी क्रांतिकारियों के परिजनों के साथ कभी आत्मीयता का प्रदर्शन क्यों नहीं किया, जो किसी समय विशेष पर फांसी पर झूल गए थे और जिनके परिजन अब भूखे मरने की स्थिति में थे? उन्होंने ऐसा ही आचरण जम्मू कश्मीर के बारे में 'दो विधान, दो प्रधान, दो निशान' का विरोध करने वाले श्यामा प्रसाद मुखर्जी की माता और अन्य परिजनों के साथ क्यों नहीं किया जो श्यामा प्रसाद मुखर्जी के बलिदान के पश्चात चीखते चिल्लाते रह गए थे।

नेहरू जी कभी देवताओं को दूध नहीं पिला पाए। हाँ, उन्होंने साँपों को दूध अवश्य पिलाया और इन साँपों ने आगे चलकर केंद्र से बड़े-बड़े पैकेज कश्मीर के गुमराह युवकों के नाम पर माँग कर देश का मूर्ख बनाया। भटके हुए नौजवानों के हाथों में पत्थर देकर हमारी सेना पर पत्थरबाजी करवाई और दूसरे इसी प्रकार के अन्य अनेक ऐसे कार्य किए जिनसे उनके राष्ट्रद्रोही होने के पक्के प्रमाण मिलते हैं।

आगे चलकर उपरोक्त लेखक बड़ी बेतुकी बात कहता है। वे लिखते हैं कि 'जब हरि सिंह ने भारत में विलय के दस्तावेजों पर दस्तखत किए तो उसे स्वीकृति देने के लिए कश्मीर की जनता की तरफ़ से शेख अब्दुल्ला खड़े थे, अगर शेख अब्दुल्ला की सहमति न होती अर्थात कश्मीर की जनता की सहमति न होती तो हैदराबाद या जूनागढ़ के नवाबों की तरह कश्मीर के राजा की बात भी नहीं मानी जाती और कोई मान भी लेता तो भारत के सर्वोच्च नेता महात्मा गांधी नहीं मानते।'

यहाँ पर यह बात समझ से परे है कि शेख अब्दुल्ला को कश्मीर की जनता का प्रतिनिधि किसने बना दिया था? दूसरी बात यह है कि जब अन्य रियासतों के राजाओं के हस्ताक्षर करने

मात्र से उनकी रियासतों का विलय भारत के साथ हो गया था तो कश्मीर पर यह प्रावधान किसने लागू कर दिया था कि वहाँ के राजा का विलय पत्र तभी स्वीकार किया जाएगा जब उस पर शेख अब्दुल्लाह सहमति दे रहा होगा? और यदि शेख अब्दुल्लाह की सहमति इतनी महत्वपूर्ण थी तो फिर आगे चलकर शेख अब्दुल्ला और उसकी पार्टी के लोग या जम्मू कश्मीर के अन्य राजनीतिक दल यह माँग क्यों करते रहे कि वहाँ जनमत संग्रह करा कर यह निर्णय लिया जाए कि वहाँ के लोग भारत के साथ जाना चाहते हैं या पाकिस्तान के साथ?

शेख अब्दुल्ला को लेकर जैसी सोच जवाहरलाल नेहरू की थी वैसी ही महात्मा गांधी की भी थी। महात्मा गांधी भी जम्मू-कश्मीर की सारी जनता का प्रतिनिधि देशभक्त महाराजा को न मानकर देशद्रोह की स्थिति तक उतर चुके शेख अब्दुल्ला को मानते थे। उक्त लेखक के अनुसार कश्मीर के भारत में विलय के बाद गांधीजी ने अपने एक प्रार्थना-प्रवचन में कहा था कि मेरी सदा यह राय रही है कि सारे ही राज्यों के सच्चे शासक वहाँ के लोग हैं। कश्मीर के लोगों को किसी बाहरी या भीतरी दबाव अथवा बल-प्रदर्शन के बिना इस प्रश्न का निर्णय स्वयं करना होगा। पाकिस्तान सरकार कश्मीर को पाकिस्तान में मिलने के लिए दबाती रही है। इसलिए जब महाराजा ने संकट में फंसकर शेख अब्दुल्ला के समर्थन से संघ में शामिल होना चाहा तो भारतीय गवर्नर जनरल इस प्रस्ताव को अस्वीकार नहीं कर सके। यदि महाराजा अकेले ही भारत के साथ मिलना चाहते, तो मैं उसका समर्थन नहीं कर पाता। परंतु यह सही हुआ कि महाराजा और शेख अब्दुल्ला दोनों ने जम्मू और कश्मीर के लोगों की तरफ से बोलते हुए ऐसा चाहा था। शेख अब्दुल्ला इसलिए मैदान में आए, क्योंकि उनका दावा मुसलमानों का ही नहीं, बल्कि सारे कश्मीर के लोगों का प्रतिनिधि होने का है।'

कितना अच्छा होता कि गांधी जी और नेहरू जी उस समय भारत के साथ आत्मीय भाव रखने वाले देशभक्त महाराजा की पीठ थपथपाते और उन्हें इस बात का श्रेय देते कि उनके कारण ही जम्मू कश्मीर रियासत भारत के साथ आ सकी है? उन्होंने मुस्लिम तुष्टीकरण करते हुए शेख अब्दुल्ला को इस बात का श्रेय दिया कि वह सारे जम्मू कश्मीर की आवाम के प्रतिनिधि हैं और उनके कारण ही जम्मू कश्मीर की रियासत भारत के साथ आ सकी है।

❐

अध्याय 6: वीर सावरकर का हिंदुत्व

कांग्रेस या तो इस्लाम के फंडामेंटलिज्म के प्रति जानबूझकर आँखें मूंदे रही या उसकी समझ में इस्लाम के फंडामेंटलिज्म का सच आया नहीं। ऐसा भी हो सकता है कि कांग्रेस पर ब्रिटिश सरकार का भी यही दबाव रहा हो कि वह मुस्लिम लीग के साथ मिलकर चले। कुछ भी हो सच यही है कि कांग्रेस इस्लामिक फंडामेंटलिज्म के प्रति पूर्णतया उदासीन रही और वह जाने अनजाने में राष्ट्रहित की उपेक्षा करते हुए मुस्लिम लीग के प्रति तुष्टीकरण का दृष्टिकोण अपनाए रही।

पुरुषोत्तम जी अपनी पुस्तक 'मुस्लिम राजनीतिक चिंतन और आकांक्षाएं' के पृष्ठ 48 पर लिखते हैं कि 'इस प्रकार के अध्ययन के अभाव में कांग्रेस ने तो 1921 में ही मुसलमानों को भारत का 'दारुल इस्लाम' बनाने और यहाँ शरीय: शासन और इस्लाम का सभी दूसरे 'झूठे धर्मों' पर वर्चस्व स्थापित करने का अधिकार स्वीकार कर लिया था।'

कांग्रेस का देशभक्ति प्रस्ताव

5 अक्टूबर, 1921 को अखिल भारतीय कांग्रेस वर्किंग कमेटी ने जो प्रस्ताव पारित किया उसमें कहा गया था कि 'भारत स्वतंत्र मुस्लिम देशों को यह गारंटी देता है कि जब वह स्वतंत्र हो जाएगा तो वह अपनी नीति इस प्रकार निर्धारित करेगा कि जिससे वह मुस्लिम धर्म शरीय: के सिद्धांतों के सर्वथा अनुकूल हो।'

इस तथ्य से स्पष्ट होता है कि हमारे सभी सम्मानित गांधीवादी कांग्रेसी भारत के धर्म, भारत की संस्कृति और भारतीय राष्ट्रवाद को इस्लाम के सामने समर्पित करने को तैयार रहे हैं। इनकी इस प्रकार की राष्ट्र विरोधी सोच और चिंतन का यदि विरोध किया जाएगा तो ऐसे व्यक्ति को यह पसंद नहीं करते। जबकि होना यह चाहिए था कि कांग्रेस आत्मनिरीक्षण करती और अतीत में हुई गलतियों का प्रायश्चित करते हुए अपने आप में सुधार लाने का गंभीर प्रयास करती। गलतियाँ होना कोई बड़ी बात नहीं है, गलतियाँ करते रहना बड़ी और बुरी बात है। क्या कांग्रेस के तत्कालीन नेतृत्व में इतनी भी समझ नहीं थी कि स्वाधीनता के पश्चात देश में शरिया कानून

यदि लागू किया गया तो उसका परिणाम क्या होगा? उसके पास इतना विवेक होना चाहिए था की स्वाधीनता के पश्चात शरिया को लागू करने का अभिप्राय होगा- बहुसंख्यक वर्ग का जीना कठिन हो जाना, दूसरे औरंगजेबी अत्याचारों पर शासन की मुहर लग जाना, तीसरे धर्मांतरण की प्रक्रिया के माध्यम से भारत के हिंदू समाज को दुर्बल कर देश विरोधी शक्तियों को प्रोत्साहित करना, चौथे भारतवर्ष को दारुल इस्लाम बनाने के लिए इस्लाम के हाथों में सौंप देना। क्या कांग्रेस इस सब के लिए तैयार होकर ऐसा प्रस्ताव 1921 में पारित कर रही थी? यदि हाँ, तो निश्चित रूप से देश के विभाजन के लिए कांग्रेस पूर्णतया जिम्मेदार हैं।

जिन्नाह की स्पष्टवादिता

कांग्रेस की स्थिति निसंदेह उस समय डांवाडोल मानसिकता की थी,परंतु जिन्नाह ने कभी भी ऐसा संकेत नहीं दिया कि वह अस्थिर मानसिकता या विचारधारा का शिकार है। उसने स्पष्ट दृष्टिकोण अपनाने में विश्वास किया और जब जब भी अवसर आया तब तब उसने उस उपस्थित अवसर का भरपूर लाभ देने में किसी प्रकार का प्रमाद नहीं किया। गांधी नेहरू और उनके अन्य कांग्रेसी साथियों की अपेक्षा जिन्नाह अवसरों का लाभ लेने में कहीं अधिक कुशल था। गांधी अस्थिर विचारधारा से ग्रसित रहे। यही कारण रहा कि वह उपस्थित अवसरों का कभी उचित लाभ प्राप्त नहीं कर पाए।

अपने व्यावहारिक और स्पष्टवादी दृष्टिकोण का परिचय देते हुए जिन्नाह ने अनेक अवसरों पर अनेक वक्तव्य दिए। 2 मार्च, 1940 को लाहौर में मुस्लिम लीग का वार्षिक अधिवेशन हुआ था। उस समय जिन्नाह ने उस अधिवेशन की अध्यक्षता करते हुए कहा था कि 'इस्लाम और हिंदू वास्तव में दो धर्म नहीं बल्कि भिन्न और सुस्पष्ट सामाजिक व्यवस्थाएं हैं। हिंदू और मुसलमान दो हिंदू धार्मिक दर्शनों, सामाजिक प्रथाओं और साहित्य से संबंध रखते हैं। वे नि:संदेह भिन्न सभ्यताओं से संबंधित हैं जो प्रधानत: परस्पर विरोधी तत्वों और धारणाओं पर आधारित हैं। जीवन के संबंध में प्रधानत: उनके दृष्टिकोण भिन्न हैं। हिंदू और मुसलमान इतिहास के दो भिन्न स्रोतों से अपनी प्रेरणा प्राप्त करते हैं। उनकी वीर गाथाएं भिन्न हैं। उनके महापुरुष भिन्न हैं। उनके उपाख्यान भिन्न हैं। बहुधा एक का महापुरुष दूसरे के महापुरुष का शत्रु है। ऐसे दो राष्ट्रों को एक राष्ट्र में जोत देना एक अल्पसंख्यक और एक बहुसंख्यक बढ़ते हुए असंतोष का तथा उस ढाँचे के आखिरी विनाश का कारण होगा। जिसे ऐसे राज्य की सरकार के लिए निर्माण किया गया है।'

जिन्नाह ने उस समय यह भी कहा था कि 'मुसलमान अल्पसंख्यक नहीं है, मुसलमान तो राष्ट्र की प्रत्येक परिभाषा के अनुसार राष्ट्र हैं और उन्हें अपना स्वदेश, राज्य क्षेत्र और राज्य मिलना चाहिए।'

जिन्नाह से अलग गांधीजी और नेहरू कभी भी ऐसे स्पष्टवादी चिंतन के आधार पर ऐसा कहने का साहस नहीं कर पाए कि हिंदू और मुसलमान दोनों के इतिहास पुरुष भिन्न-भिन्न हैं

और दोनों एक दूसरे के इतिहास पुरुषों को अपना शत्रु मानते हैं। उनका ऐसा कहने का भी साहस नहीं हुआ कि भविष्य में यदि मुसलमान इसी प्रकार की नीति पर काम करते रहेंगे और हिंदू को कमजोर करने के लिए उसका धर्मांतरण करते रहेंगे तो यह राष्ट्र की एकता, अखंडता और सामाजिक समरसता की पवित्र भावना के विपरीत किया गया आचरण होगा। अतः इस्लाम को मानने वाले लोगों को अपने व्यवहार को सुधारना होगा।

माना कि जिन्नाह के द्वारा ऐसा 1940 में कहा जा रहा था पर वास्तव में जिन्नाह के इन शब्दों में इस्लाम के 1000 वर्षीय बर्बरता पूर्ण अत्याचारों का सत्यापन,प्रमाणन आदि सभी कुछ है। उसने अपने इस भाषण के माध्यम से स्पष्ट कर दिया था कि हम कभी भी हिंदुओं के साथ रहने को तैयार नहीं हैं। हम एक राष्ट्र की परिभाषा के अनुसार राष्ट्र हैं और इसी आधार पर हमें एक अलग देश मिलना ही चाहिए। जिन्नाह के इस प्रकार के आचरण से समझो डकैत डकैती के माल को बाँटना चाह रहा था। कांग्रेस को जिन्नाह के इस प्रकार के आचरण की समय रहते निंदा करनी चाहिए थी और उसे राष्ट्र की मुख्यधारा के साथ चलने के लिए बाध्य करना चाहिए था। पर कांग्रेस मौन रही और उसने उचित समय पर बोलना भी उचित नहीं माना। उसका यह मौन साध जाना भी देश विभाजन के लिए एक जिम्मेदार कारण रहा।

इस्लामिक आतंकवाद का पुराना इतिहास

हमें यह बात ध्यान रखनी चाहिए कि जिन्नाह और उसके किसी भी साथी मुस्लिम नेता ने कभी यह नहीं कहा कि हमें अलग देश लेने के लिए हिंदू नेता प्रेरित कर रहे हैं। हाँ,उन्होंने इतना अवश्य बार-बार कहा कि हम हिंदू गुलामी को सहन नहीं करेंगे। भारत में हिंदुओं का शासन उन्हें गुलामी जैसा लगता था। भारत के प्रत्येक शासक को समाप्त कर देना और भारत का सर्वस्व विनष्ट कर देना उन्हें 'मुकम्मल आजादी'

अर्थात वास्तविक आजादी दिखाई देती थी। इस मुकम्मल आजादी की प्राप्ति के लिए ही मुस्लिम लीग काम कर रही थी, मुस्लिम लीग के नेता काम कर रहे थे और मुस्लिम लीग व मुस्लिम लीग के नेताओं के पूर्वज अर्थात पिछले कई सौ वर्ष में विदेशी आक्रमणकारी के रूप में भारत पर अवैध शासन करने वाले इस्लामिक बर्बर सुल्तान, बादशाह आदि करते रहे थे। भारत का बहुसंख्यक समाज आजादी से पहले मुस्लिम शासन के दौरान हिंदुओं पर किए गए अत्याचारों की एक एक कहानी को अपने हृदय-स्थल में समाविष्ट किए हुए था। यही कारण था कि वह बाबर और औरंगजेब के मानस पुत्रों के साथ किसी भी स्थिति में मिलकर चलने को तत्पर नहीं था। वह जानता था कि अंग्रेज और मुसलमान दोनों ही एक ही थाली के चट्टे बट्टे हैं। वह पुराने इतिहास से शिक्षा ले रहा था कि इन दोनों के ही शासन काल में उसे कितनी भारी क्षति उठानी पड़ी है?

वैदिक धर्मी हिंदू लोगों को जब भारतवर्ष का पुराना वैभव याद आता था और उसे अपने आर्यावर्त देश की सीमाओं का बोध होता था तो वह अपने उसी वैभवपूर्ण अतीत को प्राप्त करने के लिए छटपटाने लगता था। उसे यह जानकर बहुत अधिक पीड़ा होती थी कि भारतवर्ष के प्राचीन वैभव को मिटाने में इस्लाम का बहुत बड़ा योगदान रहा है। तब तो उसका हृदय ही रोने लगता था जब वह इस्लाम के शासनकाल में अपने पूर्वजों पर हुए अत्याचारों की कहानियों को लोक कथाओं के माध्यम से या किसी पुस्तक के माध्यम से सुनता या पढ़ता था। भारत का बहुसंख्यक समाज नहीं चाहता था कि उसे फिर से इस्लाम के शासन में रहना पड़े।

विश्व गुरु बनाम दारुल इस्लाम का संघर्ष

बहुसंख्यक समाज के लिए मुकम्मल आजादी का अर्थ था भारतवर्ष पर हिंदुओं का शासन स्थापित हो और भारत फिर से विश्व गुरु बने। इसके विपरीत मुसलमानों के लिए मुकम्मल आजादी का अर्थ उन्हें हिंदुओं पर अत्याचार करने की स्वाधीनता मिले, और भारत दारुल इस्लाम बने। विश्व गुरु बनाम दारुल इस्लाम के इस मौन संघर्ष को कांग्रेस के शासनकाल में इतिहास लेखन के काम में लगे लेखकों ने पूर्णतया उपेक्षित कर दिया है। जबकि भारत के विभाजन के लिए यह मौन संघर्ष बहुत अधिक सीमा तक उत्तरदायी माना जा सकता है। इस्लाम स्वाधीनता के पश्चात भारत को दारुल इस्लाम बनाने के अपने लक्ष्य से पीछे हटने को तैयार नहीं था और भारत का बहुसंख्यक समाज अपने क्रांतिकारियों के माध्यम से भारत को विश्व गुरु बनाने के लिए पूर्ण स्वाधीनता की ओर बढ़ रहा था। क्रांतिकारियों के माध्यम से तेजी से स्वाधीनता की ओर बढ़ते भारत को देखकर मुस्लिम लीग और उस समय के सभी मुस्लिम नेता बहुत चिंतित है। उनकी इस जनता का लाभ अंग्रेजों ने लेने के लिए उन्हें भड़काना आरंभ किया। कांग्रेस के लिए उस समय एक ओर कुंआ और एक ओर खाई वाली स्थिति हो गई थी। वह क्रांतिकारियों की ओर भी नहीं जा सकती थी और इस्लाम के सपनों को असफल करने का साहस भी नहीं कर सकती थी। ऐसी स्थिति में उसने इस्लामिक तुष्टीकरण और अंग्रेजों की चाटुकारिता करते रहने का निर्णय लिया। उसकी यह सोच भी देश के विभाजन का एक कारण बनी। यदि उस समय कांग्रेस विश्व गुरु बनाम दारुल इस्लाम के इस संघर्ष में विश्वगुरू भारत बनाने वाले लोगों का साथ देती तो निश्चय ही वह विभाजन के कलंक से बच सकती थी।

भारत में अपना स्थायी शासन स्थापित करने के इतने बड़े और दीर्घकालिक इस्लामिक संघर्ष को हिंदुओं ने सफल नहीं होने दिया था, यह बात मुस्लिम लीग और मुस्लिम लीग के नेताओं के साथ-साथ प्रत्येक मुस्लिम नेता को चुभती थी। उन्हें बार-बार यह पीड़ा सताती थी कि आया हुआ शिकार हाथ से निकल गया और इन विदेशी शासकों अर्थात अंग्रेजों ने आकर हमारा शिकार हमसे छीन लिया।

सावरकर जी का हिंदुत्व

उपरोक्त लेखक हिमांशु की मान्यता है कि मुसलमानों की इस प्रकार की भारत विरोधी सोच को समझकर ही सावरकर जी जैसे नेताओं ने अपनी लेखनी को पैना किया था। उन्होंने देशवासियों का जागरण करते हुए 'हिंदुत्व' जैसी पुस्तक की रचना की। इसके बारे में उपरोक्त गांधीवादी लेखक महोदय लिखते हैं कि 'भारत को हिंदू राष्ट्र घोषित करने और यहाँ से मुसलमानों और ईसाइयों को बाहर निकाल देने के तमाम तरीक़े प्रारंभ में सावरकर ने अपनी विवादित किताब 'हिंदुत्व ' में विस्तार से प्रस्तुत किए। इस पुस्तक को लिखने की अनुमति उन्हें आश्चर्यजनक रूप से अंग्रेज़ों की कैद में रहते दे दी गई थी।

हिंदू राष्ट्र की उनकी परिभाषा में मुसलमान व ईसाई शामिल नहीं थे, क्योंकि वे हिंदू सांस्कृतिक विरासत से जुड़ते नहीं थे, न ही हिंदू धर्म अंगीकार करते थे। उन्होंने लिखाः 'ईसाई और मुहम्मडन,जो कुछ समय पहले तक हिंदू ही थे और ज़्यादातर मामलों में जो अपनी पहली ही पीढ़ी में नए धर्म के अनुयायी बने हैं, भले ही हमसे सांझा पितृभूमि का दावा करें और लगभग शुद्ध हिन्दू ख़ून और मूल का दावा करें। लेकिन उन्होंने एक नई संस्कृति अपनाई है, इस वजह से ये हिंदू नहीं कहे जा सकते हैं।'

'नए धर्म अपनाने के बाद उन्होंने हिंदू संस्कृति को पूरी तरह छोड़ दिया है... उनके आदर्श तथा जीवन को देखने का उनका नज़रिया बदल गया है। वे अब हमसे मेल नहीं खाते, इसलिए इन्हें हिंदू नहीं कहा जा सकता।''

काफिर और कुफ्र पर मौन साध जाने वाले ये गांधीवादी लेखक इतिहास के इस सच को नहीं समझ पाए कि सदियों से भारत में रहने वाले लोग भी किस प्रकार भारत को अपना नहीं मानते थे? इसके विपरीत वे भारत को मिटाने और यहाँ पर अपनी पीढ़ियों का शासन स्थापित करने के लिए संघर्ष कर रहे थे। जिन लोगों को यहाँ रहते-रहते कई शताब्दी गुजर गई थीं, उनके मन मस्तिष्क भी भारत में रहकर अपने पूर्वजों के देश और वहाँ के धर्म स्थलों में अटके-भटके रहते थे। वहीं से वे धार्मिक और राजनीतिक ऊर्जा लेकर भारत के विनाश के लिए नरसंहारों का खेल खेला करते थे। सावरकर जी ने उन चीजों को समझा और 'हिंदुत्व' में उनका स्पष्ट वर्णन कर देशवासियों को बताया कि हिंदू वास्तव में कहते किसको हैं? जो लोग शताब्दियों से यहाँ रहकर भी इस देश को अपनी पुण्य भूमि, पवित्र भूमि और पितृ भूमि मानने को तैयार नहीं हैं वे इस देश की राष्ट्रीयता से जुड़े हुए नहीं हैं और क्योंकि हिंदू इस देश की राष्ट्रीयता का उद्बोधक, संबोधक शब्द है, इसलिए ऐसे लोगों को हिंदू नहीं कहा जा सकता।

हिंदू और आर्य राष्ट्रधर्म

सावरकर जी के दृष्टिकोण से देखा जाए तो हिंदू इस देश के आर्य धर्म, आर्य संस्कृति और आर्य राष्ट्र का स्वाभाविक उत्तराधिकारी है। उनके दृष्टिकोण में हिन्दू आर्य वैदिक ऋषियों की

संतान है, जो हमारे आर्य राष्ट्र, आर्यावर्त की मूल चेतना, धर्म चेतना और वैदिक चेतना से चेतनित है। भारतवर्ष की वैदिक चेतना से आर्य हिंदू का सीधा संबंध है। वह उसकी रक्षा के लिए मर सकता है, मिट सकता है, अपना सब कुछ खो सकता है, अपना बलिदान दे सकता है, पर वैदिक धर्म की आर्य राष्ट्र चेतना को वह मिटते नहीं देख सकता। हर काल में वह अपनी वैदिक राष्ट्र चेतना को जीवंत बनाए रखने के लिए किसी सावरकर को खोज सकता है, सावरकर पर सोच सकता है। वह गांधी को सम्मान दे सकता है पर गांधीमय नहीं हो सकता।

भारत का बहुसंख्यक समाज किसी तथाकथित गांधीवादी विचारधारा के भंवरजाल में फंसकर अपने क्रांतिकारी इतिहास की दीर्घकालिक परंपरा को नहीं भुला सकता। जिसमें इस्लाम के आगमन के पहले दिन से लेकर 1947 तक और उसके बाद से आज तक उसने अनेक वीर वीरांगनाओं को अपनी आर्य संस्कृति की रक्षा के लिए मरते मिटते देखा है। उनके मरने मिटने की पवित्र भावना और बलिदानी परंपरा पर उसे गर्व होता है। इसके विपरीत गांधीवाद इस गर्व और गौरव बोध को या तो हल्का कर देना चाहता है या मिटा देना चाहता है।

गांधीवादी हिमांशु आगे लिखते हुए अपने मन की भड़ास इस प्रकार निकालते हैं कि 'हिंदुत्ववादी राजनीति के जनक सावरकर ने बाद में दो- राष्ट्र सिद्धांत की विस्तृत व्याख्या की। इस वास्तविकता को भूलना नहीं चाहिए कि मुस्लिम लीग ने तो पाकिस्तान का प्रस्ताव सन् 1940 में पारित किया था, लेकिन आरएसएस के कथित महान विचारक व मार्गदर्शक सावरकर ने इससे बहुत पहले दो-राष्ट्र सिद्धांत प्रस्तुत कर दिया था।

सन् 1937 में अहमदाबाद में हिंदू महासभा के 19 वें राष्ट्रीय अधिवेशन के अध्यक्षीय भाषण में उन्होंने स्पष्ट रूप से यही बात दोहराई- 'फ़िलहाल हिंदुस्तान में दो प्रतिद्वंद्वी राष्ट्र पास-पास रह रहे हैं। कई अपरिपक्व राजनीतिज्ञ यह मानकर गंभीर ग़लती कर बैठते हैं कि हिंदुस्तान पहले से ही एक सद्भावपूर्ण राष्ट्र के रूप में ढल गया है या सिर्फ़ हमारी इच्छा होने से ही इस रूप में ढल जायेगा... आज यह क़तई नहीं माना जा सकता कि हिंदुस्तान एक एकता में पिरोया हुआ और मिलाजुला राष्ट्र है। बल्कि इसके विपरीत हिंदुस्तान में मुख्य तौर पर दो राष्ट्र हैं-हिन्दू और मुसलमान।'

'हिंदुत्ववादी विचारकों द्वारा प्रचारित दो-राष्ट्र की इस राजनीति को 1939 में प्रकाशित गोलवलकर की पुस्तक 'वी, एंड आवर नेशनहुड डिफाइंड' से और बल मिला। भारत में अल्पसंख्यकों की समस्या से निपटने के लिए गोलवलकर ने इस किताब में नस्ली सफ़ाया करने का मंत्र दिया, उसके मुताबिक़ प्राचीन राष्ट्रों ने अपनी अल्पसंख्यक समस्या हल करने के लिए राजनीति में उन्हें (अल्पसंख्यकों को) कोई अलग स्थान नहीं दिया। मुस्लिम और ईसाई, जो 'आप्रवासी' थे, उन्हें स्वाभाविक रूप से बहुसंख्यक आबादी अर्थात 'राष्ट्रीय नस्ल' में मिल जाना चाहिए था। गोलवलकर भारत से अल्पसंख्यकों के सफ़ाये के लिए वही संकल्प प्रकट कर रहे थे कि जिस प्रकार नाज़ी जर्मनी और फ़ासीवाद इटली ने यहूदियों का सफ़ाया किया है। वे

मुसलमानों और ईसाइयों को चेतावनी देते हुए कहते हैं, 'अगर वह ऐसा नहीं कर सकते तो उन्हें बाहरी लोगों की तरह रहना होगा, वे राष्ट्र द्वारा निर्धारित तमाम नियमों से बँधे रहेंगे।'

दोगले गांधीवाद का उदाहरण

गांधीवादियों की मानसिकता को समझने के लिए एक उदाहरण देना पर्याप्त होगा। जिस समय अंग्रेज यहाँ पर शासन कर रहे थे, उस समय 1870 के दशक में :-

भगवान हमारी दयालु रानी को बचाओ।
लंबे समय तक हमारी महान रानी रहे।।

यह गीत गाना सभी सरकारी समारोहों के लिए अनिवार्य कर दिया गया था। इसमें विदेशी रानी के लिए चाटुकारिता पूर्ण शब्दों का प्रयोग किया गया था। इस गीत का हमारे देश की सांस्कृतिक विरासत से कोई संबंध नहीं था। ऐसे ही चाटुकारिता भरे गीतों को आगे चलकर कांग्रेस और मुस्लिम लीग ब्रिटिश सत्ताधीशों के लिए गाती रहीं। उन्हें इस प्रकार के चाटुकारिता पूर्ण गीतों के गाने में कभी किसी प्रकार की आपत्ति नहीं हुई। मुस्लिम लीग को इसमें किसी प्रकार की सांप्रदायिकता भी नहीं दिखाई दी। जबकि अंग्रेजों ने अपनी रानी के लिए बनाए इस प्रकार के गीतों को कांग्रेस और मुस्लिम लीग के नेताओं से गवाकर उन्हें ईसाई सांप्रदायिकता में जकड़ लिया था।

तब इस गीत को गाते हुए डिप्टी कलेक्टर बंकिम चंद्र चटर्जी को बहुत पीड़ा हुई। उन्हें इस प्रकार का गीत अपने राष्ट्र-अभिमान पर चोट मारता हुआ दिखाई दिया। वह एक स्वाभिमानी और राष्ट्रभक्त व्यक्ति थे। फलस्वरुप उन्होंने इस गीत का विरोध करते हुए 1876 में 'आनंदमठ' नामक उपन्यास की रचना की तो उसमें 'वंदेमातरम' शीर्षक से अपना एक नया गीत लिखा। इस गीत ने देश के क्रांतिकारियों को बड़ा प्रभावित किया। देश के कोने कोने में इसको पसंद किया गया। देश का युवा इसे गाता था तो देशभक्ति की पवित्र भावना से मचल उठता था। बंकिम चंद्र चटर्जी इस गीत के माध्यम से पूरे देश में प्रसिद्धि प्राप्त कर गए थे। इस गीत ने युवाओं के भीतर देशभक्ति का संचार किया और नई ऊर्जा से भर कर उन्हें विदेशी गुलामी के जुए को उतार फेंकने के लिए प्रेरित किया।

हमारे देशभक्त क्रांतिकारियों ने उस गीत को तुरंत पकड़ लिया। बात तो छोटी सी है, पर मानसिकता को दिखाती है। अपने जन्म लेते ही जहाँ कांग्रेस 'भगवान हमारी दयालु रानी को बचाओ' गाती जा रही थी, वहीं हमारे क्रांतिकारी भारत और भारतीयता से प्रेम करते हुए 'वंदे मातरम' बोल रहे थे, गा रहे थे। दोनों की सोच देश के प्रति समर्पण के भाव के अंतर को स्पष्ट कर देती है। बात स्पष्ट है कि जो दयालु रानी के दीर्घजीवी होने की कामना ईश्वर से कर रहे थे, वे देश के बँटवारे के लिए जिम्मेदार बने और जो 'वंदे मातरम' बोल रहे थे वे देश को स्वाधीन कराने के माध्यम बने।

अध्याय 7: सावरकर और हिंदू-हित

मुस्लिम लीग की स्थापना से भी पहले से और 1857 की क्रांति के बाद से अंग्रेजों ने मुस्लिम तुष्टिकरण का कार्ड भारत में खेलना आरंभ कर दिया था। जिससे मुसलमान ब्रिटिश सत्ता के चहेते बन चुके थे। मुस्लिम नेतृत्व इस बात से बहुत प्रसन्न था कि उसे ब्रिटिश सरकार से मनचाही सुविधाएं प्राप्त हो रही हैं। उन मनचाही सुविधाओं की प्राप्ति के चलते उनमें से अधिकांश के लिए राष्ट्रहित गौण हो चुका था। इसी से स्पष्ट हो जाता है कि उनके लिए देशहित बाद में था, पहले उन्हें अपने कौमी स्वार्थों की चिंता थी। इसका एक कारण यह था कि मुसलमान की सोच उस समय यह थी कि यदि अपनी सत्ता भारतवर्ष पर स्थापित करने में हम सफल नहीं हो पा रहे हैं तो वर्तमान सत्ता से जितना अधिक लाभ लिया जा सकता है उसे लेने में कोई बुराई नहीं है। ऐसी परिस्थितियों में ब्रिटिश और मुस्लिम लीग के बने इस अघोषित गठबंधन का भारत के हिंदू समाज के लोगों पर और उनके हितों पर विपरीत प्रभाव पड़ना स्वाभाविक था। जिससे हिंदू ब्रिटिश सत्ताधारियों के निशाने पर आ गए थे। ब्रिटिश सत्ताधारी लोग हिंदू को अकेला करके पीसना चाहते थे। उधर कांग्रेस थी जिसके नेता अपने आपको हिंदू कहने में भी शर्म की अनुभूति करते थे। ऐसी परिस्थितियों में हिंदूहित की बात करना राष्ट्र की बात करना था। क्योंकि राष्ट्र का प्रतिनिधित्व केवल हिंदू भावना ही कर रही थी। जिसे कुचलने के लिए जहाँ मुस्लिम लीग और ब्रिटिश सत्ताधारी लोग एक हो चुके थे, वहीं कांग्रेस का भी मौन समर्थन इस गठबंधन के साथ ही था।

तब एक पत्रक के माध्यम से जुलाई 1938 में फैजाबाद (संयुक्त प्रांत) के मतदाताओं का सावरकर जी ने आह्वान किया था कि वे हिंदू सभा समर्थक डॉ. सुरजितपाल सिंह को ही अपना वोट दें। "फैजाबाद स्थित हिंदू मतदाताओं, राष्ट्रहित दक्ष हिंदू महासभा इच्छुक (उम्मीदवार) को ही-जो हिंदुओं के हित की रक्षा करने के लिए वचनबद्ध हैं- अपना मत देकर अपना कर्तव्य निभाओ। बहुसंख्य हिंदुओं के हित की सुरक्षा रूढ़ होना भारतीय राष्ट्रीय हित की सुरक्षा से सुसंगत ही है। कांग्रेस दर्शिका पर खड़े उम्मीदवार को मत देना अराष्ट्रीय कृत्य है, इस प्रकार एक

धारणा जो चाहती है वह अनुचित है। इतना ही नहीं, वह हिंदुओं के लिए विघातक है। प्रत्येक पक्ष को अपना इच्छुक खड़ा करने का नैतिक एवं संविधानात्मक अधिकार है। मुसलमानों को उन्हीं के अधिकार की रक्षार्थ स्वतंत्र मतदार संघ है। ईसाइयों के लिए भी ऐसी सुविधा है। तिस पर हिंदुओं के हित रक्षार्थ जो मतदाता संघ है उसे भूल से सर्वसाधारण 'मतदाता संघ' नाम दिया गया है। इससे ऐसी अवस्थाओं में हिंदुओं को ही हिंदू इच्छुक खड़े रहने का अधिकार होकर हिंदुओं की एकमेव संघटित संस्था हिंदू महासभा हिंदू हित रक्षार्थ कर्तव्य करने के लिए यह चुनाव लड़ रही है।" **(सावरकर समग्र, खंड - 3)**

हिंदू का देश की माटी से संवाद

सावरकर जी के लिए यह पूर्णतया उचित ही था कि जब कांग्रेस मुस्लिम तुष्टिकरण के नाम पर मुस्लिमों को लुभाने का काम कर रही थी और मुस्लिम लीग सीधे मुस्लिमों के हितों की राजनीति करते हुए उनसे अलग देश माँगने के नाम पर उनका वोट माँग रही थी, तब हिंदुओं को इस देश की एकता और अखंडता को बनाए रखने के लिए एकजुट कर उनकी एकजुटता को राष्ट्रहित में संगठित करने के प्रयास किए जाते। इसका एक कारण यह भी है कि हिंदू ही इस देश की माटी से अपना आत्मिक जुड़ाव अनुभव करता है, देश के प्रति सर्वस्व समर्पण का भाव भी हिन्दू ही रखता है और हिन्दू ही इसके प्रति आत्मीय संबंध विकसित कर इसके साथ संवाद भी कर सकता है। हिंदू को जागृत करने का अर्थ है देश की माटी के कण कण में संवाद शक्ति को पुनः स्थापित करना। जी हाँ, वही संवाद शक्ति जिसे अहिंसावादियों की चाँटा खाने की नीति शांत करती जा रही थी और मुस्लिम लीग का देश विरोधी आचरण उसे खून के आँसू रोने के लिए बाध्य कर रहा था।

महापुरुष वही होते हैं जो देश की मिट्टी के कण-कण से संवाद स्थापित कर लेते हैं,उसके साथ समय आने पर रो भी सकते हैं आंसू बहा सकते हैं और समयानुकूल उसके साथ नृत्य भी कर सकते हैं। संवेदनाशून्य लोग मिट्टी के कण-कण से कभी संवाद स्थापित नहीं कर पाते। यहाँ तक कि देश की माटी का कोई कण स्वयं भी उनके प्रति आकर्षित वैसे ही नहीं होता जैसे कोई बालक किसी पराए, नीरस और संवेदनाशून्य व्यक्ति की ओर आकर्षित नहीं होता।

सावरकर जी की स्पष्टवादिता

सावरकर जी बिना लागलपेट के अपनी बातों को कहने के अभ्यासी थे। अपनी बात को कहते समय वह यह नहीं देखते थे कि आगे मुस्लिम लीग है या कांग्रेस है या फिर ब्रिटिश हुकूमत के लोग हैं? उन्हें जो कुछ कहना होता था उसे वह धड़ल्ले से कहते थे। उनके लिए राष्ट्र सर्वोपरि था। इसी भाव और भावना को लेकर वह विचार करते थे। इसी विचार मंथन की प्रक्रिया

में गहरे डूब जाते थे। उनकी कविता जब बोलती थी तो उससे भी राष्ट्र राष्ट्र शब्द ही निकलता था। उनका गद्यमय लेखन जब अपनी तान छेड़ता था तो उससे भी राष्ट्रानुभूति होती थी। उनका वक्तव्य कभी किसी विशेष बिंदु पर आता था तो उसमें भी राष्ट्र शब्द की अनुगूंज सुनाई देती थी। उनका चिंतन, उनका मंथन और उनके हृदय का स्पंदन आदि सभी कुछ राष्ट्र के लिए समर्पित था। उनका इस प्रकार का राष्ट्रवाद काँग्रेस को पहले दिन से अखरता था। क्योंकि कांग्रेस इस प्रकार के चिंतन को छू तक नहीं गई थी। इसी कारण वह आज तक भी मुस्लिम लीग समर्थक मुस्लिमों और कांग्रेसियों के साथ-साथ कम्युनिस्टों के भी निशाने पर रहते हैं।

कांग्रेसी अपने राजनीतिक हितों को साधने के लिए अभी तक हिंदुओं का मूर्ख बनाते रहे थे। राष्ट्रहित को पीछे धकेल कर स्वहित के लिए वह हिंदुओं का सहयोग तो लेते थे पर हिंदुओं के लिए कुछ करने के नाम पर पीछे हट जाते थे। आर्यराष्ट्र, आर्य भाषा और आर्य जन के चिंतन की तो कांग्रेस से अपेक्षा तक नहीं की जा सकती थी। इन सब बातों को कांग्रेस ने तुच्छ और हीन भावना से देखा। प्रगतिशीलता के नाम पर उसने अपने पैरों पर कुल्हाड़ी मारना तो स्वीकार किया पर अपने वास्तविक मूल्य को पहचानने तक से इनकार कर दिया। ऐसे व्यक्ति के लिए आप क्या कहेंगे जो अपने पैरों पर अपने आप कुल्हाड़ी मार रहा हो और अपने मूल्य को अपने आप ही आंकने या पहचानने से इंकार कर रहा हो?

ब्रिटिश अधिकारियों या हुकूमत में बैठे लोगों के समक्ष कांग्रेस के नेता हिंदूहित की बात को उठाने में संकोच करते थे। ऐसे संकोच को करते-करते वह मुस्लिम तुष्टीकरण की नीति पर उतर आते थे। यदि कभी हिंदूहित के लिए या देश की आम सहमति के लिए कुछ माँगने या कुछ काम करने निकलते भी थे तो हिंदू हित या राष्ट्रहित को पीछे धकेल कर वे मुसलमानों के लिए माँग कर बैठते थे। कांग्रेसियों, मुस्लिमों और अंग्रेजों की इस प्रकार की षड्यंत्रपूर्ण नीति - रणनीति को समझकर ही सावरकर जी ने 1938 में हिंदुओं से सीधे-सीधे और स्पष्ट शब्दों में उपरोक्त अपील की।

हिंदुओं ने सलाह नहीं मानी

हिंदुओं ने परंपरागत ढंग से सावरकर जी की सलाह पर ध्यान न देकर उन लोगों को चुनाव में जिताया जो उनके हितों के विरुद्ध कार्य कर रहे थे। 'सावरकर समग्र' के उपरोक्त खंड से हमें पता चलता है कि हिंदू मतदाताओं ने यह सावधानी नहीं बरती और मुसलमानों ने अराष्ट्रीय मुसलमानों को भी जिताया। संपूर्ण देश में मुसलमानों के हित रक्षार्थ दंगे-फसाद हुए, किंतु उसका प्रतिकार करने के लिए एक भी हिंदू आगे नहीं आया। उसी प्रकार हिंदू प्रतिनिधि न चुनने की यह भूल हिंदुओं के लिए प्राण घातक बनी। उदाहरण के लिए पंजाब और बंगाल के मुस्लिम मंत्रियों के कृत्य देखिए। वे सरेआम भरे बाजार मुसलमानों का पक्ष लेकर हिंदुओं को तंग करने की

धमकियाँ दे रहे हैं। इसके विपरीत संयुक्त प्रदेश (वर्तमान उत्तर प्रदेश) के कांग्रेसी हिंदू मंत्री हिंदुओं की बात नहीं सुनते। हिंदू सभा, आर्यसमाज, हिंदू संघटन जैसे शब्द भी उन्हें तिरस्करणीय लगते हैं। वे कहते हैं कि आर्यसमाज के कारण ही मुसलमान चिढ़ते हैं। वे शिवाजी, राणा प्रताप तथा अन्य पराक्रमी हिंदू देशभक्तों को भूले-भटके समझते हैं और कहते हैं कि मुल्ला तथा मौलवियों ने मुसलमानी शब्दों का प्रभाव वृद्धिंगत करके हिंदुस्थानी को राष्ट्रभाषा बनाने का प्रयास कर रहे हैं। ये मंत्री नागरी लिपि का विरोध कर रहे हैं, क्योंकि मुसलमानों को वह अप्रिय है। मुसलमानी भावना का आदर करने के लिए उन्होंने 'वंदेमातरम्' राष्ट्रगीत काट-छाँट दिया और हिंदुओं की भावनाओं को कुचल डाला। इस प्रकार हिंदू मतदाताओं द्वारा निर्वाचित कांग्रेसी प्रतिनिधि हिंदू मतदाताओं की भावनाएँ पैरों तले रौंदकर जिन्ना, हक प्रभृतियों को आश्वस्त कर रहे हैं कि वे गोवधबंदी कदापि नहीं करेंगे।"

यदि उस समय का बहुसंख्यक हिंदू समाज सावरकर जी की अपील पर ध्यान देता तो आगे की देश विरोधी और देश विभाजन की परिणति से हम बच सकते थे। जब हम देश विभाजन के लिए दोषी कौन? - इस विषय पर चिंतन करें तो उस समय हमें यह भी ध्यान रखना चाहिए कि हिंदू समाज ने भी सही समय पर नेताओं के परामर्श को स्वीकार न करके देश विभाजन की मुस्लिम लीग की माँग को और अधिक बलवती कर दिया था। यह एक कटु सत्य है कि उस समय का हिंदू नेतृत्व समय से आगे चल रहा था और हिंदू समाज काल की बेड़ियों में जकड़ा पड़ा था।

सावरकर जी और आर्य समाज

आर्य समाज के संस्थापक स्वामी दयानंद जी महाराज 1857 की क्रांति के समय मात्र 33 वर्ष की अवस्था के थे। परंतु उन्होंने उस समय बाबा औघड़नाथ के नाम से क्रांति के लिए भूमिका तैयार की और मेरठ में क्रांतिकारियों के बीच रहकर क्रांति को बलवती करने में अपनी अग्रणी भूमिका निभाई थी। जिस आर्य समाज के संस्थापक महर्षि दयानंद जी और उनके पीछे की गुरु परंपरा के तीन महान संन्यासी एक साथ मिलकर देश को क्रांति के बल पर स्वतंत्र कराने की रणनीति पर काम कर रहे थे, उस आर्य समाज के प्रति विनम्र और सद्भावी होना सावरकर जी के लिए स्वाभाविक था। इस प्रकार स्वामी दयानंद जी का क्रांतिकारी स्वरूप सावरकर जी के लिए प्रेरणा स्रोत था।

सावरकर जी आर्य समाज के प्रति सदैव कृतज्ञ भाव से देखते रहे। इसका कारण केवल एक था कि वे भारत में हिंदूहितरक्षक अर्थात सत्य सनातन वैदिक संस्कृति के रक्षक और पोषक के रूप में आर्य समाज को देखते थे। यदि कहीं वह आर्य समाज की मान्यताओं से असहमत भी होते थे तो भी वह उसे अपना घरेलू विषय मानकर आगे बढ़ने में विश्वास रखते थे।

'भारतीय स्वतंत्रता संग्राम में आर्य समाज का विशेष (80% योगदान) पुस्तक के पृष्ठ 137 पर लिखा गया है कि भारतीय स्वातंत्र्य संग्राम में आर्य समाज का योगदान लेखक आचार्य सत्यप्रिय शास्त्री पृष्ठ 74 -78 के अनुसार पता चलता है कि वीर सावरकर को भारतीय स्वतंत्रता के लिए अपना सर्वस्व न्योछावर करने की प्रेरणा आर्य समाज के संस्थापक महर्षि दयानंद के अनन्य शिष्य पंडित श्यामजी कृष्ण वर्मा ने दी थी। सावरकर जी पहले 'दी इंडियन वार ऑफ इंडिपेंडेंस 1857' पुस्तक लिखकर इतिहासकार बने। इस पुस्तक से ब्रिटिश सरकार बेचैन हो गई। उस समय सावरकर जी मात्र 23 वर्ष के थे। इस महत्वपूर्ण पुस्तक की पांडुलिपि के आधार पर ही लंदन हाउस में भारतीय छात्रों तथा अन्य भारतीयों के बीच निर्भयता से स्वदेश की गरिमा एवं 1857 की क्रांति की कथा सुनाया करते थे। ब्रिटिश सरकार को जब अपने गुप्तचरों से पता चला तब से इनकी गतिविधियों पर कड़ी नजर रखी जाने लगी।'

कांग्रेस जिस प्रकार मुस्लिम तुष्टीकरण करते हुए हिंदू हितों की उपेक्षा करती थी, उसको लेकर सावरकर जी कांग्रेस और कांग्रेस के नेताओं से अत्यंत खिन्न रहते थे। सावरकर जी हिंदू हित रक्षक के रूप में वैदिक सत्य सनातन संस्कृति और सनातन धर्म की रक्षा को राष्ट्र की रक्षा के साथ जोड़कर देखते थे। इस प्रकार उनका सम्पूर्ण चिंतन और राजनीतिक दर्शन वैदिक संस्कृति और धर्म को संपूर्ण मानवता के हितों की रक्षा की गारंटी के रूप में देखता था। कांग्रेस इस प्रकार की सोच से अपने आप को दूर करती थी। कांग्रेस की यही सोच देश को तोड़ने में सहायक हुई।

कांग्रेस की छद्म धर्मनिरपेक्षता

कांग्रेस को धर्मनिरपेक्षता पर गर्व था। उसे अपनी वैदिक संस्कृति की रक्षा करने और वैदिक मूल्यों को अपनाने की परवाह तनिक भी नहीं थी। एक प्रकार से वह नास्तिकता के भाव को लेकर और वेद धर्म की निंदा करते हुए आगे बढ़ना चाहती थी। वास्तव में यह पढ़े-लिखे भारतीय काले अंग्रेजों की एक नास्तिक सभा थी। उसकी स्थिति उन उभयलिंगी लोगों जैसी हो चुकी थी,जो ना तो पुरुष कहे जा सकते और ना ही नारी कहे जा सकते। ऐसी सोच रखने वाली संस्था या राजनीतिक पार्टी के विरुद्ध सावरकर जी ने हिंदू मतदाताओं को सीधे-सीधे प्रेरित किया कि राष्ट्रहितों से खिलवाड़ कर रही कांग्रेस को केभी अपना समर्थन ना दें। राष्ट्र उन्हीं हाथों में सुरक्षित रह सकता है जो राष्ट्र के मूल्यों को अपनाते हों या जो राष्ट्र के मूल्यों पर कुदृष्टि रखने वाले हाथों को कुचलने की क्षमता रखते हों। राष्ट्र शास्त्रीय मूल्यों से बनता है और शस्त्रगत मूल्यों से सुरक्षित रहता है, इसे सावरकर तो समझ रहे थे पर यह बात कांग्रेस को कभी समझ नहीं आई।

कांग्रेस ने राष्ट्र के शास्त्रीय मूल्यों की अवहेलना की और काल्पनिक आधार पर कुछ ऐसी चीजों को पश्चिम से ग्रहण करने लगी जो भारत के अनुकूल नहीं थीं। अपने मौलिक स्वरूप में

भारत के प्रतिकूल रही उन्हीं बातों के आधार पर कांग्रेस भारत में राष्ट्र के निर्माण में लग गई। इससे भारत में राष्ट्र का निर्माण तो नहीं हुआ, राष्ट्र का विखंडन अवश्य हो गया। राष्ट्र के गुणों से सर्वसंपन्न राष्ट्र में राष्ट्र के कमतर मूल्यों को स्थापित करना बहुत बड़ी मूर्खता होती है। कांग्रेस इसी मूर्खता को करने में लग गई थी। इस मानसिकता को भी देश के विभाजन का एक कारण माना जाना चाहिए।

कांग्रेस की इसी प्रकार की चिंतन भावना को देखकर सावरकर जी ने कहा है कि कांग्रेस की इस दुष्ट प्रवृत्ति से रक्षा करने का एक उपाय है। वह यह कि हिंदू उन्हें अपना वोट न दें और अपने प्रतिनिधि के रूप में उन्हें निर्वाचित न करें। इसके विपरीत जो प्रकट रूप में एक संघटित पक्ष के रूप में हिंदूहित की सुरक्षा का आश्वासन देते हैं उस हिंदू महासभा इच्छुकों को अपने वोट दें। कांग्रेस में कुछ लोग भले हैं परंतु उन लोगों की भलाई पर गौर न करते हुए हम कांग्रेस की यह हिंदू विघातक नीति देखें जिससे वे बँधे हुए हैं और उससे हिंदू हित की रक्षा के लिए हिंदू सभा को मत दें।'

कांग्रेस धर्मनिरपेक्षता के नाम पर जहाँ हिंदू विघातक नीति को अपनाकर चल रही थी वहीं सावरकर जी पहली बार देश के राजनीतिक दलों को और राजनीतिज्ञों को यह समझाने का प्रयास कर रहे थे कि हिंदूहित की बात करना राष्ट्रहित की बात करना है। उन्होंने हिंदू और राष्ट्र को अन्योन्याश्रित संबंध के रूप में स्वीकृति प्रदान की। जिसे हमारे कुछ ऋषि, महर्षि - मनीषियों ने अनन्या भक्ति कहा है, वह राष्ट्र के संदर्भ में पूर्ण समर्पण की पवित्र भावना के साथ अभिव्यक्त की जा सकती है। भारत के अध्यात्म की इसी अनन्या भक्ति को अपनी अनन्या राष्ट्रभक्ति के साथ समर्पित और समन्वित कर देखने वाले सावरकर जी के लिए कांग्रेस की हिंदू विघातक नीति कतई अस्वीकार्य थी।

सुभाष चंद्र बोस की भी की आलोचना

सावरकर जी चाहते थे कि कांग्रेस की लगाम में झटका लगे और वह जिस प्रकार हिंदूहितों की उपेक्षा करते हुए मुस्लिम लीग और ब्रिटिश हुकूमत की बगल में घुसती जा रही है उससे वह अपने आप को बाज रखे। उन्हें यह भरोसा था कि हिंदू सजग और सावधान होकर देश हित में निर्णय लेगा और आज नहीं तो कल कांग्रेस को सत्ता से खींच कर बाहर करेगी।

उस समय कांग्रेस के अध्यक्ष श्री सुभाष चंद्र बोस ने एक पत्रक जारी किया। जिसमें नेताजी सुभाष चंद्र बोस ने एक गोलमेज परिषद आयोजित करने का विचार अंग्रेज सरकार को दिया। उसको संबोधित करते हुए तारीख 20 नवंबर, 1938 के दिन सावरकर ने कहा कि 'वर्तमान परिस्थितियों पर विचार करते हुए शीघ्र ही एक गोलमेज परिषद् की जाए, तो उस परिषद में हिंदू स्थान की ओर से केवल कांग्रेस पक्ष को ही आमंत्रित किया जाए' - इस प्रकार की जो एक

पत्रिका सुभाषचंद्र बोस ने निकाली है,वह अनुचित है। इसका पहला कारण यह है कि मुसलमानों की ओर से बोलने का अधिकार मुस्लिम लीग के बै. जिन्ना ने कांग्रेस को नहीं दिया। उनकी चर्चा से यह प्रतीत होता है कि जिस समय बै. जिन्ना ही कांग्रेस के प्रतिनिधि के रूप में निर्वाचित होंगे तभी कांग्रेस मुस्लिम लीग का प्रतिनिधित्व कर सकती है। परंतु उनके इस संबंध का विचार न करते हुए मेरा अभिप्राय यह है कि कांग्रेस को हिंदुओं का प्रतिनिधित्व करने का अधिकार नहीं है। यद्यपि कांग्रेस हिंदू मत पर निर्वाचित हुई है तथापि उसने हिंदू हित रक्षा का भरोसा कभी भी नहीं दिया। इसके विपरीत यह कांग्रेस, जो मुसलमानों की अनेक अन्यायी माँगें मान्य करती है, हिंदुओं की एक भी न्याय सम्मत माँग स्वीकार नहीं करती। इसीलिए मैं स्पष्ट शब्दों में कहता हूँ कि ब्रिटिश प्रशासन और मुस्लिम लीग, उसी तरह कांग्रेस और मुस्लिम लीग अथवा इन तीनों में जो भी कुछ करारनामे होंगे वे हिंदुओं के लिए बंधनकारक न हों। इस तरह की परिषदों में एक समान अधिकारिणी संस्था के रूप में हिंदू महासभा को आमंत्रित किया जाए और वही प्रस्ताव हिंदुओं के लिए बंधनकारक होंगे जो वह स्वीकार करेगी।"

कांग्रेस की इस प्रकार की मानसिकता और कार्यशैली को देखकर ही सावरकर जी उसे हिंदू समाज की प्रतिनिधि संस्था के रूप में नहीं देखते थे। यद्यपि मुस्लिम लीग के नेता कांग्रेस को हिंदू पार्टी कहकर और गांधी को हिंदू नेता कहकर उन पर तंज कसते हुए उनके लिए ऐसा बोलते थे। परंतु वे जितना ही उन्हें हिंदू नेता के रूप में स्थापित करने का प्रयास करते थे, गांधी जी उतना ही अधिक अपने आपको हिंदू नेता न कहलवाकर मुस्लिम परस्त नेता कहलवाने में सुखानुभूति करते थे। कांग्रेस और कांग्रेस के नेताओं का ऐसा छद्म स्वरूप देश के लिए घातक बना और जब- जब कांग्रेस व उसके नेता इस प्रकार का आचरण करते थे, तब-तब सावरकर उन्हें कड़ी फटकार लगाते थे। उनकी इस प्रकार की फटकार का अर्थ यह नहीं होता था कि वे कांग्रेस के नेताओं को अपमानित करना चाहते थे, इसके पीछे उनकी पवित्र भावना यही होती थी कि ऐसा करने से कांग्रेस और उसके नेता सही रास्ते पर आ जाएंगे।

कांग्रेस का सबसे प्रिय सिद्धांत

यह बात सही भी है कि जो संस्था या राजनीतिक दल अपने देश व समाज के अनुकूल हितों को या माँगों को किसी विदेशी सत्ता के सामने उठाने में भी झिझक करता हो या हिचक दिखाता हो, उसे सर्व समाज की स्वीकृति मिलने के उपरांत भी बहुसंख्यक समाज का प्रतिनिधि नहीं कहा जा सकता। कांग्रेस प्रारंभ से ही अपने दोगलेपन को अपने सबसे प्रिय सिद्धांत के रूप में देखती रही। देश का बँटवारा करने के उपरांत भी उसने अपनी इस दोगलेपन की नीति से किसी प्रकार की शिक्षा नहीं ली। परिणाम स्वरूप उसने स्वाधीनता के पश्चात अपने इसी दोगलेपन को धर्मनिरपेक्षता का लबादा ओढाकर संविधान के भीतर भी स्थापित कराने में सफलता प्राप्त कर

ली। इस प्रकार कांग्रेस का यह दोगलापन स्वाधीनता प्राप्ति के पश्चात भी हिंदुओं के गले की फांस बन कर रह गया।

निजाम हैदराबाद की गुंडागर्दी

उन दिनों निजाम हैदराबाद की गुंडागर्दी से वहाँ की हिंदू जनता बहुत अधिक उत्पीड़ित हो रही थी। निजाम की इस गुंडागर्दी का विरोध आर्य समाज बहुत मुखर होकर कर रहा था। यही कारण था कि आर्य समाज को इस विरोध के बदले में अपने अनेक बलिदान देने पड़े थे। सावरकर जी आर्य समाज की बलिदानी परंपरा से बहुत अधिक प्रभावित रहते थे। उन्होंने चाहे कांग्रेस हो या फिर कोई अन्य संगठन हो सभी की कार्यशैली और कार्यप्रणाली में अनेक प्रकार के दोष देखे और उनकी तीखी आलोचना की, पर आर्य समाज की कार्यप्रणाली को उन्होंने अपने सर्वथा अनुकूल समझा। यदि उस समय देश के किसी भी कोने में मुसलमानों की ओर से हिंदुओं पर अत्याचार होते थे या ब्रिटिश हुकूमत की ओर से हिंदुओं पर ऐसी कहीं कोई कठोर कार्यवाही होती थी तो ऐसा कभी नहीं हो सकता था कि सावरकर जी उस पर मौन साध जाएं। ऐसा मौन साध लेना कांग्रेस के किसी नेता के लिए तो संभव था, पर सावरकर जी के लिए संभव नहीं था।

हिंदुत्व के समर्थक और पक्षधर के रूप में उनकी ख्याति उस समय सारे देश में फैल चुकी थी। इस ख्याति को कलंकित करने के लिए ही कांग्रेस, मुस्लिम लीग और ब्रिटिश सत्ताधारियों ने उन पर उग्र राष्ट्रवाद के आरोप लगाए। उनके हिंदुत्ववादी चिंतन को देश के लिए खतरनाक बताकर उसे देश के विभाजन का एकमात्र कारण घोषित किया। स्वाधीनता के पश्चात अर्ध मुस्लिम बने छद्म धर्मनिरपेक्षतावादी लोगों ने भी सावरकर जी को मुस्लिम लीग, कांग्रेस और ब्रिटिश सत्ताधारियों के इसी दृष्टिकोण से देखा।

नवंबर 1938 में सावरकर जी ने एक पत्रिका निकालकर निजामशाही के द्वारा हिंदुओं पर किए जा रहे अत्याचारों की पोल खोलने का सराहनीय और राष्ट्रवंद्य कार्य किया। उसका सारांश इस प्रकार है- "विगत कई दिनों से निजाम राज्य से हिंदुओं को जड़ से उखाड़कर राज्य इस्लाममय करने की कार्रवाईयाँ सतत चल रही हैं। उसके विरोध में आर्यसमाज सतत संघर्षरत है। इस युद्ध में आर्यसमाज के कम-से-कम बारह कार्यकर्ताओं की मुसलमान गुंडों द्वारा हत्या गई है। पाँच वर्ष पूर्व हिंदू महासभा ने भी इस प्रश्न पर गौर करते हुए अपने प्रतिनिधियों को भेजकर प्रत्यक्ष निरीक्षण करके इससे संबंधित प्रस्ताव भी किए हैं और शिष्टमंडल भेजे गए हैं। परंतु निजाम के मंत्रियों ने उन्हें टरका दिया कि हमारे राज्य में हिंदुओं पर अत्याचार होते ही नहीं। मुँह से किसी ने प्रत्यक्ष रूप में शिकायत नहीं की।"

"परंतु वस्तुस्थिति इस तरह है कि उधर मुसलमानों के अत्याचार, हिंदुओं की दुकानों पर लूटमार, हिंदू नेताओं की हत्याएँ, हिंदू स्त्रियों की विडंबना, उनका बलपूर्वक धर्मांतरण और इन

सारे अत्याचारों से पीड़ित हिंदुओं की चीखों से वहाँ का वातावरण भर गया था। परंतु कांग्रेस ने जो अबीसिनिया, चेक, पलीस्तोनिया स्थित अरबों के लिए दहाड़ें मारकर रोते मुसलमानों द्वारा हिंदुओं पर किए गए इन अत्याचारों के विरुद्ध निषेध का एक शब्द तक नहीं कहा। कांग्रेस अध्यक्ष सुभाषचंद्र बोस ने भी, जो कह रहे थे कि मैसूर, त्रावणकोर, राजकोट आदि हिंदुस्थानी प्रदेशों पर किए गए अत्याचारों से मुझे दुःख हुआ है। भोपाल तथा निजाम- इन मुसलमानी राज्यों पर जो औरंगजेबी अत्याचार हुए हैं, उनके संबंध में एक शब्द का भी उच्चारण नहीं किया। क्योंकि इस प्रकार का वक्तव्य राष्ट्रीयता से उनका द्रोह सिद्ध होता है न।

"गांधीजी ने तो हिंदुओं को विश्वास ही दिलाया कि भोपाल में रामराज्य है। यह गांधी छाप असत्य सत्य के नाम के नीचे कथन किया जाने से वह अत्यंत लज्जास्पद है। राष्ट्रीय सभा द्वारा इस प्रकार की नीति अपनाने पर भी हिंदू सभा और आर्यसमाज वहाँ के हिंदुओं पर ढाए गए अत्याचारों का प्रतिकार कर रहे हैं। स्मरण रहे कि हिंदुस्थान का इस्लामीकरण करने के कार्य में औरंगजेब को तथा निजाम के प्रपितामहों को मराठा सेना ने किस तरह धूल चटाई थी। वहाँ हिंदुओं को सभी तरह की धार्मिक सुविधाएँ देकर दायित्वपूर्ण राज्य कारोबार आरंभ करें। उसमें हिंदुओं को लोक संख्या की मात्रा में प्रतिनिधित्व दिया जाए-यही चिरएकता और शांति स्थापना का उपाय है।"

इस उद्धरण में सावरकर जी ने अपने हृदय की वेदना को प्रकट किया है। कांग्रेस की हिंदूहितों के प्रति उपेक्षा वृत्ति को जहाँ उन्होंने इसमें स्पष्ट किया है वहीं नेताजी सुभाषचंद्र बोस की आलोचना करने से भी वह नहीं चुके। जिन्होंने कांग्रेस अध्यक्ष रहते हुए निजामशाही द्वारा हिंदुओं पर किए जा रहे अत्याचारों की ओर जानबूझकर ध्यान नहीं दिया या कांग्रेस की परंपरागत नीति का पालन करते हुए उसी प्रवाह में वह बह गए। इस कथन से यह भी सिद्ध होता है कि 1938 तक भी कांग्रेस व्यवस्था के विरुद्ध द्रोह करने की स्थिति में नहीं थी। वह अंग्रेजी हुकूमत को या तो उखाड़ना नहीं चाहती थी और यदि कहीं शासन के विरुद्ध कोई ऐसा कार्यक्रम या आंदोलन करती हुई भी दिखाई दे रही थी तो उसे वह अनमने मन से ही करती थी।

जिस महामानव सावरकर ने एक समय में एक साथ ब्रिटिश सत्ता और उसकी नीतियों को कहीं ना कहीं बढ़ाने में सहायक रहने वाली मुस्लिम लीग और कांग्रेस का भारी विरोध किया, उसे वीर कहना ही उचित होगा। देश के प्रति बने इन तीनों के गठबंधन को सावरकर जी उचित नहीं मानते थे और स्पष्ट शब्दों में कहते थे कि इसकी अंतिम परिणति देश को तोड़ने में होगी। आगे की घटनाओं ने उनकी आशंका को सत्य में परिवर्तित कर दिया था।

❒

अध्याय 8: वंदेमातरम् और सुरासुर संग्राम

देश के प्रत्येक शैक्षणिक संस्थान से यह अपेक्षा की जाती है कि वह राष्ट्र के मूल्यों को जीवंत बनाए रखने के लिए उनके प्रति समर्पण का भाव दिखाएं और अपने विद्यार्थियों में राष्ट्रीय एकता और अखंडता को सुनिश्चित करने वाली बंधुता को बढ़ाने का हर संभव प्रयास करें। ऐसे प्रयासों में किसी भी प्रकार की सांप्रदायिकता, क्षेत्रवाद और भाषावाद जैसी संकीर्ण मानसिकता कहीं आड़े नहीं आनी चाहिए। क्या इस्लाम को मानने वाले लोग अपने अंतर्मन में ईश्वर को साक्षी मानकर यह शपथ पत्र दे सकते हैं कि वह वास्तव में ही अपने शैक्षणिक संस्थानों में राष्ट्रीय एकता और अखंडता को बढ़ावा देने वाली बंधुता पर विचार करते हैं और उसी का प्रचार प्रसार कर वहाँ से श्रेष्ठ नागरिक बनाकर बच्चों को बाहर भेजते हैं?

यह दुर्भाग्यपूर्ण तथ्य है कि इस्लाम ने अपनी शैक्षणिक संस्थाओं को प्रारंभ से ही इस बात के लिए प्रेरित किया कि वे भारत माता अर्थात भारत और भारतीयता के प्रति समर्पित होने का संकेत मात्र भी नहीं देंगी। उनका उद्देश्य केवल और केवल इस्लाम की सेवा करना होगा। इस्लाम की सेवा का अभिप्राय केवल इस्लामिक मान्यताओं को अपने छात्र-छात्राओं में स्थापित करना ही नहीं होता है अपितु उन्हें एक जिहादी बनाने के लिए या गाजी बनाने के लिए या जिन देशों में इस्लाम अभी नहीं फैला है उनमें इस्लाम फैलाने के लिए एक प्रचारक के रूप में तैयार करना होता है। यही वह सच्चाई है जो इस्लाम को मानने वाले युवाओं को राष्ट्र की मुख्यधारा के साथ जुड़ने नहीं देती और उन्हें अलगाववादी बनाकर देश विरोधी आचरण करने के लिए प्रेरित करती है।

'इस्लाम की सेवा' का अर्थ

हमारे देश में स्वतंत्रता प्राप्ति से पूर्व से ही 'इस्लाम की सेवा' का अर्थ केवल इतने तक दिया गया है कि इसके माध्यम से इस्लामिक मान्यताओं को और अपने मजहब की शिक्षाओं

को लोग भूलेंगे नहीं। उन्हें बनाए रखने और अपने निजी परिवेश में मानते रहने की उन्हें छूट होनी चाहिए। इस प्रकार की छूट से सावरकर जी को कभी कोई समस्या नहीं थी। उन जैसे लोगों को समस्या इस बात से रही कि 'इस्लाम की सेवा' का अर्थ इससे कहीं अलग ही लिया जाता रहा है। जिसका संकेत हमने ऊपर दिया है। सावरकर जी कि यह मान्यता अवश्य थी कि हिंदुस्तान हिंदुओं के लिए है और इस संबंध में उन्होंने 'हिंदू' को परिभाषित भी किया, पर इसका अभिप्राय यह नहीं था कि अन्य धर्मावलंबियों को अपने मत के अनुसार पूजा-पाठ आदि करने का कोई अधिकार नहीं होगा। सावरकर जी के अनुसार वे ऐसा कर सकते हैं पर शर्त केवल एक है कि उन्हें माँ भारती के प्रति भी पूर्ण समर्पण रखना होगा। किसी भी मत की निजी मान्यताएं राष्ट्र की मान्यताओं के ऊपर नहीं होनी चाहिए। जैसे कोई मत या संप्रदाय एक अदृश्य भावना है, पर वह अपने मानने वालों के माध्यम से दिखाई देता है, वैसे ही राष्ट्र भी एक अमूर्त भावना है जो अपने मानने वालों के माध्यम से दिखाई देता है। यदि मत की मान्यताओं को ऊपर रखकर काम किया जाएगा तो राष्ट्र की मान्यताएं मरने लगेंगी। उसका अंतिम परिणाम यह होगा कि राष्ट्र मतीय विवादों की क्रीड़ास्थली बनकर विखंडन का शिकार हो जाएगा। इसलिए राष्ट्र की मान्यता को मतीय मान्यताओं पर अधिमान देना सावरकर जी का अभिमत था। इस्लाम की सेवा निश्चित रूप से राष्ट्र की मान्यताओं में आड़े आती रही हैं जिन्हें सावरकर जी कभी स्वीकार नहीं करते थे। इस्लाम को मानने वाले जिन लोगों की ऐसी मान्यता है कि राष्ट्र से ऊपर उनका मत है अथवा संप्रदाय है, उनकी विखंडित सोच राष्ट्र को भी विखंडित कर डालती है। ऐसे भारत के संदर्भ में नहीं, अन्य देशों के संदर्भ में भी अनेक उदाहरण हैं।

उस्मानिया विद्यापीठ और 'वंदेमातरम्'

10 दिसंबर, 1938 के दिन उस्मानिया विद्यापीठ ने इस्लाम की सेवा के नाम पर 'वंदेमातरम्' बोलने पर पाबंदी लगा दी थी। वास्तव में इस्लाम की सेवा का अर्थ ही यह है जिसे उस्मानिया विद्यापीठ ने अपने इस आदेश को लागू करके दिखाया। उस्मानिया विद्यापीठ का यह निर्णय कई छात्रों को पसंद नहीं आया। फलस्वरूप उन्होंने उस समय उस पाबंदी को तोड़कर उग्र प्रदर्शन किए। कांग्रेस के लिए उस्मानिया विद्यापीठ के इस निर्णय के विरुद्ध छात्रों द्वारा किए जा रहे इस प्रकार के प्रदर्शन पूर्णतया अनुचित थे। यही कारण रहा कि इस प्रकार के प्रदर्शनों को कांग्रेस और उसकी मानसिकता के लोग आज तक भी अनुचित ही मानते हैं। वास्तव में ऐसी मानसिकता के लोग इस्लाम को खुली छूट देने के समर्थक होते हैं और यदि इस्लाम इस खुली छूट का लाभ उठाते हुए देश विरोध तक भी जाए तो उन्हें यह भी स्वीकार है।

इस संबंध में वीर सावरकर ने एक पत्रक निकाला-

"वंदेमातरम् का उच्चारण करना आपका अधिकार है। निजाम कौन होता है? ब्रिटिशों को भी इस देश में 'वंदेमातरम्' सुनना पड़ा। आप प्रत्येक स्थान पर 'वंदेमातरम्' का घोष करो, ताकि उससे वातावरण गूँज उठे।"

कांग्रेस और मुस्लिम लीग भारत से वैदिक सत्य सनातन संस्कृति के मानवीय मूल्यों को उजाड़ कर इस्लाम की मान्यताओं को लागू करने पर लगभग सहमत थे। गांधी और नेहरू एक ऐसा स्वाधीन देश माँग रहे थे जिसमें मुस्लिम मान्यताओं को अधिमान देकर भारत की निजता पर कुठाराघात किया जाए। वंदेमातरम् वैदिक सत्य सनातन संस्कृति का एक अविभाज्य तत्व है। जिसने युग-युगों से भारतीय एकता और अखंडता को बनाए रखने में अपनी महत्वपूर्ण भूमिका निभाई है। यह अलग बात है कि इस शब्द की उपस्थिति सृष्टि प्रारंभ में नहीं थी, पर जब माँ भारती और राष्ट्र भूमि के प्रति समर्पण, बलिदान और उसके साथ माँ पुत्र का संबंध होने का संकेत वैदिक वांग्मय में हमको मिलता है तो स्पष्ट होता है कि यह पवित्र भावना वंदेमातरम् की ही प्रतीक थी। राष्ट्र वंदना की इस पवित्र भावना को भी सावरकर विरोधियों ने उनका उग्र राष्ट्रवाद माना। यदि ऐसा है तो इसका अभिप्राय यह हुआ कि हमारे वैदिक ऋषि भी उग्र राष्ट्रवादी थे? जिन्होंने वंदेमातरम् की पवित्र भावना को वैदिक वांग्मय में स्थान दिया। यदि वेद ईश्वरीय वाणी है और उसमें भी वैदिक राष्ट्र की प्रार्थनाएं उपलब्ध हैं तो इसका अभिप्राय यह हुआ कि परमपिता परमेश्वर ही उग्र राष्ट्रवादी थे या हैं? इस सबके उपरांत भी हम भारतीयों की आस्था चूंकि वेदों और ईश्वर में है तो वेद और ईश्वर की आज्ञाओं का यथावत पालन करना हमारा राष्ट्रीय कर्तव्य है।

सुरासुर संग्राम

हम अपने राष्ट्रीय कर्तव्य के निर्वहन से पीछे नहीं हट सकते, यह सोच सावरकर जैसे हिंदूवादी राष्ट्रवादी लोगों की थी। उधर मुस्लिम लीग या इस्लाम को मानने वाले लोग कहते थे कि उन्हें अपने पैगंबर और उसकी किताब पर विश्वास है और इससे अलग वे किसी अन्य की आज्ञाओं का पालन नहीं करेंगे। विभाजन की मानसिकता का पेंच यही फँसा था। सावरकर जी जैसे लोग कहते थे कि हम अपने राष्ट्र का निर्माण उन्हीं मानवीय मूल्यों पर करेंगे जिनका आदेश हमारे वेद आदि धर्म ग्रंथों में दिया गया है, हम अपनी राष्ट्र नीति को भी उसी प्रकार चलाएंगे जिनका उपदेश हमारे धर्म शास्त्रों में दिया गया है और हम मानव का मानव के प्रति रिश्ता भी वही रखेंगे जो हमें वेदादि धर्म शास्त्रों ने सिखाया है। उधर 'किताब' को मानने वाले लोग काफिरों के प्रति पूर्णतया निर्ममता और निर्दयता की शिक्षा देने वाली आयतों को अपने लिए खुदा का हुकुम मानते थे।

इस प्रकार यह मानवता और मानवता के बीच सृष्टि का परंपरागत वही युद्ध था जिसे सुरासुर संग्राम के नाम से इतिहास में जाना जाता है। देश और मानवता को घायल कर उसे रक्त रंजित करने के लिए जहाँ एक ओर अपसंस्कृति अपना खेल खेलना चाहती थी, वहीं एक मानवीय संस्कृति उसका प्रतिकार कर रही थी। जिन मूर्खों ने ऐसी रक्तरंजित अपसंस्कृति का बचाव करने का काम किया है, उन्होंने मानवता के विरुद्ध अक्षम्य अपराध किया है।

इसके स्थान पर होना यह चाहिए था कि राष्ट्र के प्रति समर्पण का पवित्र भाव देश के प्रत्येक संप्रदाय को मानने वाले व्यक्ति पर अनिवार्य रूप से लागू किया जाता। यदि किसी राष्ट्र के पास निवासी तो हैं पर उनके भीतर राष्ट्रभक्ति ना हो तो ऐसा राष्ट्र खंडित हो जाता है। राष्ट्रवासियों के भीतर एक ऐसी अमूर्त पवित्र भावना का संचार किया जाना आवश्यक होता है जिससे वे सब एक दूसरे के साथ अपने आपको बंधे हुए अनुभव करें। यदि बंधन की यह पवित्र डोर किसी राष्ट्र के निवासियों के मध्य किसी भी कारण से टूट-फूट जाती है या कहीं खंडित हो जाती है तो इसका सीधा प्रभाव राष्ट्र के स्वास्थ्य पर पड़ता है। संप्रदाय एक ऐसा ही बाधक तत्व है जो राष्ट्र की अखंड ज्योति को बाधित करता है। राष्ट्रभक्ति की इन पवित्र भावनाओं को वंदेमातरम् जैसे प्रतीक ही जीवंत बनाए रखने में बहुत महत्वपूर्ण भूमिका निभाते हैं। सावरकर जी जैसे लोग उस समय चल रहे सुरासुर संग्राम में विजयी होने के लिए अपने आप को वंदेमातरम् से गहराई से जुड़ा हुआ अनुभव करते थे और इसी से जुड़े रहने के लिए राष्ट्र वासियों को प्रेरित करते थे। जबकि इस्लाम को मानने वाले लोग अपनी सांप्रदायिक मान्यताओं के वशीभूत होकर राष्ट्र निर्माण के महत्वपूर्ण तंतुओं की या तो उपेक्षा कर रहे थे या जानबूझकर उन तंतुओं या तत्वों को भी कमजोर कर देना चाहते थे।

राष्ट्रीय प्रतीक और देशवासी

प्रत्येक राष्ट्र जीवित रहने के लिए अपने ऐसे प्रतीकों की खोज करता है और उनके प्रति समर्पित होकर रहता है। जिनके भीतर राष्ट्रभक्ति होती है ऐसे लोग भूख प्यास सहन कर सकते हैं, रोग और शोक को सहन कर सकते हैं, गरीबी - फटेहाली और भूखमरी को भी सहन कर सकते हैं पर उन्हें अपने राष्ट्रीय प्रतीकों का अपमान सहन नहीं होता। जो राष्ट्र अपने राष्ट्रीय प्रतीकों का अपमान सहन करने का अभ्यासी हो जाता है, वह दब्बू होकर धीरे-धीरे मृत्यु को प्राप्त हो जाता है। संसार के अनेक देशों की सभ्यताएं केवल इसीलिए काल कलवित हो गईं कि वे समय के अनुसार अपने राष्ट्रीय प्रतीकों के प्रति अपनी गहन निष्ठा को बनाए रखने में असफल हो गई थीं। सावरकर इस तथ्य को भली प्रकार जानते थे। जबकि कांग्रेस अपने सपनों में खोई रहकर एक नए राष्ट्र को जन्म देने की अतार्किक कोशिश कर रही थी।

सावरकर जी इतिहास के गंभीर विद्यार्थी थे। वे भली प्रकार जानते थे कि भारत ने अपने भीतर राष्ट्र की पवित्र भावना को पराभव के उस काल में भी मरने नहीं दिया जब सर्वत्र निराशा ही निराशा दिखाई देती थी। वे चाहते थे कि राष्ट्र की यह पवित्र भावना राष्ट्रवासियों का आज भी उतनी ही मजबूती से नेतृत्व करती रहे जितनी मजबूती से उसने पराभव के उस काल में नेतृत्व किया था। हम सभी जानते हैं कि भारत के पराभव के काल में एक ओर यदि राष्ट्रवादी लोग देश की एकता और अखंडता के लिए अपना बलिदान दे रहे थे तो उन बलिदानों को लेने वाले उस

समय मुसलमान ही थे। अब जबकि अंग्रेज एक तीसरा पक्ष बनकर इन दोनों के बीच में आ गए थे तो मुसलमान इस तीसरे पक्ष के साथ मिलकर इतिहास के अतीत को अपने पक्ष में दोहराने की कोशिश कर रहे थे जबकि सावरकर जी इस बात को भली प्रकार समझते थे कि मुसलमान और अंग्रेज दोनों ही भारतीय राष्ट्रीयता के शत्रु हैं। वह मानते थे कि वर्तमान परिस्थितियों में इन दोनों से लड़ने की आवश्यकता है। सावरकर जी की यह स्पष्ट मान्यता थी कि यदि मुसलमान पूर्ण राष्ट्रभक्त होकर साथ देता है तो उसे साथ लिया जा सकता है और यदि वह किसी अपवित्र पापपूर्ण भावना के वशीभूत होकर साथ रहता है तो उसके ऐसे नाटक का भंडाफोड़ किया जाना अपेक्षित है। गांधी और नेहरू जैसे नेताओं का चिंतन इस ओर पूर्णतया शून्य ही था।

जहाँ तक कांग्रेस की बात है तो उसे जीवंत वैदिक राष्ट्र स्वीकार नहीं था। यही कारण है कि कांग्रेस वैदिक राष्ट्र अर्थात हिंदू राष्ट्र की अवधारणा को उग्र राष्ट्रवाद का प्रतीक कहती है और वह उस काल्पनिक राष्ट्र की बात करती है जो गांधी और नेहरू का राष्ट्र था और जो 15 अगस्त 1947 को टूट भी चुका है।

नेपाल को दी प्रेरणा

'सावरकर समग्र' के उपरोक्त खंड से ही हमको जानकारी मिलती है कि नेपाल को संबोधन करके निकाली गई पत्रिका में सावरकर ने लिखा "चीन-जापान से सबक सीखकर नेपाल अपना भूदल तथा वायुदल अत्याधुनिक बनाए।"

नेपाल को अपना धर्म का भाई मानकर सावरकर जी उसे कभी पड़ोसी देश के रूप में नहीं मानते थे। स्वाधीन भारत के लिए भी उनका यही सपना था कि अपने सभी धर्म के भाइयों के साथ मिलकर काम किया जाए। यदि विश्व में कुछ राष्ट्र अपने आपको मुस्लिम और कुछ अपने आपको ईसाई राष्ट्र के रूप में देखते हैं तो हमें भी अपने धर्म के भाइयों के साथ मिलकर एक तीसरा सशक्त संघ स्थापित करना चाहिए। ऐसा कहने के पीछे उनका उद्देश्य केवल एक ही था कि जिन देशों में हिंदू या हिंदू की विचारधारा के अनुकूल धर्म अभी जीवित हैं, वे सब इस्लाम या ईसाइयत की चपेट में ना आ जाएं। इन सब का 'एक' रहना आवश्यक है तभी इनके अस्तित्व की रक्षा हो सकती है।

ज्यू लोगों के संबंध में-जिन्हें यूरोप से निष्कासित किया गया है-सहानुभूति व्यक्त करते हुए सावरकर ने लिखा है कि "उन्हें भारत में बसाने की अपेक्षा फिलिस्तीन में बसाया जाए। क्योंकि वही उनकी पितृभूमि तथा पुण्यभूमि है।" किसी अन्य पत्रिका में सावरकर ने लिखा है कि "भारत के राजबंदियों को तुरंत मुक्त किया जाए। उसी तरह परदेश में रह रहे देशभक्त चट्टोपाध्याय बै. राणा, रासबिहारी बोस, हरदयाल, महेंद्र प्रताप आदि पर लगाई गई पाबंदी हटाकर उन्हें भारत में आने की अनुमति दी जाए।"

सावरकर जी इतिहास के मर्मज्ञ थे। उन्होंने इतिहास का अध्ययन बहुत ही व्यवहारिक दृष्टिकोण अपनाकर किया था। अतीत से शिक्षा लेना और उसे वर्तमान में लागू करना उनके

इतिहास अध्ययन की अनोखी परंपरा का ही परिणाम था। इसके विपरीत कांग्रेस ने इतिहास को अतीत का पृष्ठ मानकर उसे अंधेरे में फेंक देने का या निष्प्रयोज्य भंडार में रख देने का काम किया। जहाँ आवश्यक समझा वहाँ उसने भारत के गौरव को पूर्णतया विलुप्त कर देने का काम भी किया। इसे सावरकर जी कतई भी सहन नहीं कर सकते थे।

निजाम हैदराबाद और सावरकर जी

जब निजाम हैदराबाद के हिंदू विरोधी आचरण और हिंदुओं पर किए जा रहे अत्याचारों के दृष्टिगत आर्य समाज के नेतृत्व में अनेक हिंदुओं के बलिदानी जत्थे हैदराबाद में प्रवेश करने लगे तो उस समय सावरकर जी को अत्यंत प्रसन्नता की अनुभूति हो रही थी। वे दुष्ट के साथ दुष्टता का व्यवहार करने की नीति में विश्वास रखते थे। अत्याचार को सहन करना भी उनकी दृष्टि में पाप था। जिसका अभिप्राय यह नहीं था कि वह किसी संप्रदाय विशेष के विरुद्ध घृणा से भरे हुए थे, अपितु राष्ट्रीय संदर्भ में और अपने जातीय अस्तित्व की रक्षा के दृष्टिगत ऐसा किया जाना प्रत्येक राष्ट्रभक्त के लिए आवश्यक होता है। भारतवर्ष की भूमि पर जो मजहब अतिथि बन कर आया यदि वह अपनी सीमाओं का उल्लंघन करे और गृहपति का विनाश कर सर्वस्व अपना अधिकार स्थापित करने की कोशिश करे तो ऐसे अतिथि के विरुद्ध हथियार उठाना पूर्णतया धार्मिक कर्तव्य है, नैतिकता है, राष्ट्रीय कर्तव्य है।

उस समय सैकड़ों निहत्थे प्रतिकारक प्रकट रूप में तथा भूमिगत कार्यकर्ता भी मराठों के लड़ाकू संकल्प से निजामशाही में घुसपैठ कर रहे थे। उन्हें अधिक प्रोत्साहित करने के लिए तथा यह युद्ध अधिक तीव्र करने के लिए वीर सावरकर ने 31 मार्च, 1939 के दिन एक प्रेरणामय चुनौतीपूर्ण पत्रक प्रकाशित किया— "सोलापुर के आर्यसमाज के तथा नागपुर की हिंदू महासभा के अधिवेशन के पश्चात् विगत तीन महीनों में निजाम निःशस्त्र प्रतिकार के आंदोलन की अपेक्षा से भी अधिक प्रबल आक्रमण चारों ओर से चल रहा है, यह देखकर संतोष हुआ। महाराष्ट्र ने पाई-पाई एकत्रित करते हुए दस सहस्र रुपयों की निधि जमा की। उसमें से दो-ढाई हजार रुपए निजाम रियासत के दंगों में अथवा आंदोलनों में हमारे जो हिंदू बांधव बंदीगृह में बंद थे अथवा आहत हो गए थे उनके मुकदमों के लिए, उनके अनाथ परिवारों की सहायता के लिए प्रत्येक के घर पहुँचा दिए। सिंध से बंगाल तक तथा लाहौर से नागपुर तक हर राज्य की राजधानियों में तथा नगर-नगर में 'निजाम निषेध दिन' धूमधाम से मनाया गया। निजाम रियासत के दो हजार छात्रों ने 'वंदेमातरम्' प्रकरण में हड़ताल करके मुस्लिम धौंस की परवाह न करते हुए मुस्लिम स्कूलों, कॉलेजों का बहिष्कार किया और तेजस्वी वृत्ति से रियासत छोड़कर वे विद्यार्जनार्थ कहीं अन्यत्र चले गए। अर्थात् निजाम रियासत के हिंदुओं की नई पीढ़ी में हिंदुत्व के अभिमान तथा उसके लिए त्याग एवं क्लेश का बीजारोपण मुसलमान एकता का प्रश्न 'आओगे तो तुम्हारे साथ, नहीं चलोगे तो तुम्हारे

बिना और विरोध करोगे तो तुम्हारा प्रतिकार करके हम देश का भवितव्य बिगाड़ेंगे' इस सूत्र के अनुसार ही हल करना चाहिए।'

मोपला कांड और सावरकर जी

सावरकर जी ने 1921 में हिंदुओं पर मोपला कांड के आयोजकों द्वारा संगठित अपराध होते हुए देखे थे। मोपला कांड में जिस प्रकार हजारों की संख्या में हिंदुओं को अपनी जान से हाथ धोना पड़ा था, उसके दृष्टिगत सावरकर जी की आत्मा मारे पीड़ा के कराह उठी थी। आज जब वह हिंदू महासभा के अध्यक्ष बन चुके थे, तब उनके ऊपर पूरे राष्ट्र के बहुसंख्यक हिंदू समाज की जिम्मेदारी थी। हिंदू समाज की जिम्मेदारी का अभिप्राय यह नहीं था कि वह केवल और केवल हिंदू समाज के लिए ही सोचते थे, और मुसलमानों से उन्हें किसी प्रकार की घृणा थी? उन्होंने अनेक बार यह स्पष्ट कर दिया था कि देश का जो भी नागरिक हिंदुस्तान को अपनी पितृभूमि और पुण्य भूमि मानता है उसे हम भी गले लगाने को तैयार हैं। उनकी लड़ाई केवल उन लोगों से थी जो हिंदुस्तान को अपनी पुण्य भूमि और पित्र भूमि मानने को तैयार नहीं होते थे। निजाम शाही के द्वारा वहाँ के हिंदुओं के विरुद्ध जो कुछ भी हो रहा था उसे वह सुनियोजित और संगठित अपराध के रूप में देखते रहे थे। उस सुनियोजित संगठित अपराध को गांधीजी लीपापोती करके खिलाफत आंदोलन की चादर नीचे ढंककर समाप्त करने का कार्य कर रहे थे और सावरकर गांधीजी के ऐसा करने को उनकी सोच के साथ जोड़कर उनके द्वारा देश के साथ किए जा रहे घात के रूप में उजागर कर रहे थे। गांधीजी उस समय यह नहीं समझ रहे थे कि वह सुनियोजित और संगठित अपराध को जिस प्रकार चादर के नीचे छुपाते जा रहे हैं, वह वास्तव में ऐसा करके जहरीले नागों को चादर का संरक्षण प्रदान कर रहे हैं। जब यह जहरीले नाग इस चादर के बाहर निकलेंगे तो राष्ट्र के लिए कितने हानिकारक होंगे? - इस ओर गांधीजी का ध्यान नहीं था।

गांधीजी की लीपापोती की यह नीति किसी भी दृष्टिकोण से देश और हिंदू समाज के हित में नहीं थी। उनकी यह लीपापोती कांग्रेस की धर्मनिरपेक्षता की और तुष्टिकरण की नीति के रूप में प्रकट होती थी। जिसके परिणामस्वरूप कांग्रेस मुसलमानों की जिद और हठधर्मिता का मूल्य लगाती चली गई और मुस्लिम अपना मूल्य बढ़ाते चले गए। इस समय कांग्रेस की ओर से मुसलमानों की हठधर्मिता की बोली लग रही थी और अंतिम बोली पाकिस्तान के निर्माण पर जाकर समाप्त हुई। यदि घटनाक्रम को इस दृष्टिकोण से समझा जाएगा तो अपने आप ही स्थिति स्पष्ट हो जाएगी कि देश के विभाजन के दोषी कौन थे?

❒

अध्याय 9: राष्ट्रवाद के पुरोधा सावरकर

भारत में मुसलमान एक रणनीति के अंतर्गत अपने संख्या बल से अधिक राजकीय सुविधाएं प्राप्त करते रहे हैं। इसके लिए रोने पीटने और अपनी आर्थिक स्थिति की दुहाई देने या अपने समाज में लोगों के अशिक्षित होने को ये लोग अपना आधार बनाते हैं। इसके पश्चात भावनात्मक अपील की जाती हैं कि हम लोग यहाँ पर बाहरी होने के कारण कमजोर हैं, या हम अल्पसंख्यक हैं, इसलिए हमारी ओर ध्यान दिया जाए। जबसे भारत में इस्लाम ने अपने पैर रखे हैं तब से ही जहाँ-जहाँ पर इस्लाम की मान्यताओं में विश्वास रखने वाले लोग धीरे-धीरे बढ़े हैं, वहाँ-वहाँ ही उन्होंने इसी प्रकार के विलाप के आधार पर, उसके पश्चात संख्या बल बढ़ने पर मजबूती के साथ मैदान में उतर कर और जब संख्या बल और भी अधिक बढ़ गया तो तलवार के बल पर हिंदुओं से अधिक अधिकार प्राप्त करने का प्रयास किया है। इस्लाम के बारे में इतिहास का यह एक कटु सत्य है। मुसलमानों के इस खेल को सावरकर जी बड़ी गहराई से समझते थे।

मुसलमानों को लिया आड़े हाथों

उन दिनों कई ऐसे मुस्लिम नेता थे जो मुस्लिमों की जनसंख्या के आधार पर उन्हें आरक्षण देने की बात कर रहे थे। सावरकर जी मुसलमानों की इस प्रकार की किसी भी माँग को असंवैधानिक और राष्ट्र विरोधी मानते थे। सावरकर जी की मान्यता थी कि राष्ट्र के लिए देना भी चाहिए। उससे हर क्षण लेते रहने का भाव बनाना राष्ट्र के कोष को खाली करने जैसा होता है। जैसे बैंक से पैसा तब तक ही निकाला जा सकता है, जब तक आप उसमें डालते भी रहेंगे। जैसे ही आप अपने बैंक खाते में रुपया पैसा डालना बंद कर देंगे, वैसे ही आपको बैंक देना भी बंद कर देगा। यही स्थिति राष्ट्र की है। राष्ट्र से कुछ लेने से पहले उसे कुछ देना भी चाहिए। वही समाज उन्नति करते हैं जो राष्ट्र को देना जानते हैं। यही कारण था कि सावरकर जी हिंदुओं सहित देश के प्रत्येक व्यक्ति से यह अपेक्षा करते थे कि वह राष्ट्र के लिए कुछ सकारात्मक करना भी सीखे। नकारात्मक लोगों को वह नकारते थे और लताड़ते भी थे।

उन्होंने जनसंख्या के आधार पर आरक्षण की माँग करने वाले मुसलमानों को आड़े हाथों लिया और कहा कि आप लोग लेना ही जानते हैं या फिर देना भी जानते हैं? हम सभी जानते हैं कि हैदराबाद के निजाम के यहाँ कुल जनसंख्या का 90% भाग हिंदुओं का था। परंतु उन्हें उनकी जनसंख्या के आधार पर आरक्षण नहीं दिया गया था। बहुत कम अनुपात में उन्हें सरकारी नौकरियों में स्थान मिलता था। सारी मलाई को मुसलमान चट कर रहे थे। जबकि अन्य राज्यों में मुसलमान अपनी जनसंख्या के आधार पर आरक्षण के लिए संघर्ष कर रहे थे। इस प्रकार की विकृत मानसिकता को सावरकर जी ने समझा और उन्होंने सिंहगर्जना करते हुए कहा कि :-

"बड़ौदा में 33 प्रतिशत प्रतिनिधित्व की माँग करने से पहले वहाँ के मुसलमान हैदराबाद के निजाम से कहें कि वह 90 प्रतिशत हिंदुओं को 50 प्रतिशत प्रतिनिधित्व न देते हुए उन्हें जनसंख्या की मात्रा में प्रतिनिधित्व दे। परंतु यह प्रश्न अब तर्कसम्मत नहीं रहा, पाकिस्तान की माँग मंजूर करवाने के लिए हिंदुस्थान में भी षड्यंत्र रचाने का मुस्लिम लीग के आंदोलन का यह एक हिस्सा है। ऐसी परिस्थितियों में जातीय मनमुटाव बढ़ेगा। इस तरह की भ्रामक कल्पना से मुस्लिम आक्रमण के प्रतिबंध न करने की दव्य नीति हिंदू राजे-महाराजे अब तुरंत छोड़ दें। जातीय अनबन मिटाने का प्रभावी उपाय है। अपराधी जाति को कड़ा दंड देना।"

सावरकर जी के विरोधियों की स्थिति

सावरकर जी की इस प्रकार की सिंहगर्जना में तर्क था। यह उनकी अनूठी विशेषता भी थी कि वह बिना तर्क और प्रमाण के कुछ कहते या लिखते भी नहीं थे। उनके विरोधियों के पास उनके तर्क और प्रमाण का कोई ठोस उत्तर नहीं होता था। वह बगलें झाँकने लगते थे और अपनी हताशा को मिटाने के लिए या अपनी भड़ास निकालने के लिए सावरकर जी पर उल्टे सीधे आरोप लगाने लगते थे। इसके उपरांत भी सावरकर जी रुकते या झुकते नहीं थे। उनकी वीरता इसी भाव में अंतर्निहित थी कि उनके विरोधी जितना ही उन पर कीचड़ उछालते थे, उनका जीवन रूपी कमल उतना ही अधिक खिलता था। विषमताओं में भी खिलते रहना उसी व्यक्तित्व की विशेषता होती है जो विलक्षणताओं से विभूषित होता है। इसी को हमारे यहाँ पर विभूति कहा जाता है। सावरकर जी एक ऐसी ही महान विभूति थे। कमल जैसा पवित्र उनका जीवन सदा निष्पाप रहा। उन्होंने पापियों को रुलाया पर वे अनेक पापियों के एक साथ मिलने के उपरांत भी रोए नहीं।

छोटे कद के सावरकर जी अपने विरोधियों को सदा बड़े कद वाले दिखाई देते रहे। उनके बारे में यह सत्य है कि उनका कोई भी विरोधी उनके कद को नाप नहीं सका। दिखाई देने में वह जितने छोटे दीखते थे अपने गुणों में वह उतने ही बड़े थे। उनका लघुकाय स्वरूप उनके विरोधियों को विशालकाय के रूप में दिखाई देता था। उनसे कांग्रेस और मुस्लिम लीग के नेता ही नहीं ब्रिटिश हुकूमत में बैठे लोग भी भय खाते थे।

दुबले पतले से शरीर में आत्मविश्वास की जिस अथाह गहराई को सावरकर जी लेकर चलते थे, उसे उनके विरोधी कभी नाप नहीं सके। जब वह बोलते थे या लिखते थे तो उनके विरोधियों के बड़े से बड़े नेता को भी कुछ कहते नहीं बनता था। जिस आत्मबल और मनोबल को लेकर सावरकर जी अपनी आंतरिक सेना के बल पर विरोधियों पर प्रहार करते थे, उससे उनके विरोधी झल्ला जाते थे। ऐसा तभी होता है जब कोई व्यक्ति आत्मिक बल से सराबोर होता है। आध्यात्मिक शक्तियों के दिव्य जागरण से ही ऐसी शक्ति प्राप्त होती है और यह भी सत्य है कि ऐसी शक्ति किसी बिरला को ही प्राप्त होती है। वह संसार के समर क्षेत्र में एक सैनिक की भांति काम कर रहे थे। उन्होंने अपने इस सैनिक स्वरूप को देश के सांस्कृतिक मोर्चे पर भी प्रखरता प्रदान की और राजनीतिक मोर्चे पर भी वह इसी रूप में दिखाई दिए।

श्री राम, श्री कृष्ण और सावरकर जी

सावरकर जी रामचंद्र जी और श्री कृष्ण जी जैसी दिव्य विभूतियों को अपने जीवन का आदर्श मानते थे। उन्होंने रामचंद्र जी और श्री कृष्ण जी के उस स्वरूप का वरण किया जिसमें उन्होंने जीवन भर राक्षसों का संहार करते हुए अपने जीवन को भव्यता प्रदान की थी। राक्षसों के संहार करने वाले जीवन को ही वह भव्य और दिव्य जीवन मानते थे। इस प्रकार वे संसार के समर क्षेत्र से पलायनवादी दृष्टिकोण को अपनाने के पक्षधर नहीं थे। इसके विपरीत वह संसार के समर क्षेत्र में रुक कर विरोधियों को ललकार देने में विश्वास रखते थे।

अपने इस उद्देश्य की पूर्ति के लिए उन्होंने संपूर्ण हिंदू जाति को भव्य और दिव्य जीवन जीने की प्रेरणा देते हुए स्पष्ट उद्घोष किया कि राजनीति का हिंदूकरण और हिंदुओं का सैनिकीकरण किया जाना चाहिए। जब वह इस प्रकार का उद्घोष कर रहे थे तो उनकी दृष्टि में भगवान श्री राम और भगवान श्री कृष्ण जी का चित्र और चरित्र दोनों ही उतर आए थे। वह जानते थे कि इन दोनों महापुरुषों ने अपने-अपने काल में किस प्रकार इसी आदर्श को लेकर आगे बढ़ने का संकल्प लिया था? और देश, धर्म व संस्कृति की रक्षा करने में सफल हुए थे। यह ठीक है कि उस समय हिंदू शब्द नहीं था और उस समय हम सबका सामूहिक संबोधन आर्य था। अतः कहा जा सकता है कि भगवान श्री राम और श्री कृष्ण जी अपने काल में जिस आर्य संस्कृति का उद्धार कर रहे थे उसी को हिंदू संस्कृति कहकर सावरकर जी अपने समय में संबोधित कर रहे थे। उन्होंने राजनीति की दिशा मोड़ने का प्रयास किया और प्रत्येक राजनीतिक मंच पर देश के लोगों को झकझोरते हुए उन्हें जगाने का अप्रतिम कार्य किया।

उनके समकालीन किसी भी राजनीतिक व्यक्तित्व ने राजनीति का हिंदूकरण और हिंदुओं का सैनिकीकरण करने की बात नहीं की। इसका कारण केवल एक था कि उनके सारे के सारे विरोधियों का मनोबल मरा हुआ था।

सिक्खों के लिए सेना बनाने हेतु लिखा पत्र

हिंदुओं का सैनिकीकरण करने के अपने उद्देश्य के प्रति समर्पित होते हुए उन्होंने तारीख 4 जून, 1940 के दिन सेना खड़ी करो, संगमेंस यूनियन के कार्यवाहों को एक उत्तेजक पत्र भेजा। उसका सारांश 'सावरकर समग्र' (खंड-8) में इस प्रकार दिया गया है-

"आपने मुझे परिषद् के लिए निमंत्रित किया इसके लिए मैं आपका आभारी हूँ। यद्यपि मैं आपके निमंत्रण को आज स्वीकार नहीं कर सकता, परंतु आपकी विनती के अनुसार मैं सिक्ख बंधुओं के लिए एक संदेश भेज रहा हूँ। उसमें से मुख्य विधेयक इस प्रकार हैं-

"सिक्ख बांधव कांग्रेस के मिथ्या राष्ट्रवाद से मानसिक दृष्टि से मुक्त हों। इस देश में अनेक मुसलमानी राज्य निर्माण करने का मुसलमानों ने दृढ़ निश्चय कर लिया है। अतः हिंदी राष्ट्रीयत्व-केवल कल्पना मात्र रह गई है। कांग्रेस के प्रयत्नों का परिणाम यह हुआ है कि केवल हिंदू निःशस्त्र, असंघटित एवं दुर्बल बनकर आत्म सुरक्षा की उपेक्षा कर रहे हैं। यह जानकर कि मुसलमानों को उनका स्वतंत्र राष्ट्र निर्माण करना है, हिंदुओं को भी इस बात की चिंता करनी चाहिए कि प्रयत्नपूर्वक संपूर्ण भारत में अपनी नाक ऊँची कैसे रहेगी।"

इस उद्धरण से स्पष्ट है कि सावरकर जी ने कांग्रेस के राष्ट्रवाद को कभी भारत का राष्ट्रवाद स्वीकार किया ही नहीं। उन्होंने कांग्रेस के राष्ट्रवाद को हमेशा मिथ्या कहकर संबोधित किया। जब सावरकर जी ऐसा कर रहे थे तो इसमें वह कुछ भी गलत नहीं कर रहे थे। क्योंकि भारत और भारतीयता से सर्वथा दूर रहने वाली कांग्रेस भारतीय आत्मा और भारत की हिरण्यगर्भ: चेतना शक्ति के माध्यम से समर्थ भारत के समानार्थक राष्ट्रवाद का कभी समर्थन नहीं कर पाई। वह कभी नहीं समझ पाई कि भारत की चेतना में बसने वाला हिरण्यगर्भ क्या है? वह ब्रह्मा अर्थात माँ भारती के गर्भ में बसने वाले हिरण्यगर्भ अर्थात कमल को कभी समझ नहीं पाई। वास्तव में यह हिरण्यगर्भ ही वह पारसमणि है जिसके संसर्ग और संपर्क को पाकर प्रत्येक व्यक्ति राष्ट्र भक्त बन जाता है। उसके भीतर की कायरता उड़न छू हो जाती है। उसका डर निकल जाता है और वह निर्भीक होकर एक राष्ट्रभक्त की भांति जीवन यापन करने लगता है।

राष्ट्रवादी शक्तियों का किया आवाहन

सावरकर जी ने सिख बंधुओं को सचेत किया कि मुसलमानों ने अपने अनेक राज्य स्थापित करने का संकल्प ले लिया है। ऐसी स्थिति में देश में हिंदुत्व को मजबूत करने वाली शक्तियों को एक साथ आने की आवश्यकता है। वे एक साथ आकर हाथ में हाथ डालकर आगे बढ़ने का संकल्प लें। जिससे भारत के विरोधी परास्त हों और भारत को आगे बढ़ाने वाली शक्तियों को नई ऊर्जा प्राप्त हो।

सावरकर जी ने आगे लिखा कि 'इसलिए ही हिंदू की इसी स्पष्ट नीति से आप पंजाब में कांग्रेस से नाता तोड़कर एक स्वतंत्र सिक्ख पक्ष संघटित करो। वर्तमान परिस्थितियों को देखते

हुए आपके स्वतंत्र मतदाता संघ की इस माँग को ही मेरा समर्थन है। आप ऐसे एक भी सिक्ख को निर्वाचित नहीं होने दें जो कांग्रेस-दर्शिका पर खड़ा रहा है; क्योंकि कांग्रेस के भ्रांत राष्ट्रवाद से सीमा प्रदेश, सिंध, पंजाब तथा कश्मीर स्थित हिंदुओं की सत्ता और हित संबंधों का घात किया जाता है तथा बंगाल और अन्य इलाके के हिंदुओं को भी वही खतरा है। तथापि पंजाब विधान सभा में यदि युद्ध के लिए तैयार रहनेवाला सिक्ख गुट निर्माण हुआ तभी आप सफलतापूर्वक मुस्लिम गुट का प्रतिकार कर सकेंगे।"

इस उद्धरण में सावरकर जी ने कांग्रेस के राष्ट्रवाद को भ्रांत राष्ट्रवाद की संज्ञा दी है। नेहरू और गांधी की नीतियों की यदि समीक्षा की जाए तो सचमुच कांग्रेस के ये दोनों बड़े नेता भ्रान्तियों का ही शिकार बने दिखाई देते हैं। उन्होंने इस बात को कभी ना तो समझा और ना समझने का प्रयास किया कि राष्ट्र की रक्षा के लिए शस्त्र और शास्त्र के उचित समन्वय की आवश्यकता होती है। वे शास्त्र को लेकर भी भ्रान्तियों का शिकार थे और शस्त्र के समुचित उपयोग को लेकर भी भ्रान्तियों का शिकार बने रहे। यही कारण रहा कि कांग्रेस के ये दोनों बड़े नेता न तो कभी शास्त्र की ही राजनीति कर सके और ना शस्त्र की ही राजनीति कर सके। जबकि भारत के सांस्कृतिक राष्ट्रवाद में शास्त्र और शस्त्र के उचित समन्वय को बहुत अधिक स्थान दिया गया है। यदि यह कहा जाए कि भारत का सांस्कृतिक राष्ट्रवाद शास्त्र और शस्त्र के उचित समन्वय पर ही आधृत है तो इसमें कोई अतिशयोक्ति नहीं होगी। यह सावरकर जी के लिए ही संभव था कि वह उन परिस्थितियों में सिक्खों को अपने हिंदू समाज का एक अटूट अंग घोषित करते हुए उन्हें इस बात के लिए प्रेरित करते रहे कि वे मुसलमानों की देश विरोधी माँगों और शर्तों का पुरजोर विरोध करें।

उन्हें कदम कदम पर मुस्लिम चुनौती खड़ी दिखाई दे रही थी।

वह इस चुनौती के उद्देश्य को भी समझ रहे थे और इसकी अंतिम परिणति को भी समझ रहे थे। मुस्लिम सांप्रदायिकता के कारण उन्हें देश बहुत जल्दी टूटता हुआ दिखाई दे रहा था। उस खतरे को वह बड़ी गहराई से और स्पष्टता के साथ अनुभव कर रहे थे। वह जान रहे थे कि भारत के राष्ट्रवाद और राष्ट्रीय एकता व अखंडता के शत्रु के रूप में काम करने वाले मुसलमान और ईसाई अंग्रेज निश्चय ही हमारी राष्ट्रीय अखंडता को चोटिल करेंगे। यही कारण था कि वह सिक्ख बंधुओं को यह परामर्श दे रहे थे कि वह मुस्लिम सांप्रदायिकता के विरोध में अपनी सेना खड़ी करें।

सेना की करो तैयारी

"सेना में भी यह सावधानी बरतें कि सिक्खों को उचित स्थान मिले, क्योंकि उस क्षेत्र में भी कांग्रेस के अहिंसक विचारों से हिंदू पिछड़े हुए हैं।"

सिक्खों को उचित स्थान दिलवाने की बात कहकर सावरकर जी ने यह स्पष्ट किया कि अपना नेतृत्व अपने हाथों में रहना चाहिए। इतिहास के ऐसे अनेक उदाहरण हैं, जब अपना नेतृत्व हमने विधर्मियों के हाथों में दे दिया और उसके बुरे परिणाम आए।

राष्ट्रीय अस्मिता से जुड़े मुद्दों पर हमें किसी भी ऐसे व्यक्ति या व्यक्तियों के समुदाय पर अपने आपको निर्भर नहीं करना चाहिए जिनकी विश्वसनीयता संदिग्ध हो। संदिग्ध व्यक्तियों को महत्वपूर्ण निर्णय और महत्वपूर्ण क्षेत्रों से दूर रखना ही उचित होता है। यदि संदिग्ध व्यक्तियों पर विश्वास करते हुए उन्हें राष्ट्र के हितों से जुड़े हुए महत्वपूर्ण मुद्दों और तथ्यों की जानकारी दी गई तो वह घातक हो सकती है। राष्ट्र की रक्षा उन महत्वपूर्ण विश्वसनीय और सुरक्षित हाथों में होनी चाहिए जिन पर सबको विश्वास हो। राष्ट्र की रक्षा का दायित्व किसी प्रकार की धर्मनिरपेक्षता के भूत को चढ़ाकर या अनावश्यक किसी का तुष्टीकरण करते हुए किसी को सौंपना अपने पैरों पर अपने आप कुल्हाड़ी मारने जैसा होता है।

ऐसी सोच सावरकर जी की इतिहास के गहन अध्ययन के पश्चात बनी थी। जब उन्होंने इतिहास में ऐसे अनेक खलनायकों को देखा जिन्होंने समय आने पर देश की सांस्कृतिक अस्मिता के साथ खिलवाड़ किया या देश के कर्णधारों के साथ विश्वासघात करते हुए देश को ही बेच डाला। यही कारण था कि उन्होंने सिक्खों को प्रत्येक प्रकार से सजग होकर आगे बढ़ने की प्रेरणा दी। उनके लिए सिक्खों पर अटूट विश्वास करने का एकमात्र कारण यही था कि वह सिक्खों की गुरु परंपरा में गहरी आस्था रखते थे और यह जानते थे कि सिक्खों के गुरुओं ने संपूर्ण हिंदू समाज के लिए कितना अनुकरणीय और प्रशंसनीय कार्य किया था?

सावरकर जी ने उन सिक्ख बंधुओं को यह स्पष्ट किया कि "पाकिस्तान के प्रश्न के संबंध में भी कांग्रेस पर निर्भर न रहें, क्योंकि उसके नेता मुसलमानों का विरोध नहीं करेंगे। उनके वचनों से यह स्पष्ट होता है।" ऐसा ही हुआ भी था। कांग्रेस ने कभी मुस्लिम लीग का या मुस्लिमों का विरोध नहीं किया। उन्होंने चाहे जितने बड़े-बड़े नरसंहार किए या पहाड़ सी गलतियाँ भी की तो भी कांग्रेस और उसके नेताओं का दृष्टिकोण उनके प्रति उदार ही बना रहा।

सावरकर जी ने आगे यह भी स्पष्ट किया कि" ....और सबसे महत्त्वपूर्ण बात यह है कि आप तत्काल सिक्ख सेना संघटित करना आरंभ करें। यह सेना खाकसार और खुदाई खिदमतगारों से भी बलशाली हो। इस सेना पर सारा ध्यान केंद्रित करके उसे इस तरह संघटित एवं शिक्षित करें कि आगामी तीन-चार वर्षों में ऐसे संकेत दिखाई देते हैं कि पाकिस्तान की निर्मिति हो रही है, इस सेना का खड़ी सेना में रूपांतर करें। किसी भी सेना को इस प्रकार सबल सेना का समर्थन न हो तो वह सब व्यर्थ होगा।

गुरु गोविंदसिंह का सनसनाता हुआ चैतन्य आपके लिए स्फूर्तिदायी तथा मार्गदर्शक सिद्ध होगा। ऐसी परिस्थितियों में मुसलमानों ने पाकिस्तान निर्मित का प्रयास किया तो उन्हें अटक से

लेकर दिल्ली तक एक समर्थ सिक्ख राज्य प्रस्थापित होता हुआ दिखाई देगा। इन सिक्खों का, जो हमारे ही लहू के हैं, सामर्थ्य पंजाब के अखिल हिंदुओं की ही शक्ति बनेगा, वाह गुरुजी की फतह, वाह गुरुजी का खालसा !"

सावरकर जी के इस सार्थक प्रयास पर चिंतन नहीं किया गया है। कांग्रेसी और कम्युनिस्ट इतिहासकारों ने उनकी विचारधारा को कोसने और कूड़ेदान में फेंक देने में ही अपने कर्तव्य की इतिश्री मान ली है। उनके यह शब्द बहुत ही महत्वपूर्ण हैं कि इन "सिक्खों का जो हमारे ही लहू के हैं सामर्थ्य पंजाब के अखिल हिंदुओं की शक्ति बनेगा। वाहे गुरु जी की फतेह वाहेगुरु जी का खालसा!"

❐

अध्याय 10: गांधी - नेहरू की आत्महीनता

आजकल हम अक्सर अखंड भारत की बातें सुना करते हैं। इस अखंड भारत में आज के अफगानिस्तान, पाकिस्तान, बांग्लादेश, नेपाल, सिक्किम, भूटान, बर्मा, श्रीलंका और मालदीव को सम्मिलित कर लिया जाता है। हम सोच लेते हैं कि यही अखंड भारत है। जहाँ तक जिसकी सोच और दृष्टि जाती है वहीं तक वह भारत को अखंड मानकर उसका एक कल्पित मानचित्र अपने मानस में अंकित कर लेता है। यदि भारत की चक्रवर्ती सम्राटों की परंपरा पर दृष्टिपात किया जाए तो पता चलता है कि भारतवर्ष कभी संपूर्ण भूमंडल पर राज करता था। इस दृष्टिकोण से तो संपूर्ण भूमंडल ही भारत नाम के राष्ट्र की परिकल्पना का साकार स्वरूप होता दृष्टिगोचर होता है। महाभारत काल तक आते-आते भारतवर्ष का मानचित्र सिमटता गया। तब इसे 16 जनपदों में विभाजित किया गया था। उस समय के 16 जनपदों को यदि देखा जाए तो वह भी अलग- अलग लगभग एक देश जैसे ही थे।

महाभारत युद्ध के पश्चात सर्वप्रथम सम्राट अशोक ने भारत की राष्ट्रीय अखंडता को कमजोर करने में महत्वपूर्ण भूमिका निभाई। उसने शस्त्र से अधिक शास्त्र को वरीयता दी। जिसका परिणाम यह हुआ कि उसकी मृत्यु के उपरांत भारतवर्ष पर राक्षस प्रवृत्ति के लोगों के आक्रमणों की प्रक्रिया आरंभ हो गई थी। इसका कारण केवल एक था कि सम्राट अशोक ने शास्त्र को शस्त्र से आगे कर दिया था। सम्राट अशोक यह भूल गए थे कि उनके राजवंश की स्थापना के समय चाणक्य और चंद्रगुप्त मौर्य ने जिस नीति पर आगे बढ़ने का संकल्प लिया था, वह शस्त्र को आगे रखकर शास्त्र की रक्षा करने का संकल्प था। यह बात पूर्णतया सत्य है कि :-

जब-जब शासक हथियारों से मुँह फेर खड़ा हो जाता है।
तब तब शत्रु घातक बनकर मानिंद गिद्ध की मंडराता है।।

सम्राट अशोक के वंश के अंतिम उत्तराधिकारी ब्रहद्रथ को उसके सेनापति पुष्यमित्र शुंग

ने मौत के घाट इसीलिए उतार दिया था कि उसके समय में ग्रीक राजा मिनिंदर ने भारत की अखंडता को तार-तार करने का प्रयास किया था और राजा हाथ पर हाथ धरे बैठा रह गया था। तत्कालीन बौद्ध धर्म के धर्माचार्य राक्षस प्रवृत्ति के ग्रीक राजा मिनिंदर को अपनी सहायता दे रहे थे जो उस समय सनातन धर्म के विनाश का संकल्प ले चुका था। मिनिंदर चुपचाप बौद्ध धर्माचार्यों से सनातन धर्म के विनाश के संबंध में अपनी सांठगांठ कर चुका था।

सम्राट अशोक की भूल

कई लोग ऐसे हैं जो यह मानते हैं कि महात्मा बुद्ध की शस्त्र ना उठाने की रणनीति को अपनाकर सम्राट अशोक ने बड़ा काम किया था। उनका मानना है कि अशोक सम्राट के कारण भारत की अहिंसावादी नीति का प्रचार- प्रसार संसार में हुआ और भारत को इससे सम्मान प्राप्त हुआ। वास्तव में ऐसा विचार भारत के इतिहास का एक बहुत बड़ा घोटाला है। यह एक ऐसा घपला है, जिसने हमें अपने अतीत का सही-सही मूल्यांकन करने से रोका है। सम्राट अशोक के हथियार फेंक देने का परिणाम यह हुआ कि राक्षस प्रवृत्ति के लोगों को भारत का अहिंसावाद अपने उद्देश्यों की पूर्ति को लेकर सबसे अधिक अनुकूल लगा। यही कारण रहा कि अशोक के शासन के पश्चात भारत राक्षसों के आक्रमणों की क्रीड़ास्थली बन गया। अशोक के पश्चात अंग्रेजों के आने तक जितने भर भी राक्षस प्रवृत्ति के लोगों ने भारत पर आक्रमण किए वह सबके सब मानवता के शत्रु थे, क्योंकि उन्होंने शांतिपूर्वक जीवन जीने वाले लोगों के अधिकारों का हनन किया, उनका अपमान किया, अप्रत्याशित अत्याचार किए और उनकी बहन बेटियों का शीलभंग किया। अत्यंत पीड़ादायक यातनाएं दे-देकर जनसंहार किए।

जनसंहारी बनकर आए गिद्ध हमारे भारत में,
लूटपाट और मारकाट सर्वत्र मचाई भारत में।
थर-थर काँप रही मानवता दया दुष्ट को ना आई,
हिंसा तांडव करती थी, अहिंसा वादी भारत में।।

अशोक की भूल फिर दोहरायी गई

यह कितना दुर्भाग्यपूर्ण है कि जो लोग भारत में अत्याचार करते हुए प्रवेश करने और यहाँ पर अपना स्थायी निवास स्थापित करने में किसी भी प्रकार सफल हो गए थे, वही समय आने पर नए देश की माँग करने लगे। इन अत्याचारियों के अत्याचारों पर पर्दा डालकर कई इतिहासकार ऐसे खड़े हुए जिन्होंने इनकी राक्षस वृत्ति को उदारता और क्रूरता को वीरता में परिवर्तित करने का प्रयास किया। उनके लिए भारत की एकता और अखंडता के प्रति संकल्पित होकर अपनी शिखा खोलने वाले चाणक्य के महान राष्ट्रवादी चिंतन और प्रयासों का कोई मूल्य नहीं। इनके

लिए पुष्यमित्र शुंग अपने कायर और देशद्रोही राजा का वध करने पर हत्यारा हो जाता है और जिन लोगों ने इस देश के टुकड़े-टुकड़े करने के लिए दिन-रात काम किया और काम करते-करते अपने प्रयास में कई बार सफल भी हुए, वे इनके लिए मानवतावादी और उदारवादी बने हुए हैं।

वास्तव में इस प्रकार का चिंतन देश के लिए गांधीजी की सबसे बड़ी देन है। गांधी जी ने इस प्रकार के चिंतन को देकर सम्राट अशोक की गलतियों से शिक्षा न लेकर उन्हें एक बार फिर से दोहराने का काम किया। जिस कार्य को पुष्यमित्र शुंग के समय में बौद्ध धर्माचार्य ग्रीक राजा मिनिंदर को अपना सहयोग और आशीर्वाद देकर कर रहे थे, थोड़े बहुत परिवर्तन के साथ गांधीजी उसी काम को मुस्लिम लीग और अंग्रेजों के साथ मिलकर देश के सनातन मूल्यों के विरुद्ध कर रहे थे। पात्र वही थे, भूमिका वही थी, केवल चेहरे-मोहरे बदल गए थे।

पात्र वही और वही भूमिका,चेहरे - मोहरे बदल गए,
जो लोग हमारे अपने थे, अब तेवर उनके बदल गए।
हिंदू का खून पानी समझा, मुस्लिम उनको प्यारे थे,
लोग दोगले - बात दोगली, कर देश का कतल गए।।

इस देश की मूल विचारधारा ने या राष्ट्र की आत्मा ने ऐसे किसी भी राक्षस आक्रमणकारी को यहाँ बसने की अनुमति नहीं दी, जिसने किसी काल विशेष में माँ भारती के टुकड़े करने का काम किया अथवा यहाँ के लोगों पर अप्रत्याशित और अमानवीय अत्याचार करते हुए अपनी क्रूरता के कीर्ति स्तंभ स्थापित किए। देश के टुकड़े कराने वाला जिन्नाह उन्हीं क्रूर राक्षस आक्रमणकारियों का मानस पुत्र बन चुका था जो भारत के लोगों पर अपने तथाकथित पूर्वजों द्वारा किए गए अत्याचारों को मानवीय बताकर उनकी वकालत कर रहा था और अपने स्वयं के हिंदू अतीत को भुलाकर अपने हिंदू भाइयों का गला काटने के लिए खड़ा हो गया था। यदि गांधी और नेहरू उस राक्षस वृत्ति को जिन्नाह के रूप में प्रोत्साहित कर रहे थे जो देश के टुकड़े कराने में अतीत में भी सहायक रही थी तो गांधी और नेहरू के ऐसे आचरण को किसी भी दृष्टिकोण से उचित नहीं कहा जा सकता।

गांधी जी को समझना चाहिए था.....

गांधीजी और नेहरू जी को यह बात समझ में आनी चाहिए थी कि जहाँ-जहाँ इस्लाम ने अपना अधिक फैलाव किया, वहीं - वहीं देश कटते-बंटते चले गए। बाहरी देशों के उदाहरण को आगे रखकर गांधी-नेहरू को अपने देश भारत के बारे में भी यह समझना चाहिए था कि जब अफगानिस्तान में मुसलमान अधिक हो गया तो एक समय ऐसा आया, जब यह देश भारत से स्थायी रूप से अलग हो गया। इसी देश को अपना शिविर बनाकर या अपने लक्ष्य को पूरा करने के लिए इसे अपने लिए एक आदर्श बनाकर लोगों ने देश को तोड़ने के लिए फिर काम करना आरंभ किया। परिणामस्वरूप आज के पाकिस्तान के तत्कालीन भारतीय भू-भाग पर विदेशी

मजहब को मानने वाले लोगों की जब संख्या बढ़ी तो वह भी अलग देश माँगने की बात करने लगे। मजहब के नाम पर अफगानिस्तान का एक अलग देश बना पाकिस्तान की माँग करने वालों के लिए एक अच्छा और आदर्श उदाहरण था। सावरकर जी या किसी भी हिंदूवादी नेता पर देश तोड़ने का आरोप लगाने वाले इस तथ्य को भी गहराई से समझें। गांधी जी को भी समय रहते इस तथ्य को समझना चाहिए था और इस्लाम के मौलिक चिंतन और आचरण की गंभीरता से पड़ताल करनी चाहिए थी।

जब दोगले नेता बनें देश के तब देश रसातल जाता है,
तेजस्वी जब नेता होता तब भवि उज्जवल हो जाता है।
यदि पसर चुकी हो कायरता तो देश की हत्या होती है,
पौरुष के प्रताप से बन्धु ! सब संभव बन जाता है।।

जब पाकिस्तान बना तो उस समय कुछ लोग नारा लगा रहे थे कि 'हंस के लिया पाकिस्तान लड़ के लेंगे हिंदुस्तान' उनके इस नारे का निहित अर्थ यही था कि वह जैसे अफगानिस्तान को अपना शिविर बनाकर पाकिस्तान लेने में सफल हो गए थे, वैसे ही पाकिस्तान को शिविर बनाकर सारे भारत को मिटाने के सपने संजोने लगे।

देश की आजादी के लिए अपनों को खोने वाले

अफगानिस्तान के अलग होने की घटना को इतिहास में इतना हल्का करके लिया जाता है कि लगभग उसे मिटा ही दिया गया है। देश के भीतर ऐसे लोगों की संख्या तेजी से बढ़ रही है जो अब अफगानिस्तान के हिंदू वैदिक अतीत की कोई विशेष चर्चा तक करना उचित नहीं मानते। यदि हमारे देश के लोगों की प्रवृत्ति ऐसी ही बनी रही तो एक समय ऐसा भी आएगा जब पाकिस्तान और बांग्लादेश के अलग होने की घटनाओं पर भी कोई विशेष चर्चा नहीं होगी, इन दोनों देशों की चर्चा भी केवल इसलिए होती है कि अभी कुछ लोग 1947 में हुए देश के बँटवारे के समय की पीड़ादायक घटनाओं को बताने के लिए हमारे बीच में उपस्थित हैं।

उन लोगों के दिल पर क्या बीतती होगी जिन्होंने अपने पूर्वजों को देश की आजादी के लिए खोया, पर उनके इस प्रकार खो जाने को कांग्रेस के नेता हमेशा हल्के से लेते रहे। शहीदे आजम भगत सिंह की वीरता को कांग्रेस के नेताओं ने 'हमारा रास्ता अलग है' कहकर तिरस्कृत कर दिया था। पंडित जवाहरलाल नेहरू ने 29 मार्च, 1931 को भगतसिंह और उनके साथियों को फांसी पर लटकाए जाने के मात्र 8 दिन बाद ही कांग्रेस के कराची अधिवेशन में यह स्पष्ट कर दिया था कि 'जहाँ तक यह सवाल है कि भगत सिंह के लिए कांग्रेस ने क्या किया और हम भगत सिंह की कितनी इज्जत करते हैं तो आपको मालूम ही होगा कि इसकी अजहद कोशिश

की गई कि यह लोग सजा से माफ कर दिए जाएं,चाहे जन्म कैद रखी जाए, लेकिन कोई सुनवाई नहीं हुई। मेरे दिल में भगत सिंह के लिए जो इज्जत है वह आपसे किसी से कम नहीं है। भगत सिंह का रास्ता दूसरा ही था। हमें गांधीजी ने एक नई राह दिखाई, उससे हमें फायदा हुआ या नहीं, यह आप खुद समझ सकते हैं।'

सोच दोगली देखकर, होता हूँ हैरान।
धोखा देते देश को, बेच दिया ईमान।।

कांग्रेस की दोहरी मानसिकता देखिए कि 1931 से लगभग 10 वर्ष पहले जो कांग्रेस मुसलमानों के धर्मगुरु खलीफा के पद अर्थात खिलाफत की बहाली के लिए संघर्ष कर रही थी, वह हमारे वीर बलिदानियों के बलिदान पर एक आँसू बहाने को भी तैयार नहीं हुई। उसने भगत सिंह और उनके साथियों की फाँसी पर कह दिया कि हमारा रास्ता अलग है और इन क्रांतिकारियों का रास्ता अलग है। उनके रास्ते में देश के लिए मर मिटने वाले क्रांतिकारी कहीं नहीं आते थे। यद्यपि वह खलीफा अवश्य उनके रास्ते में आता था जिसका भारत और भारतीयता से दूर-दूर का भी कोई संबंध नहीं था। यह वही खलीफा था जिसके मजहबी भाइयों ने भारत पर अनेक प्रकार के अत्याचार किए थे। इसी खलीफा के अनेक पूर्वज खलीफा ऐसे थे, जिन्होंने भारत को मिटाने के लिए कितनी ही बार राक्षसों की बड़ी-बड़ी सेनाएं भेजी थीं और हमारे ललनाओं का शीलभंग करके जिन्होंने गर्व की अनुभूति की थी। जब वह मर रहा था तो निश्चित रूप से भारत की आत्मा को उसके मरने से अर्थात उसे खलीफा पद से हटाये जाने पर आत्मिक प्रसन्नता की अनुभूति हो रही होगी, पर गांधीजी इस पर दु:खी थे। जब नियति के विधान के अनुसार शत्रु अपने पापों के बोझ तले दबकर मर रहा हो तो उस समय मौन रहना उचित होता है।

इतिहास की भ्रामक व्याख्या

गांधी और नेहरू दोनों ही इतिहास की उस व्याख्या से या तो अपरिचित थे या जानबूझकर अपरिचित रहने का प्रयास कर रहे थे जो भारत को वैदिक धर्मियों का देश बनाती थी और भारत को सिमटते हुए नहीं अपितु वृहत्तर भारत के रूप में देखने की आदी थी। वास्तव में जब देश को तोड़ने और बाँटने की बातें की जा रही थीं तो उस समय जहाँ मुस्लिम लीग और मोहम्मद अली जिन्नाह जैसे लोग खुल्लम खुल्ला देश को तोड़ने की बात कर रहे थे, वहाँ कुछ ऐसे 'अर्द्ध-मुस्लिम' हिंदू भी थे जो उनकी इस आवाज का अपने आचरण, व्यवहार और कार्य से समर्थन कर रहे थे या धीरे-धीरे देश को तोड़ने और बाँटने के परिवेश और परिस्थितियों में वृद्धि करते जा रहे थे। यह वही लोग थे जो भारत की वास्तविकता से परिचित नहीं थे। उनका भारत

के वेद, वैदिक संस्कृति और वैदिक मान्यताओं में कोई विश्वास नहीं था। ये नास्तिक लोग थे और वेदों की निंदा करते थे। उनकी इस मानसिकता और सोच को भी देश के बँटवारे का एक आधार माना जाना चाहिए।

पंडित जवाहरलाल नेहरू ने 19 मई, 1958 को कहा था 'मैं लंबे समय से योग पद्धति के फिजिकल कल्चर में रुचि रखता रहा हूँ। कुछ हद तक मैं योगाभ्यास भी करता रहा हूँ। मुझे इससे बहुत फायदा हुआ है। मैं इस बात से सहमत हूँ कि यह एक मूल्यवान पद्धति है। शुरुआती तौर पर यह शरीर के लिए है, लेकिन यह सिर्फ पहला चरण है। इसका दूसरा चरण मस्तिष्क की ट्रेनिंग का है और मैं समझता हूँ कि तीसरा चरण चेतना या उसे आप जो भी कहें, वहाँ तक जाता है।'

इस वक्तव्य में नेहरू जी 'चेतना या उसे आप जो भी कहें' कहकर आगे बढ़ गए। वे नास्तिक लोगों द्वारा रचित चेतना में विश्वास रखते थे, आत्मा में उनका विश्वास नहीं था। इस वक्तव्य में आप देखें कि उर्दू व इंग्लिश शब्दों की भरमार है। वास्तव में गांधीजी और नेहरू जी दोनों की ही अपनी भाषा के प्रति ऐसी ही उपेक्षा पूर्ण प्रवृत्ति थी। उसी के चलते देश में स्वतंत्रता के पश्चात भी उर्दू का प्रचलन यथावत बना रहा और अंग्रेजी को पटरानी बनाकर हमने स्वाधीन भारत को आगे बढ़ाने का लंगड़ा लूला संकल्प लिया। अपनी भाषा और अपने आध्यात्मिक चिंतन के प्रति उपेक्षा-वृत्ति की यह भावना भारत को तोड़ने में सहायक हुई। जब किसी देश का नेतृत्व अपने देश के मूल्यों और राष्ट्र की आध्यात्मिक चेतना के साथ सहकार करने से इंकार कर देता है और नए मूल्यों को देश के लोगों पर थोपने का अतार्किक और अनुचित प्रयास करता है तो उसका ऐसा आचरण देश की एकता और अखंडता के लिए भी खतरे उत्पन्न करता है।

दूसरों का गुणगान करना कोई बुरी बात नहीं है। सांसारिक और सामाजिक शिष्टाचार के चलते कई बार यह अनिवार्य भी हो जाता है कि हम दूसरों की किन्हीं बातों को स्वीकार कर लें, पर इसका अभिप्राय यह नहीं है कि ऐसा करते करते आप अपने अस्तित्व को ही दांव पर लगा दें और उसे मानने से भी इनकार करने लगें। अपने स्वयं के अस्तित्व को नकारना अपनी ही मृत्यु को आमंत्रित करने के समान होता है। जो राष्ट्र अपने अस्तित्व को नकार देता है वह कलम चढ़ी संतानों की गिरफ्त में आ जाता है और तब देश का टूटना निश्चित हो जाता है।

पटेल के प्रति नेहरू का दृष्टिकोण

कांग्रेस मुस्लिम लीग का तुष्टिकरण करते-करते अपने राष्ट्रीय मूल्यों को त्यागने में इतनी आतुर दिखाई दे रही थी कि वह अपना सब कुछ छोड़कर मुस्लिम लीग के अपने मजहब को सर्वोपरि रखने के लिए भी तैयार हो गई थी।

आजादी के पश्चात ले देकर एक सरदार पटेल कांग्रेस में ऐसे बचे थे जो देश की एकता और अखंडता को बनाए रखने के लिए सब कुछ करने को तैयार थे। सरदार वल्लभभाई पटेल

की यह दृढ़ता भी नेहरू को चुभती थी। वे नहीं चाहते थे कि सरदार पटेल उन पर हावी हों और बाहर समाचार पत्रों के माध्यम से ऐसे संकेत जाएं कि पटेल नेहरू की अपेक्षा कहीं अधिक दृढ़ इच्छाशक्ति रखते हैं। इस पर नेहरू को बहुत अधिक पीड़ा होती थी कि लोग पटेल को पसंद कर रहे थे और उन्हें पसंद नहीं कर रहे थे। नेहरू गांधी परिवार की यह विशेषता रही है कि यह अपने प्रतिद्वंद्वी को या प्रतिद्वंद्वी बनने की दौड़ में आगे बढ़ते व्यक्ति को ठिकाने लगाने में बहुत ही सिद्धहस्त है। नेहरू ने अपने जीवन काल में अपने लिए किसी को प्रतिद्वंद्वी नहीं बनने दिया था। हां,सरदार पटेल अवश्य एक ऐसे प्रतिभा संपन्न और दृढ़ इच्छाशक्ति वाले व्यक्ति थे जो नेहरू की किसी भी प्रकार की घुड़की या बंदर भभकी में नहीं आते थे।

पटेल शक्तिहीन हो, ढूंढे अनेक उपाय।
नेहरू जड़ को खोदते, तनिक नहीं शर्माय।।

पटेल की दृढ़ इच्छाशक्ति नेहरू के लिए असहनीय हो गई थी। तब उन्होंने 11 जनवरी 1948 को कहा था कि 'मुश्किलों से बचने का सबसे अच्छा रास्ता यह होगा कि मंत्रिमंडल में कोई ऐसा री-स्ट्रक्चर किया जाए जो एक मंत्री पर दूसरे मंत्रियों से ज्यादा जिम्मेदारी डाले। आज के हालात में इसका मतलब यह है की या तो मैं मंत्रिमंडल से निकल जाऊं अथवा सरदार पटेल निकल जाएं। अपनी ओर से मैं अपने निकल जाने की बात बहुत ज्यादा पसंद करूँगा। अलबत्ता हममें से किसी के अलग होने का अर्थ ऐसा नहीं होना चाहिए कि बाद में हम एक दूसरे का विरोध करें।'

नेहरू जी ने कभी ऐसी बात उस मोहम्मद अली जिन्नाह के बारे में नहीं कही जो कांग्रेस सहित देश के लिए भी सिरदर्द बन चुका था और जिसे देश के बँटवारे से नीचे कुछ भी लेना स्वीकार नहीं था। यदि गांधी जी और नेहरू जी मोहम्मद अली जिन्नाह को देश बँटवारे की माँग करने पर समुद्र में उठाकर फेंकने की बात कहने का साहस दिखाते तो देश का विभाजन रोका जा सकता था।

इसके विपरीत गांधी और नेहरू ने मोहम्मद अली जिन्नाह को मुस्लिम लीग का प्रतिनिधि मानते हुए सीधे-सीधे देश के सभी मुसलमानों का प्रतिनिधि स्वीकार कर लिया। इस प्रकार उन्हें मोहम्मद अली जिन्नाह के पीछे मुस्लिम समाज की शक्ति दिखाई देती थी। इस्लामिक समाज की शक्ति के पीछे उन्हें ब्रिटिश शक्ति का भरपूर समर्थन दिखाई देता था और अंत में संसार के सभी इस्लामिक और ईसाई देशों की सामूहिक शक्ति भी दिखाई देती थी। इस प्रकार मनोवैज्ञानिक रूप से गांधी और नेहरू दोनों ही मोहम्मद अली जिन्नाह की इस हवाई शक्ति के सामने अपने आप को कमजोर समझने लगे थे। एक काल्पनिक मानस चित्र से नेहरू और गांधी भय खाने लगे थे। इसीलिए वह इस काल्पनिक मानस चित्र का गुणगान करने अथवा उसे 'कायदे

आजम' कहकर महिमामंडित करने में बढ़-चढ़कर भाग लेने लगे थे।

गांधीजी और नेहरू जी के इस प्रकार के आचरण से मोहम्मद अली जिन्नाह का राजनीतिक कद और मूल्य बढ़ता गया..... इसी आत्महीनता की भावना के चलते देश विभाजन की ओर बढ़ता गया।

शत्रु से राजनीतिक शिष्टता दिखाते हुए उसके प्रति अच्छी शब्दावली का प्रयोग किया जाना राजनीति और विशेष रूप से लोकतंत्र में बहुत अनिवार्य होता है। परंतु इसका अभिप्राय यह नहीं है कि आप शब्दों के मकड़जाल में फंसकर अपने आपको उस मकड़ी की भांति शत्रु का शिकार होने के लिए स्वयं ही समर्पित कर दें जो अपने द्वारा बुने हुए जाल में स्वयं ही फँसकर रह जाती है। उस समय गांधीजी तो निश्चित रूप से अपने ही बुने जाल में फँस चुके थे।

❐

अध्याय 11: सावरकर की सबसे बड़ी कमजोरी

राव साहब कसबे (अनुवाद मनोहर गौर) अपनी पुस्तक 'हिंदू राष्ट्रवाद : सावरकर और राष्ट्रीय स्वयंसेवक संघ' के पृष्ठ संख्या 449 पर लिखते हैं कि जिन्नाह 1919 में जब पार्लियामेंट्री सिलेक्ट कमेटी के समक्ष गवाही दे रहे थे तो उनसे एक प्रश्न किया गया था कि क्या आपको लगता है कि हिंदू और मुसलमानों के राजनीतिक भेद पूरी तरह से नष्ट होने चाहिए? तब तक मोहम्मद अली जिन्नाह के विचारों में भारत के प्रति कुछ लगाव था। उनके भीतर का हिंदू उस समय तक जीवित था। यही कारण था कि उन्होंने इस प्रश्न का जवाब देते हुए स्पष्ट कहा था कि ' हाँ, उस दिन इस बात से जितना आनंद मुझे होगा, उतना अन्य किसी भी चीज से नहीं होगा।' इस वाक्य से लगता है कि वह उस समय तक हिंदू मुस्लिम राजनीतिक मतभेदों को पाटने के समर्थक थे।

उपरोक्त पुस्तक के लेखक की यह भी मान्यता है कि 1935 तक जिन्नाह स्वयं भी यह कहने में गर्व की अनुभूति करते थे कि मैं पहले भारतीय हूँ और बाद में मुसलमान। (लिमये 44)

जिन्नाह भारतीय होने पर गर्व करते थे, यह उनका भारत के प्रति समर्पण था, लगाव था या आत्मीय भाव था या उनके पुराने हिंदू संस्कारों के कारण वह ऐसा कह रहे थे या फिर उस समय तक वह मुसलमानों के फंडामेंटलिज्म को जाने नहीं थे? इनमें से कौन सी बात सच थी? - कुछ कहा नहीं जा सकता। 1909 के मिंटो मार्ले सुधारों द्वारा मुसलमानों को जिस प्रकार स्वतंत्र निर्वाचन क्षेत्र दिए गए थे, उनका भी वह 1935 तक विरोध कर रहे थे। इस प्रकार के निर्वाचन क्षेत्रों को दोनों समुदायों के बीच दूरी बढ़ने का एक कारण मानते थे। इसके उपरांत भी उन्होंने इस प्रकार के सुधारों को इस आशा के साथ स्वीकार किया था कि एक न एक दिन मुसलमान राष्ट्र की मुख्यधारा के साथ सम्मिलित हो जाएंगे। जिन लोगों ने मोहम्मद अली जिन्नाह के इस प्रकार के चिंतन को स्वीकार कर 1935-36 तक उन्हें राष्ट्रवादी माना है, उन्होंने अपने ऐसे

कथन के साथ ही यह भी स्वीकार कर लिया है कि मोहम्मद अली जिन्नाह इतना तो मानते थे कि मुसलमान इस देश की मुख्यधारा के साथ रहना नहीं चाहता।

मुस्लिम लीडर जिन्नाह

इसके पश्चात भी यदि जिन्नाह राष्ट्रवादी से मुस्लिमपरस्त या राष्ट्रविरोधी हुआ तो इसका क्या कारण था? क्या उसने मुसलमानों की इस देश के साथ न रहने की भावना को अपने राजनीतिक स्वार्थों की पूर्ति के लिए एक माध्यम बनाने का मन बना लिया था या वह स्वयं ही मुसलमानों की इस प्रकार की हठधर्मिता या मजहबपरस्ती के समक्ष टूट गया था? यदि पहली बात सही थी तो मानना पड़ेगा कि मुसलमानों का संस्कार राष्ट्रवाद के साथ जुड़कर रहना नहीं है। उन्हें संप्रदायवाद में विश्वास है। इसके अतिरिक्त यदि दूसरी बात सही थी तो माना जाना चाहिए कि जिन्नाह एक कमजोर व्यक्तित्व का स्वामी था जो मुसलमानों को राष्ट्र की मुख्यधारा के साथ जोड़ नहीं सका।

ऐसे में अवसरवादी जिन्नाह ने मुस्लिम लीडर बनने में रुचि दिखाई और उसके भीतर का राजनीतिज्ञ उसे नए देश का शासनाध्यक्ष बनाने के सपने दिखाने लगा।

मोहम्मद अली जिन्नाह की आँखों में जो सपना तैर रहा था वह कोई नया सपना नहीं था, उससे पहले के कितने ही मुस्लिम नेताओं, नवाबों,बादशाहों की आंखों में भी इस प्रकार के सपने तैरते रहे थे। इतिहास की गंभीर जानकारी रखने वाले सावरकर जी न केवल मोहम्मद अली जिन्नाह की आँखों में तैर रहे सपने को पढ़ रहे थे अपितु उससे पूर्व के मुस्लिम नेताओं, नवाबों और बादशाहों की आंखों को भी इतिहास के माध्यम से पढ़ चुके थे। वह जानते थे कि यदि थोड़ा सा भी प्रमाद किया गया तो स्थितियां बिगड़ सकती हैं और संभाले नहीं संभलेंगी? यह तब और भी अधिक कष्टकर हो सकता था, जब कांग्रेस भी मुस्लिमपरस्त हो चुकी थी। ऐसी परिस्थितियों में सावरकर जी ने हिंदुओं के सैनिकीकरण पर बल दिया था। 1942 में जब 'भारत छोड़ो आंदोलन' चलाया जा रहा था, तब सावरकर जी हिंदुओं के सैनिकीकरण की प्रक्रिया पर बल दे रहे थे। उन्हें देश का बँटवारा होता दिखाई दे रहा था और जो लोग इसके लिए जिम्मेदार थे, उनकी षड्यंत्रपूर्ण चालें देश को बर्बादी की ओर जा रही थीं।

सावरकर जी की महत्वपूर्ण घोषणा

सावरकर ने 1941 में हिन्दू महासभा के भागलपुर अधिवेशन को संबोधित करते हुए ही यह स्पष्ट कर दिया था, ''हमें इस बात को ध्यान में रखना चाहिए कि जापान के युद्ध में प्रवेश से हम पर ब्रिटेन के शत्रुओं द्वारा हमले का सीधा और तत्काल खतरा आ गया है। इसलिए हिन्दू महासभा के सभी सदस्य सभी हिंदुओं को और विशेषकर बंगाल और असम के हिंदुओं को

इस बात के लिए प्रेरित करें कि वे सभी प्रकार की ब्रिटिश सेनाओं में बिना एक मिनट भी गंवाए प्रवेश कर जाएं।"

कई मूर्खों ने सावरकर जी की इस प्रकार की परिस्थितिजन्य नीति को असंगत कहकर उसकी आलोचना की है। उनका कहना होता है कि जिस समय 'भारत छोड़ो आंदोलन' चलाया जा रहा था उस समय सावरकर कांग्रेस का साथ न देकर ब्रिटिश सरकार का साथ दे रहे थे और लोगों को ब्रिटिश सेना में सम्मिलित होने के लिए प्रेरित कर रहे थे। सावरकर जी भली प्रकार जानते थे कि यदि उस समय कोई नई विदेशी शक्ति भारत में प्रवेश करने में सफल हो गई और ब्रिटिश सरकार उस अवैध प्रवेश को रोक नहीं पाई तो ऐसी स्थिति में भारत के लिए एक और बड़ा संकट एक नए शत्रु के रूप में आ उपस्थित होगा। ऐसी परिस्थिति में ब्रिटिश सरकार की सेना में सम्मिलित होने का अभिप्राय था - देश की रक्षा के लिए अपने आपको समर्पित किया जाए और उसके लिए आवश्यक प्रशिक्षण भी प्राप्त कर लिया जाए। यदि सावरकर जी का उद्देश्य ब्रिटिश सरकार को सहायता देना होता और उसी उद्देश्य से प्रेरित होकर वे देश के युवाओं को ब्रिटिश सेना में सम्मिलित होने का परामर्श या प्रोत्साहन दे रहे होते तो वह 22 जून 1940 को नेताजी सुभाष चंद्र बोस के साथ हुई अपनी बैठक में उन्हें भारत छोड़कर विदेश जाकर रासबिहारी बोस जी की सेना इंडियन नेशनल आर्मी की कमान संभालने का परामर्श नहीं देते और उनसे यह भी नहीं कहते कि आपको क्रांतिकारी आंदोलन के माध्यम से ब्रिटिश भारत पर बाहर से हमला करना चाहिए और हम भीतर से ब्रिटिश सरकार को झुकाने का काम करेंगे। इस प्रकार अंतिम विजय हमारी होगी।

भारत छोड़ो आंदोलन से दूर क्यों रहे सावरकर

सावरकर जी उस समय ब्रिटिश सरकार का साथ क्यों दे रहे थे? इस संबंध में हमको यह ध्यान रखना चाहिए कि सुभाष बाबू से बातचीत करते हुए 22 जून, 1940 की बातचीत में सावरकर जी ने उनसे कहा था कि 'वास्तविक राजनीति वह है जो शत्रु को बंदीगृह में कैद करवाती है, न कि स्वयं बंद हो जाना। देखिए, सुभाष बाबू मैं आपसे स्पष्ट पूछता हूँ आप सशस्त्र क्रांतिकारियों में सक्रिय न सही तो भी उनसे संबंध रखते हैं। आप गोपनीयता रख सकते हैं। इससे पूर्व भी जब आप कांग्रेस के अध्यक्ष थे, आपकी और मेरी एक बार अंत:स्थ (confidential) भेंट हुई थी। उतने ही विश्वास से तथा उसी सूत्र को पकड़कर मैं आपसे अनुरोध करना चाहता हूँ कि आजकल ब्रिटिश हिंदी सेना में अधिक से अधिक हिंदुओं की भर्ती करने के लिए हिंदू महासभा की ढाल के नीचे मैंने जो सैनिकीकरण का भारत व्यापी तथा अब सफलता के पद चूमता हुआ आंदोलन छेड़ा है, वह मूलतः क्रांतिकारी आंदोलन है। मैं जानता हूँ कि आप उसके विरोध में प्रचार कर रहे हैं। आपने सोचा कि इस आंदोलन द्वारा मैं भी कांग्रेस के नरम पक्ष के

अन्य नेताओं की तरह ब्रिटिशों की मनुष्य बल की सहायता कर रहा हूँ। परंतु वास्तविकता यह है, सुनिए!, यहाँ पर मैंने प्रथम महायुद्ध में सशस्त्र क्रांतिकारियों द्वारा जर्मनी से की गई 'तुल्यारी मित्र संधि' तथा ब्रिटिश हिंदी सेना के उन हिंदी सैनिकों में से जो जर्मनी के हाथ लग गए थे, किस तरह क्रांति सेना खड़ी की गई आदि प्रकरण की जानकारी दी। यह मैंने आज के और कल के व्याख्यान में पहले ही संक्षेप में बताई है।'

अपने इस स्पष्टीकरण से सावरकर जी ने नेताजी सुभाष चंद्र बोस को स्पष्ट बताया कि वह ब्रिटिश सरकार का साथ नहीं दे रहे हैं बल्कि अपने लोगों को ब्रिटिश हिंदी सेना में भर्ती कर किसी भी आपत्ति काल के लिए उन्हें सशस्त्र क्रांति के लिए तैयार कर रहे हैं।

दूरगामी अभिनंदनीय सोच

सावरकर जी आगे कहते हैं कि - 'मैंने आगे कहा - 'रासबिहारी बोस का ताजा पत्र देखें। इसमें दिखाई दे रहा है कि इस वर्ष के भीतर जापान युद्ध की घोषणा करेगा। यदि ऐसा हुआ तो अपने देश की स्वाधीनता के लिए जर्मनी जापान के अत्याधुनिक शस्त्रों के साथ तथा लड़ाई में मुरब्बी बने हजारों हिंदी सैनिकों के साथ यह आक्रमण करने का स्वर्ण अवसर जो अब तक कभी नहीं मिला था, अब साध्य होगा। ऐसे समय स्वदेश में अत्यंत क्षुद्र और झगड़ालू आंदोलन के कारण आप जैसे अपने नेता को अपने आपको बलपूर्वक कैद करवाकर बलपूर्वक बंदीगृह में बंद होकर सड़ते रहना बड़ा ही हानिकारक है। कांग्रेस अथवा तत्सम नि:शस्त्र प्रतिकारवादी संस्था के किसी भी नेता को ब्रिटिश प्रशासन हमें ही प्रथमत: बंदी बनाने की ताक में है। (इससे स्पष्ट है कि चाहे सावरकर जी उस समय ब्रिटिश हिंदी सेना का सहयोग कर रहे थे पर सच यह था कि उस समय भी वह ब्रिटिश सरकार की नजरों में किरकिरी की तरह चुभ रहे थे। उन्हें भी उस समय गिरफ्तारी का खतरा स्पष्ट दिखाई दे रहा था। यदि वह ब्रिटिश हुकूमत के सहयोगी होते तो इस प्रकार का कथन नहीं करते।) इस समय रासबिहारी जैसे अनेक सशस्त्र क्रांतिकारी नेता जिस प्रकार हिंदुस्तान से झाँसा देकर जापान, जर्मनी खिसक गए हैं,वैसे हम आप भी तुरंत उन्हें चकमा देकर खिसक जाएँ। (स्पष्ट है कि सावरकर जी उस समय रासबिहारी बोस जी की भांति स्वयं भी ब्रिटिश हुकूमत को चकमा देकर विदेश खिसक जाने की तैयारी में थे। इसके पीछे उनका केवल एक ही उद्देश्य था कि ब्रिटिश हिंदी सेना में हिंदी सैनिकों की भरमार हो जाने पर वह समय आने पर देश के लिए लड़ाकू बन जाएंगे और जब हम बाहर से एक हमलावर के रूप में आएंगे तो उस समय वह हमारा सहयोग करेंगे।) उधर इटली, जर्मनी के हाथों में पड़े हजारों हिंदी सैनिकों के नेता बने। हिंदुस्तान की संपूर्ण स्वतंत्रता की घोषणा करें और जापान के युद्ध में कूदते ही जिस मार्ग से संभव हो, उस मार्ग से बंगाल के उपसागर में या ब्रह्मदेश से हिंदुस्तान की ब्रिटिश सत्ता पर बाहर से धावा बोल दें। इस तरह के कुछ सशस्त्र तथा साहसी पराक्रम के बिना हम हिंदुस्तान को

स्वतंत्र नहीं कर सकते। इस तरह का पराक्रम तथा साहस करने के लिए जो दो-तीन लोग आज मुझे समर्थ दिखाई दे रहे हैं, उनमें एक आप हैं। तिस पर मेरी दृष्टि आप पर ही है।'

हिंदू और मुस्लिम : दो राष्ट्र

आज भी देश में मुस्लिम तुष्टिकरण की राजनीति करने वाले कई लोग ऐसे हैं जो बड़ी सहजता से सावरकर जी पर हिंदू सांप्रदायिकता को भड़काने का आरोप लगा देते हैं और यह भी कह देते हैं कि उनकी सरकार की नीतियों के चलते ही देश का विभाजन हुआ था। इस पर हम पूर्व में भी स्थान - स्थान पर प्रकाश डाल चुके हैं। यहाँ पर हम सावरकर जी के एक उद्धरण को प्रस्तुत कर रहे हैं। जिसे उनके आलोचक यह कहकर बार-बार दोहराते हैं कि मोहम्मद अली जिन्नाह ने तो 1939 में देश में द्विराष्ट्रवाद की बात की थी, जबकि सावरकर उसके 2 वर्ष पहले ही कह चुके थे कि भारत में एक साथ दो राष्ट्र बसते हैं।

उन्होंने हिन्दू महासभा के 1937 के अहमदाबाद में हुए राष्ट्रीय अधिवेशन में अध्यक्ष की आसंदी से कहा, "भारत में दो विरोधी राष्ट्र एक साथ बसते हैं, कई बचकाने राजनेता यह मानने की गंभीर भूल करते हैं कि भारत पहले से ही एक सद्भावनापूर्ण राष्ट्र बन चुका है या यही कि इस बात की महज इच्छा होना ही पर्याप्त है। हमारे यह सदिच्छा रखने वाले किन्तु अविचारी मित्र अपने स्वप्नों को ही यथार्थ मान लेते हैं। इस कारण वे सांप्रदायिक विवादों को लेकर व्यथित रहते हैं और इसके लिए सांप्रदायिक संगठनों को जिम्मेदार मानते हैं, किन्तु ठोस वस्तुस्थिति यह है कि कथित सांप्रदायिक प्रश्न हिंदुओं और मुसलमानों के बीच सदियों से चली आ रही सांस्कृतिक, धार्मिक और राष्ट्रीय शत्रुता... की ही विरासत है... भारत को हम एक एकजुट (Unitarian) और समरूप राष्ट्र के तौर पर समझ नहीं सकते, बल्कि इसके विपरीत उसमें मुख्यतः दो राष्ट्र बसे हैं: हिंदू और मुस्लिम।" (समग्र सावरकर वाङ्गमय, हिन्दू राष्ट्र दर्शन, खंड 6, महाराष्ट्र प्रांतिक हिन्दू सभा पूना, 1963, पृष्ठ 296)

हम यहाँ पर फिर अपनी उसी मान्यता को दोहराना चाहेंगे कि सावरकर जी इस्लामिक दर्शन के गंभीर विद्यार्थी थे। वे जानते थे कि इस्लामिक चिंतन क्या है और किस प्रकार यह सारी दुनिया से ही काफिरों को मिटा देना चाहता है? इस दृष्टिकोण से आर्य वैदिक धर्मी हिंदू कभी भी इस्लाम के मित्र नहीं हो सकते थे। उनका अंतिम उद्देश्य भारत के अस्तित्व को मिटाना था। इस्लाम को मानने वाले लोगों की गतिविधियों को देखने से आज भी यह स्पष्ट हो रहा है कि स्वाधीनता के पश्चात भी इस्लाम अपने इसी लक्ष्य पर कार्य कर रहा है। उन्होंने अबसे पूर्व के सर सैयद अहमद खान जैसे अनेक मुस्लिम विद्वानों और नेताओं के वक्तव्यों का गहन अध्ययन किया था और उसके आधार पर वह कोई नई बात ना कहकर देश के लोगों को खतरे से सावधान करते हुए कह रहे थे कि भारत में दो राष्ट्र बसते हैं अर्थात आप इस भूल में ना रहे कि भारत के

भीतर हिंदू-मुस्लिम एकता स्थापित हो चुकी है और मुस्लिमों ने अपने अलगाववाद को भारत के विशाल हिंदुत्व के साथ समन्वित करना सीख लिया है।

जो लोग देश के हिंदू जनमानस को इस बात की भ्रान्ति में रखने का प्रयास कर रहे थे कि मुसलमानों ने इस देश को अपना देश मानकर इसके प्रति माता और पुत्र का संबंध स्थापित कर लिया है, सावरकर जी उन्हें 'बचकाना नेतृत्व' कहकर संबोधित करते थे।

सावरकर जी के 'अविचारी मित्र'

ऐसे किसी भी बचकाने नेतृत्व की बचकानी बातों में सावरकर जी कभी नहीं फंसे कि भारत पहले से ही एक सद्भावनापूर्ण राष्ट्र बन चुका है या यही कि इस बात की महज इच्छा होना ही पर्याप्त है। सावरकर जी महज इच्छा को ही राष्ट्र बन जाने का निश्चायक प्रमाण नहीं मानते थे। महज इच्छा तो किसी दबाव, परिस्थिति या किसी तात्कालिक कूटनीति के चलते भी हो सकती है। मूल बात है हृदय में क्या चल रहा है और आप भीतर से क्या चाहते हैं या क्या सोचते हैं? यदि भीतर पवित्रता नहीं है तो बाहर पवित्रता कभी नहीं हो सकती। भीतर का जगत कई बार अंतर्द्वंद्वों में घिरा हो सकता है या कई प्रकार की गांठों को लगाए बैठा हो सकता है और बाहरी जगत में लोग दिखावे के लिए दूसरा रूप धारण कर लेते हैं। हमसे कई बार चूक हो जाती है कि हम बाहरी जगत के छलावे में आ जाते हैं और भीतर की गाँठों को नाप नहीं पाते हैं। सावरकर जी भीतर की गांठों को जानते थे। यही उनकी महानता थी और उनके विरोधी लोगों की दृष्टि में यही उनकी सबसे बड़ी कमजोरी या मूर्खता थी।

जो लोग उस समय सावरकर जी की इस प्रकार की विचारधारा या चिंतन को उनकी सबसे बड़ी कमजोरी या मूर्खता मान रहे थे उन्हीं लोगों को संकेतों में सावरकर जी अपने 'अविचारी मित्र' मित्र कह रहे थे। वास्तव में उस समय इन अविचारी मित्रों से ही सावरकर जी का एक वैचारिक संघर्ष चल रहा था। दुर्भाग्यवश सत्ता के स्वामी सावरकर जी या उनकी विचारधारा के लोग न बनकर यह 'अविचारी मित्र' ही बन गए। जिन्होंने सत्ता संभालने के बाद फिर उनसे चुन-चुनकर प्रतिशोध लिया।

'कांग्रेसी हिंदुओं' का राजनीतिक अपराध

सावरकर जी के अपने इन 'अविचारी मित्रों' के साथ चल रहे संघर्ष का एक उदाहरण और देखिए। 1938 के नागपुर अधिवेशन में अपने इन 'अविचारी मित्रों' की पोल खोलते हुए सावरकर जी ने कहा था कि - 'जो मूल राजनीतिक अपराध हमारे कांग्रेसी हिंदुओं ने इंडियन नेशनल कांग्रेस आंदोलन की शुरुआत में किया और जो अभी भी वे लगातार करते आ रहे हैं वह है टेरीटोरियल नेशनलिज्म की मरु मरीचिका के पीछे भागना और इस निरर्थक दौड़ में आर्गेनिक

हिन्दू नेशन को बाधा मानकर उसे कुचलना।'

काँग्रेस पराधीन भारत को यथावत बनाए रखकर औपनिवेशिक स्वराज्य या गृह-शासन की गारंटी सुनिश्चित कर जिस टेरिटोरियल नेशनलिज्म की बात कर रही थी। वह सचमुच एक अव्यावहारिक और मूर्खतापूर्ण धारणा ही थी। कांग्रेस के इस सच का तत्कालीन भारत के लोग अर्थ नहीं समझ पाए थे। बाद में जब कांग्रेस ने 1930 के पश्चात पूर्ण स्वाधीनता लेने की बात कही तो उसने अगले 17 वर्ष के घटनाक्रम को ही अपना आजादी का आंदोलन घोषित कर दिया। परिणामस्वरूप कांग्रेस के टेरिटोरियल नेशनलिज्म की मूर्खतापूर्ण धारणाएं दबकर रह गई। सावरकर जी का यह कहना पूर्णतया सही था कि कांग्रेस अपने इस नेशनलिज्म के द्वारा हिंदू नेशन को कुचल रही थी।

सावरकर जी के समक्ष उस समय देश के सांस्कृतिक राष्ट्रवाद को जीवंत बनाए रखने का प्रश्न एक चुनौती के रूप में खड़ा था।

भारत के सांस्कृतिक राष्ट्रवाद की इस चादर को जहाँ कांग्रेस और मुस्लिम लीग नाम के दो चूहे कुतर रहे थे, वहीं ब्रिटिश शासन नाम का बाज इस चादर को ही लेकर उड़ जाना चाहता था। इस चादर की सुरक्षा को ही सावरकर जी अपने जीवन का सबसे बड़ा मिशन बना चुके थे। उनके जाने के पश्चात आज जिस प्रकार इस्लामिक सांप्रदायिकता देश को फिर जहरीली हवाओं को चलाकर दम घोटकर मारने की तैयारी कर रही है, तब देश के अधिकांश लोगों को उन दोनों चूहों और बाज वाले खेल के बीच सावरकर जी का चिंतन याद आने लगा है। ऐसे में इतिहासकार आर सी मजूमदार का यह कथन पूर्णतया निरर्थक सिद्ध हो जाता है कि ''साम्प्रदायिक आधार पर बँटवारे के लिए मुख्य रूप से जिम्मेदार एक बड़ा कारक... हिन्दू महासभा थी... जिसका नेतृत्व महान क्रांतिकारी नेता वी डी सावरकर कर रहे थे।'' (स्ट्रगल फ़ॉर फ्रीडम, भारतीय विद्या भवन, 1969, पृष्ठ 611)

सावरकर जी ने भारत को समग्रता के साथ समझा था। वह इसके अतीत के आर्यत्व को वर्तमान के संदर्भ में हिंदुत्व के साथ समन्वित कर रहे थे।

❐

अध्याय 12: गांधीजी की अहिंसा और सीधी कार्यवाही दिवस

सावरकर जी का स्पष्ट कथन था कि 'अपनी कुलदेवी माँ अष्टभुजा के चरणों में बैठकर शपथ लेता हूँ कि मातृभूमि को विदेशियों से मुक्त कराने के लिए आजीवन सशस्त्र क्रांति का ध्वज लेकर जूझता रहूँगा, चाहे इस प्रयास में हम तीनों भाइयों की भी वही नियति क्यों न हो जो चाफेकर बंधुओं की हुई।'

इतिहास इस बात का साक्षी है कि शस्त्र के उपासक सावरकर जी ने जीवन भर अपने इस व्रत का पालन किया। सावरकर जी का कोई विरोधी कांग्रेसी नेता कभी भी अपने जीवन में इस प्रकार की शपथ लेता हुआ दिखाई नहीं दिया। राजभक्ति के प्रति बार-बार शपथ लेने वाले कांग्रेसियों के वास्तविक चरित्र को कभी सामने नहीं आने दिया गया। प्रचलित इतिहास में राजभक्ति के प्रति कांग्रेसियों की निष्ठा को उनके चरित्र का प्रशंसनीय और वंदनीय पक्ष दिखाया गया है और राष्ट्रभक्ति के इस उदात्त भाव को हीनतर करके आंका गया है।

सावरकर जी की आलोचना

सावरकर जी के आलोचक उन पर कई प्रकार से आक्रमण करते हैं। आलोचना होना कोई बुरी बात नहीं है। हमारा तो मानना है कि आलोचना तो होनी चाहिए, पर उसका स्तर निंदा तक नहीं जाना चाहिए। सावरकर जी के आलोचक उनकी आलोचना राष्ट्रवादी डॉ. अंबेडकर जी से भी करवाने का प्रयास करते हैं। जबकि सच यह है कि सावरकर जी और अंबेडकर जी के मध्य एक गहरा समन्वय था। माना कि कई बिंदुओं पर दोनों नेता असहमत थे, पर इस असहमति को उस सीमा तक नहीं खींचा जा सकता जिस सीमा तक यह गांधी नेहरू एंड कंपनी के साथ थी।

सावरकर के आलोचकों का मत है कि अम्बेडकर ने अपनी बहुचर्चित पुस्तक 'पाकिस्तान ऑर द पार्टीशन ऑफ इंडिया' (1946) में सावरकर के 'द्विराष्ट्र सिद्धांत' और अखंड भारत की उनकी अवधारणा के छद्म को उजागर किया है। अम्बेडकर लिखते हैं, "वे चाहते हैं कि हिन्दू

राष्ट्र प्रधान राष्ट्र हो और मुस्लिम राष्ट्र इसके अधीन सेवक राष्ट्र हो। यह समझ पाना कठिन है कि हिन्दू राष्ट्र और मुस्लिम राष्ट्र के बीच शत्रुता का बीज बोने के बाद सावरकर यह इच्छा क्यों कर रहे हैं कि हिंदुओं और मुसलमानों को एक संविधान के अधीन एक देश में रहना चाहिए।" (पृष्ठ 133-134)

जो लोग सावरकर जी के प्रति अंबेडकर जी के इस प्रकार के विचारों को उद्धृत कर यह भ्रम फैलाने का काम करते हैं कि डॉ. अंबेडकर उनसे पूर्णतया असहमत थे, उन्हें मुसलमानों के प्रति अंबेडकर जी के विचारों को अवश्य पढ़ना और समझना चाहिए। यदि अंबेडकर जी के मुसलमानों के प्रति विचारों को पढ़ और समझ लिया गया तो हमारे देश की वर्तमान काल की भी कई समस्याओं का समाधान हो सकता है। हमें यह भी पता चल सकता है कि डॉ. अंबेडकर ने मजहब के आधार पर आरक्षण न देने की वकालत क्यों की थी? डॉ. आंबेडकर मुसलमानों के प्रति सावरकर जी से भी कहीं अधिक कठोर थे। कारण यह था कि डॉक्टर अंबेडकर को कानून के साथ-साथ इतिहास की भी अच्छी जानकारी थी। इतिहास के काले भूत को वह वर्तमान की छाती पर लादकर भविष्य को देने के पक्षधर नहीं थे। इसी प्रकार की सोच सावरकर जी की थी। अतः जो लोग डॉ. अंबेडकर को सावरकर जी का धुर विरोधी दिखाने का काम करते हैं या प्रयास करते हैं उन्हें इन दोनों नेताओं के पारस्परिक समन्वय के बिंदुओं पर भी चर्चा करनी चाहिए।

हिंदुस्तान हिंदू जाति का निवास स्थान

'वीरवाणी' में सावरकर जी लिखते हैं :- 'हिंदुस्तान आदि काल से हिंदू जाति का निवास स्थान है। वह हमारे धर्म प्रवर्तक ऋषि-मुनियों की, वीरों की, देवी देवताओं तथा संत महात्माओं की जन्मभूमि है। इन्हीं कारणों से वह हमें प्रिय है। अन्यथा केवल भूमि का भू प्रदेश का विचार करें तो पृथ्वी पर अनेक देश सोने चांदी से हीरे, मोतियों से, जवाहरात से समृद्ध होंगे। गंगा का जल और मिसीसिपी का जल केवल जल की दृष्टि से एक सा होगा। हिंदुस्तान के पहाड़,जंगल, वनश्री भी अन्य देशों के पहाड़, जंगल, वनश्री के समान ही उत्कृष्ट होंगे। अतः हिंदुस्तान हमें इसलिए प्रिय है कि इस पर हमारा इतिहास निर्मित हुआ है। इस भूमि पर पीढ़ी दर पीढ़ी हमारे पूर्वजों का शासन रहा है। अनादि काल से यह पावन भूमि हमारी पितृभूमि, भूमि पुण्य भूमि है, जीवन का एकमात्र प्रावस्थान है।'

सावरकर जी जिसे अपनी पावन भूमि, पितृ भूमि और पुण्य भूमि कहते थे उसे वह किसी भी विधर्मी को सोने के थाली में रखकर परोस नहीं सकते थे। सावरकर जी द्विराष्ट्रवाद के समर्थक थे तो केवल इस सीमा तक थे कि उन्होंने मुसलमान की मानसिकता को पढ़ लिया था। जो किसी भी स्थिति में हिंदुओं के साथ रहने को तैयार नहीं था। हमें सावरकर जी के मुस्लिम संबंधी चिंतन

को समझने के लिए सुप्रसिद्ध इस्लामिक विद्वान एम0आर0ए0 बेग के इस कथन को समझना चाहिए कि 'अंतिम सत्य यह है कि न तो कुरान और न मोहम्मद साहब ने मानवतावाद का समर्थन किया है और न मुस्लिम और गैर मुस्लिम के सह अस्तित्व का समर्थन किया है। कोई भी धर्मनिष्ठ मुसलमान मानवतावादी नहीं हो सकता।'

इस्लाम के इस कटु सत्य को यदि बेग साहब जैसे लोग मान रहे हैं और प्रचारित कर रहे हैं तो इसे प्रत्येक राष्ट्रभक्त हिन्दू को भी स्वीकार करना चाहिए। इसके पश्चात इसी दृष्टिकोण से किसी भी मुस्लिम का आकलन करना चाहिए। यह माना जा सकता है कि अनेक मुसलमान ऐसे हैं जो पूर्णतया राष्ट्रवादी हैं पर जो इस्लामिक शिक्षाओं को अक्षरश: पालन करने में विश्वास रखते हैं, उनसे ऐसी अपेक्षा कभी नहीं की जा सकती। सावरकर जी की भी यह स्पष्ट मान्यता थी कि कोई भी मुसलमान पूर्ण राष्ट्रवादी और मानवतावादी नहीं हो सकता।

'मुस्लिम राजनीतिक चिंतन और आकांक्षाएं' के लेखक पुरुषोत्तम जी पृष्ठ संख्या 17 पर लिखते हैं कि 'डॉ. मुशीरुल हक कहते हैं कि' बहुतों का (उलेमा का) विश्वास है कि सरकार को तो धर्मनिरपेक्ष बना रहना चाहिए, परंतु मुसलमानों को धर्मनिरपेक्षता से बचाकर रखना चाहिए।' इस संदर्भ में सैयद अबुल हसन अली नदवी अर्थात अली मियां का कहना है कि 'धर्मनिरपेक्ष धर्मनिष्ठ मुसलमान इस्लाम के प्रति प्रेम को प्रोत्साहन देते हैं तो गैर इस्लामी दर्शनों,विचारों और सिद्धांतों के प्रति घृणा को।'

सावरकर जी और अंबेडकर जी दोनों ही इस्लामिक विद्वानों के इस प्रकार के विचारों से पूर्णतया सहमत थे। कहने का अभिप्राय है कि इस्लाम की सच्चाई को यह दोनों नेता जानते थे। पर आज का अंबेडकरवादी और धर्मनिरपेक्ष नेता या तथाकथित चिंतक इन दोनों की सहमति के इन बिंदुओं को भी असहमति में परिवर्तित करने की मूर्खतापूर्ण चेष्टा करते देखे जाते हैं।

सोहरावर्दी की देशद्रोही सोच

यह पूर्णतया सत्य है कि यदि सावरकर नहीं होते तो पाकिस्तान आज के बहुत बड़े भारत के भाग को ले जाने में सफल हो जाता। सावरकर की सोच पर काम करते हुए उस समय ऐसे अनेक हिंदू वीर रहे जिन्होंने देश के कई शहरों को या भागों को पाकिस्तान में जाने से रोकने में अपने प्राणों की बाजी लगा दी थी। ऐसे वीर योद्धाओं में से ही एक महावीर गोपाल पाठा खटीक रहे, जिन्होंने कोलकाता को भारत से अलग होने से बचाने में सफलता प्राप्त की थी।

हरियाणा शिक्षा विभाग में राजपत्रित अधिकारी रहीं श्रीमती आर्या चंद्रकांता क्रांति जी द्वारा हमें एक लेख भेजा गया जिसमें पाठा जी के बारे में विशेष जानकारी दी गई है। इस लेख से हमें पता चलता है कि जिस समय बंगाल के मुख्यमंत्री सुहरावर्दी ने 16 अगस्त 1946 का आयोजन कर कोलकाता में हिंदुओं का नरसंहार कराया था, उस समय उसकी इस सोच के पीछे एक

ही कारण काम कर रहा था कि कोलकाता भारत में ना रह करके पाकिस्तान में जाना चाहिए। कोलकाता जैसे प्रमुख व्यापारिक शहर को जिन्नाह अभी खोना नहीं चाहता था। तब कोलकाता को हिंदू मुक्त करने की जिम्मेदारी सोहरावर्दी को दी गई। हिंदू मुक्त कोलकाता का अभिप्राय था कि लोग स्वेच्छा से पाकिस्तान में जाने का निर्णय लेंगे और इस प्रकार यह व्यापारिक शहर हिंदुओं की हत्या के बदले उन्हें सहज रूप में प्राप्त हो जाएगा। निश्चित रूप से गांधी और नेहरू सोहरावर्दी की हिंसा के सामने उस समय आत्मसमर्पण कर चुके थे। वे इस योजना को फलीभूत हो जाने देते यदि समय रहते हमारे क्रांतिकारी योद्धा कुछ कठोर कदम नहीं उठाते।

उस समय कोलकाता में 64% हिंदू और 33% मुसलमान थे।

सोहरावर्दी ने अपनी योजना को सिरे चढ़ाने के लिए उस दिन सार्वजनिक हड़ताल करवा दी थी। मुसलमान मस्जिद में एकत्र हुए और हिंदुओं के सामूहिक नरसंहार का संकल्प लेकर बाहर निकले तो जो भी हिंदू नजर आया उसी को उन्होंने काटना आरंभ कर दिया। हिन्दुओं के पास कोई हथियार नहीं था, इसलिए मुसलमानों की उस भीड़ के सामने उनके सामने कटने के अतिरिक्त और कोई उपाय नहीं था। सौहरावर्दी ने सभी मुसलमानों को यह बता दिया था कि वह निश्चिंत होकर अपना काम करें, क्योंकि उसने पुलिस को पहले ही यह निर्देश दे दिया है कि वह मुसलमानों के काम में किसी प्रकार की बाधा न पहुँचाए।

उक्त लेख का लेखक हमें बताता है कि 'लोहे की छड़ों, तलवारों और अन्य खतरनाक हथियारों से लैस लाखों मुसलमानों की भीड़ कलकत्ता के कई हिस्सों और आसपास के इलाकों में फैल गई। पहले मुस्लिम लीग कार्यालय के पास हथियारों और हथियारों की एक हिंदू दुकान पर हमला किया गया। उसे लूट लिया गया और जलाकर राख कर दिया गया। मालिक और उसके कर्मचारियों के सिर काट दिए गए। हिंदुओं को सब्जियों की तरह काटा गया। कई हिंदू महिलाओं और युवा लड़कियों का अपहरण कर लिया गया और उन्हें सेक्स स्लेव के रूप में ले जाया गया। 16 अगस्त को हजारों हिंदू मारे गए और हिंदू महिलाओं के साथ बलात्कार किया गया।

17 अगस्त को भी हत्याएं जारी रहीं। 600 हिंदू मजदूरों, ज्यादातर उड़ीसा से केसोराम कॉटन मिल्स लिचुबगन में सिर काट दिया गया था। कोलकाता में नरसंहार का नंगा नाच चल रहा था। हिन्दू भाग रहे थे, सुहरावर्दी को 19 अगस्त तक अपनी जीत का आश्वासन दिया गया था। 17 अगस्त तक हजारों हिंन्दू मारे जा चुके थे।'

गांधी की अहिंसा ने डाल दिए हथियार

उस समय गांधी जी की अहिंसा सोहरावर्दी के मुस्लिम गुंडों की हिंसा के सामने हथियार डाल चुकी थी। वह बड़ी बेशर्मी से कोलकाता के चौराहों पर नीलाम हो रही थी और बहुत ही

कायरता के साथ अपना सर्वस्व मिटाती जा रही थी। उस दृश्य को देखकर गांधी जी को तनिक भी लज्जा नहीं आई। ना ही उन्होंने अपनी अहिंसा के इतने बड़े अपमान पर किसी प्रकार का खेद व्यक्त किया। हिंदुओं की स्थिति बहुत दयनीय हो चुकी थी। उन्हें गाजर-मूली की भांति काटा जा रहा था। शासन-प्रशासन पूर्णतया मौन हो चुका था। तब एक आर्य हिंदू वीर ने इस घटना से उत्तेजित होकर प्रतिशोध लेने और डटकर सामना करने का निर्णय लिया। यह आर्य योद्धा ही गोपाल मुखर्जी था,जो कि एक बंगाली खटीक थे। उनके मित्र उन्हें पाठा इसलिए कहते थे क्योंकि वह मीट की दुकान चलाते थे। वे कोलकाता के बोबाजार इलाके में मलंगा लेन में रहते थे।

लेखक लिखता है कि गोपाल उस समय 33 वर्ष के थे, और एक कट्टर राष्ट्रवादी, और सुभाष चंद्र बोस के दृढ़ अनुयायी और गांधी के अहिंसा के सिद्धांत की आलोचना करते थे। गोपाल गली-गली संस्था भारत जाति वाहिनी चलाते थे। उनकी टीम में 500-700 लोग थे - सभी अच्छी तरह से प्रशिक्षित पहलवान थे। 18 अगस्त को गोपाल ने फैसला किया कि वे भागेंगे नहीं, और मुसलमानों पर जवाबी हमला करेंगे। उन्होंने अपने पहलवानों को बुलाया, उन्हें हथियार दिए। एक मारवाड़ी व्यवसायी ने उसे वित्त देने का फैसला किया, और उसे पर्याप्त धन दिया। उनकी योजना सबसे पहले जवाबी हमलों से हिन्दू क्षेत्रों को सुरक्षित करने की थी। उनके शब्द थे "हर 1 हिन्दू के लिए 10 मुसलमानों को मार डालो!"

उस समय हिंदुओं के विनाश के लिए प्रत्येक मुसलमान मुस्लिम लीगी बन चुका था। इस प्रकार मुस्लिम लीग के पास जिहादी गुंडों की संख्या लाखों तक पहुँच गई थी। जबकि अपने मौलिक स्वभाव में साधारणतया शांत रहने वाले हिंदुओं के पास ऐसी कोई बड़ी सेना नहीं थी। उनका मनोबल उन्हें उस अत्यंत भयावह स्थिति में मुसलमानों का सामना करने के लिए प्रेरित कर रहा था। बस, अपने उसी परंपरागत हथियार के बल पर पाठा जी ने अपने कुछ मुट्ठी भर हिन्दू युवकों को मुसलमानों का सामना करने और कोलकाता को एक मुस्लिम शहर बनने से रोकने के लिए अत्यंत महत्वपूर्ण योजना पर काम करना आरंभ किया।

गोपाल पाठा की वीरता

अपनी इस योजना में उन्होंने भारत के चरित्र बल को प्राथमिकता दी और अपने सभी साथियों को यह कड़े निर्देश जारी किए कि मुसलमानों का प्रतिरोध करते समय वे उनकी महिलाओं से कुछ नहीं कहेंगे। यह तब था जबकि उस समय मुस्लिम लीगी गुंडे मर्यादाओं की सारी सीमाओं को लांघते हुए महिलाओं का शीलभंग करने का कीर्तिमान स्थापित कर रहे थे।

आजाद हिंद फौज और नेताजी सुभाष चंद्र बोस की नीतियों में विश्वास रखने वाले गोपाल के पास भी उस समय दो पिस्तौलें थीं। ये दोनों पिस्टल उन्हें आजाद हिंद फौज से ही मिली थीं।

नेताजी सुभाष चंद्र बोस और सावरकर जी की नीतियों से प्रेरित होकर गोपाल जी और

उनके साथियों ने 18 अगस्त से मुसलमानों के विरुद्ध लड़ना आरंभ किया। 18 अगस्त को ही कुछ मुस्लिम डकैत उनकी कॉलोनी में प्रवेश करने में सफल हो गए थे। तब गोपाल जी और उनकी टीम ने उनका उसी प्रकार स्वागत किया जिस प्रकार डकैतों का स्वागत करना अपेक्षित होता है। मुस्लिम डकैतों का हिंदू वीरों ने गोपाल जी के नेतृत्व में डटकर सामना किया और प्रत्येक डकैत को दोजख की आग में झोंक दिया। मात्र 24 घंटे में ही गोपाल जी और उनके साथियों ने सड़कों पर नंगा नाच कर रहे उन मुस्लिम डकैतों को या तो समाप्त कर दिया या मैदान छोड़कर भागने के लिए मजबूर कर दिया।

जब इस घटना की जानकारी सोहरावर्दी को हुई तो वह भी आश्चर्यचकित रह गया था। उसकी सारी योजना पर पानी फिर चुका था। कोलकाता को वह एक मुस्लिम शहर बनाने के लिए निकला था पर कुछ मुट्ठी भर हिंदू वीरों ने उसकी योजना को सिरे नहीं चढ़ने दिया। गोपाल जी का अभियान अभी रुका नहीं था। अब उन्होंने उन जिहादियों को चिन्हित किया जिन्होंने दो दिन के हिंदू नरसंहार में हमारे अनेक हिंदू भाइयों को मौत के घाट उतार दिया था या हमारी माता बहनों के साथ अमानवीय अत्याचार किए थे। 20 अगस्त से उन्होंने अपने साथियों के साथ मिलकर इन बदमाशों को ढूंढ - ढूंढकर मारना आरंभ किया।

जब यह सब कुछ हो रहा था उस समय गांधीजी बड़े आराम से चरखा चला रहे थे और 'ईश्वर अल्लाह तेरो नाम...' गाकर सपनों के संसार में सैर कर रहे थे।

हिसाब कर दिया पूरा

गोपाल जी के इस प्रकार के अप्रत्याशित साहस को देखकर अनेक हिंदुओं में प्राणों का संचार हुआ और जो अपना सब कुछ लुटा चुके थे वह भी इधर-उधर से आकर अपने हिंदू वीर योद्धा के साथ जुड़ गए। इसके पश्चात सबने सामूहिक रूप से जेहादी बदमाशों का अंत करना आरंभ किया। अगले 2 दिन में इतने मुसलमानों को काटा गया कि उनकी संख्या कटे हुए हिंदुओं की संख्या से अधिक हो गई। अब हिसाब पूरा हो चुका था। सोहरावर्दी को भी पता चल गया था कि हिंदुओं की वीरता क्या होती है? उस समय कई तथाकथित हिंदू नेताओं की आंखें भी खुल चुकी थीं। पर गांधीजी की अहिंसा अभी भी हिंदू मुस्लिम एकता की भांग पिए पड़ी थी। वह नशे की हालत में अभी भी यही बुदबुदा रही थी- ईश्वर अल्लाह तेरो नाम....?

गोपाल जी और उनके साथियों की वीरता और पराक्रम के भाव को देखकर मुसलमान 22 अगस्त तक कोलकाता से भागने लगे थे। तब सोहरावर्दी ने अपनी पराजय स्वीकार की और कांग्रेस के अहिंसावादी दोगले नेताओं से अनुरोध किया कि वे हिंदू-मुस्लिम एकता का राग छेड़कर किसी प्रकार गोपाल जी और उनके साथियों को शांत करें। इस निर्दयी मुसलमान मुख्यमंत्री को अपनी निर्दयता पर तो कोई पश्चाताप नहीं था, पर उसे अब यह आभास अवश्य

हो गया था। यदि गोपाल जी व उनके साथियों का खेल कुछ समय और जारी रह गया तो उसकी अपनी भी जान जा सकती है। उस समय गोपाल जी ने प्राणों की भीख माँग रहे सोहरावर्दी के साथ इस शर्त पर समझौता किया कि सभी मुस्लिम जिहादी गुंडे उन्हें अपने हथियार सौंप दें। सोहरावर्दी ने गोपाल जी की इस शर्त को सहर्ष स्वीकार कर लिया।

उस समय कोई भी कांग्रेसी गोपाल जी और उनके साथियों के साथ नहीं आया था। उनकी कायरता उन्हें कहीं दूर खींचकर ले गई थी। अपनी परंपरागत शैली में उन्होंने हिंदुओं की वीरता पर कोई टिप्पणी भी नहीं थी। इतना ही नहीं, बाद में जब इतिहास लिखा गया तो नेहरू ने अपने मुस्लिम शिक्षा मंत्री मौलाना अबुल कलाम आजाद को इतिहास लिखने की जिम्मेदारी देकर हमारे इस महानायक को इतिहास के कूड़ेदान में फिंकवाने की पूरी व्यवस्था कर दी। अपनी इसी मुस्लिमपरस्ती को कांग्रेस ने अपना राष्ट्रवादी स्वरूप कहकर प्रचारित किया है और इसी को अपनी राष्ट्रभक्ति के नाम से संबोधित करती रही है।

जिन्नाह की योजना हो गई चकनाचूर

उक्त लेख से हमें आगे पता चलता है कि 'कोलकाता पर कब्जा करने की जिन्नाह की योजना 22 अगस्त तक चकनाचूर हो गई थी और कोलकाता में भगवा झंडा फहरा रहा था। कोलकाता के बाद गोपाल ने अपने संगठन को भंग नहीं किया और बंगाल के हिन्दुओं को बचाते रहे। जब सब कुछ खत्म हो गया, जैसा कि एक फीचर फिल्म के अंत में पुलिस आती है। गांधी ने गोपाल से मुलाकात की और अहिंसा और हिंदू-मुस्लिम एकता के अपने पाठों को लेकर उनसे अपने शास्त्रों (हथियार) को आत्मसमर्पण करने के लिए कहा। तब गोपाल के शब्द थे "गांधी ने मुझे दो बार बुलाया, मैं नहीं गया। तीसरी बार कुछ स्थानीय कांग्रेसी नेताओं ने मुझसे कहा कि मुझे कम से कम अपने कुछ हथियार जमा करने चाहिए। मैं वहाँ से चला गया, मैंने देखा कि लोग आ रहे हैं और हथियार जमा कर रहे हैं, जो किसी के काम के नहीं थे। आउट-ऑफ-ऑर्डर पिस्टल, उस तरह की चीज!'

तब गांधी के सचिव ने मुझसे कहा: 'गोपाल! तुम गांधीजी को हथियार क्यों नहीं सौंप देते?' गोपाल ने उत्तर दिया, 'इन भुजाओं से मैंने अपने क्षेत्र की महिलाओं को बचाया, लोगों को बचाया है। मैं सरेंडर नहीं करूंगा। गोपाल ने फिर कहा, कलकत्ता हत्याकांड के दौरान गांधीजी कहाँ थे? तब वह कहाँ थे जब हिन्दू मारे जा रहे थे? भले ही मैंने किसी को मारने के लिए कील का इस्तेमाल किया हो, मैं उस कील को भी नहीं छोड़ूंगा!'

सुहरावर्दी ने कहा, "जब हिन्दू वापस लड़ने का मन बनाते हैं, तो वे दुनिया में सबसे घातक हो जाते हैं!" गोपाल पाठा और श्यामा प्रसाद मुखर्जी दो महान नायक थे जिन्होंने बंगाल के हिन्दुओं को जेहादी मुस्लिम डकैतों से बचाया था! लेकिन इसे पढ़ने से पहले आप में से कितने

लोग गोपाल पाठ के बारे में जानते थे? चूंकि गोपाल ने गांधी के सिद्धांत का पालन नहीं किया, इसीलिये उनका नाम सेकुलर काग्रेसियों और वामपंथियों ने इतिहास की किताबों से हटा दिया गया। लेकिन वह भारत के गुमनाम हीरो हैं, जिन्होंने लाखों हिन्दू लोगों की जान बचाई। उन्हीं की बदौलत आज कोलकाता भारत का हिस्सा है।

'महात्मा' होकर भी लोग हिंदुओं के हत्यारे बन गए थे। अपने ऐसे ही महात्मा पर कॉन्ग्रेस आज तक फूल चढ़ाती हैं और हमारे महानायक गोपाल जी की आत्मा इतिहास के कूड़ेदान में पड़ी हुई कराहती है। माना कि सावरकर जी ने कभी कोई 'माफी' माँग ली थी और उन्होंने ऐसा करके बड़ा 'पाप' कर दिया था, पर गोपाल जी का क्या दोष है? उनकी वीरता को नमन करना भी कांग्रेसियों ने देश में पूर्णतया निषिद्ध कर दिया है?

❐

अध्याय 13: ऐसे बनी थी कांग्रेस और सावरकर के बीच दूरी

ब्रिटिश सरकार द्वारा जब 10 मई 1937 को सावरकर जी की बिना शर्त रिहाई हुई तो उस समय रत्नागिरी कांग्रेस कमेटी ने उनके स्वागत में एक कार्यक्रम का आयोजन किया था। यह वह दौर था जब कॉन्ग्रेस सावरकर जी जैसे राष्ट्रवादी नेता को अपने साथ खींचकर मिलाने के लिए लालायित थी। उस समय कांग्रेस के लिए सावरकर एक चुंबकीय व्यक्तित्व के स्वामी थे। कांग्रेस की मान्यता थी कि ऐसे व्यक्ति को यदि अपने साथ मिलाया जाएगा तो निश्चय ही कांग्रेस के मंच की शोभा बढ़ेगी। उस कार्यक्रम में 15 मई, 1937 को कांग्रेस कमेटी ने सावरकर के हाथों से ही ध्वजारोहण कराया था। तब वह कांग्रेस के लिए ना तो 'अछूत' थे और ना ही 'माफी' माँगने वाले सावरकर थे। ध्वजारोहण के उपरांत सावरकर जी ने अपने भाषण में कहा था 'हिंदू ध्वज को उठाने वाले आप इसको कैसे उठा रहे हैं? इस सवाल का जवाब एक ही है और वह यह है कि 'यह राष्ट्रध्वज है।' इस ध्वज के तले ही सभी धर्मों के लोगों को समत्व के साथ खड़ा रहना चाहिए। इस ध्वज के नीचे खड़े रहकर भी जो व्यक्ति अपने मन में जातीय और धार्मिक भावना रखेगा, वह पापी होगा। घर में जिस तरह अन्य बातें करने के लिए हम सब स्वतंत्र होते हैं, उसी तरह अन्य समय में मेरे हिंदू होने पर कोई हर्ज नहीं है... इस ध्वज के नीचे हम सब एक होकर राष्ट्रीय स्वतंत्रता की प्राप्ति के लिए जी जान से प्रयास करें।' (हिंदू राष्ट्रवाद : सावरकर और राष्ट्रीय स्वयंसेवक संघ, पृष्ठ 378)

राष्ट्रध्वज और समत्व भाव

अपने इस भाषण में सावरकर जी ने यह स्पष्ट किया कि उन्हें कि कांग्रेस के मंच पर आने में कोई आपत्ति नहीं है, बशर्ते कि हम सब एक सांझा उद्देश्य को सामने रखकर राष्ट्र की स्वतंत्रता के लिए कार्य करें। मैं हिंदू हूँ या हिंदुत्व की राजनीति करता हूँ यह बात अलग है, लेकिन राष्ट्र के लिए हम सब एक हैं और एक होकर काम करेंगे। उन्होंने स्पष्ट किया कि कांग्रेस का झंडा इस

समय सबका झंडा होना है, इस झंडे के नीचे आकर हम एक राष्ट्र के श्रेष्ठ नागरिक बन जाएँ। जाति, संप्रदाय, लिंग आदि के सारे भेद मिट जाएँ। सावरकर के इस चिंतन को और भी अधिक धार देने की आवश्यकता थी। जब वह समत्व के साथ खड़े होने की बात कर रहे थे तो इसका सीधा अभिप्राय था कि यहाँ पर कोई भी व्यक्ति संप्रदायिक दृष्टिकोण अपनाकर ना तो खड़ा होगा और ना ही ऐसा चिंतन अपने मन मस्तिष्क में लाएगा। समत्व भाव के प्रति समर्पण दिखाकर सावरकर जी ने स्पष्ट किया कि वह मुस्लिम लीग के या किसी भी मुस्लिम नेता के इस प्रस्ताव का स्वागत ही करेंगे कि वे भारतीयता के साथ समरूप होकर रहने के लिए तैयार हैं। यदि वह ऐसा करते हैं तो यह हम सबके लिए प्रसन्नता की बात होगी।

उस समय सावरकर जी बदली हुई राजनीतिक परिस्थितियों में काँग्रेस के कार्यक्रमों का समर्थन करने का मन बना चुके थे। कांग्रेस को भी उस समय तक सावरकर जी के हिंदुत्व से किसी प्रकार की दुर्गंध नहीं आ रही थी। कांग्रेस जिस प्रकार उस समय सावरकर जी के स्वागत समारोह में लगी हुई थी, उससे पता चलता है कि 1937 तक के सावरकर की कांग्रेस समर्थक थी। कहने का अभिप्राय है कि इससे पहले सावरकर जी ने चाहे कोई भाषण दिया, चाहे कोई पुस्तक लिखी, चाहे कोई कार्यक्रम किया, चाहे किसी अंग्रेज अधिकारी से प्रतिशोध लिया वे सब कुछ काँग्रेस के लिए सहनीय थे।

कांग्रेस को बताया था मशालवाहक

सावरकर जी भी उस समय तक कांग्रेस को आजादी की मशालवाहक बता रहे थे। उस समय तक सावरकर जी कांग्रेस के दादा भाई नौरोजी, बाल गंगाधर तिलक, महात्मा गांधी, पंडित जवाहरलाल नेहरू और सुभाष चंद्र बोस जैसे नेताओं की समय-समय पर प्रशंसा करते रहते थे। यदि बात 1920 की करें तो उस समय महात्मा गांधी, वल्लभभाई पटेल और तिलक जैसे कांग्रेसी नेताओं ने सावरकर जी को बिना शर्त रिहा करने की माँग ब्रिटिश शासकों से की थी।

इसके पश्चात कैसे कांग्रेस और सावरकर जी एक दूसरे के लिए उत्तरी - दक्षिणी ध्रुव हो गए? इस बात का खुलासा वैभव पुरंदरे की पुस्तक से होता है। वैभव पुरंदरे लिखित पुस्तक 'सावरकर: द ट्रू स्टोरी ऑफ फादर ऑफ हिंदुत्व' में स्पष्ट किया गया है कि :-

उस समय उत्तर-पश्चिमी सीमाँत प्रांत में मुसलमानों द्वारा कुछ हिंदू युवतियों का अपहरण किया गया था। तब कुछ ऐसे नेता निकल कर सामने आए जिन्होंने उन युवतियों को फिर से अपहरणकर्ताओं को देने की बात कही। कांग्रेस के लिए उस समय अपेक्षित था कि वह इस प्रकार की शर्मनाक घटनाओं की निंदा करती और जिन लोगों ने यह निंदनीय कृत्य किया था,उन्हें सजा देने की बात कहती। पर उसने ऐसा न करके उन स्थानीय नेताओं का समर्थन किया

जो उन हिंदू युवतियों को फिर से मुस्लिम अपहरणकर्ताओं को देने की बात कह रहे थे। कांग्रेस के इस प्रकार के आचरण से सावरकर जी को गहरी ठेस पहुँची। वह यह मानकर चल रहे थे कि कांग्रेस ऐसी घटनाओं को हिंदू मुस्लिम एकता के दृष्टिगत तो शर्मनाक मानेगी ही साथ ही वह मानवता के विरुद्ध भी इस प्रकार की घटनाओं को निंदनीय करार देगी।

कांग्रेसियों को बताया राष्ट्रीय हिजड़े

तब दु:खी सावरकर जी ने महाराष्ट्र के मिरज में एक भाषण में उक्त घटना का समर्थन करने वाले कांग्रेसी नेताओं को 'राष्ट्रीय हिजड़े' कह दिया। इसके पश्चात सावरकर जी और कांग्रेस के बीच दूरियां बढ़ने लगी। कांग्रेस के नेता महात्मा गांधी एक जिद्दी स्वभाव के महात्मा थे। उनका सदा यह प्रयास रहता था कि वह जो कुछ कह रहे हैं या कर रहे हैं उसे सभी लोग आंख मूंदकर स्वीकार करें। यदि उनकी बात पर कहीं से किसी भी प्रकार की असहमति का स्वर सुनाई देता था तो उसे गांधीजी अपने व्यक्तिगत सम्मान से जोड़कर देखते थे। इस घटना के पश्चात कांग्रेस और सावरकर जी के रास्ते अलग-अलग हो गए। राजभक्त कांग्रेस एक राष्ट्रभक्त की टिप्पणी को सहन नहीं कर पाई। लोकतंत्र का ढोंग रचने वाले कांग्रेसियों को लोकतंत्र में आलोचना कभी रास नहीं आई। सावरकर जी का उपरोक्त कथन और उस पर की गई कांग्रेस की टिप्पणी इसी बात का संकेत है। लोकतंत्र में आलोचना का अभिप्राय सदा निंदा ही नहीं होता है। इसका अभिप्राय होता है कि अपने विरोधी को कुछ कठोर शब्द बोलकर सही रास्ते पर लाया जाए। कांग्रेस को उस समय सावरकर जी के उपरोक्त कथन पर या टिप्पणी पर आत्मचिंतन करना चाहिए था।

कांग्रेस की ओर से जो लोग सावरकर जी का सम्मान करने के कार्यक्रम रख रहे थे,उन्होंने भी ऐसे कार्यक्रम रद्द कर दिए। उनकी इच्छा थी कि सावरकर जी ने जो कुछ भी कांग्रेसी नेतृत्व के लिए बोला है उसके लिए उन्हें दंडित किया जाना आवश्यक है। इससे पता चलता है कि कांग्रेस के नेता किसी भी मुद्दे को लेकर कितने अधिक पूर्वाग्रहग्रस्त होते रहे हैं? साथ ही यह भी स्पष्ट होता है कि सावरकर जी कितने स्पष्टवादी थे? वह किसी भी प्रकार के सम्मान को तब तक स्वीकार नहीं करते थे, जब तक कि सब कुछ ठीक-ठाक ना हो। यदि राष्ट्र और राष्ट्रीय मूल्यों के विरुद्ध कोई भी व्यक्ति उन्हें काम करता दिखाई देता था तो वह चाहे व्यक्ति हो या फिर कोई संस्थागत शक्ति हो, वह दोनों से बराबर टक्कर लेने की ठान लिया करते थे।

'एक व्यक्ति एक मत'

"हिंदू राष्ट्रवाद: सावरकर और राष्ट्रीय स्वयंसेवक संघ" नामक उपरोक्त पुस्तक के पृष्ठ 378- 79 से हमें पता चलता है कि रत्नागिरी में सावरकर के लिए सत्कार समारोह आयोजित किए गए थे। नजरबंदी के दौरान सावरकर को ब्रिटिश सरकार की ओर से केवल ₹60 आजीविका

निधि मिलती थी। इससे अनुमान हो जाता है कि उन्होंने अपना जीवन कैसे व्यतीत किया होगा? बिना शर्त रिहाई के बाद रत्नागिरी के नागरिकों ने सावरकर को एक थैली भेंट की थी। ऐसे ही एक समारोह में अपने भविष्य के संबंध में सावरकर ने कहा था - 'प्रतिकार सहयोग और दबाव जैसे मार्गों से ही हमें स्वतंत्रता के लक्ष्यों को हासिल करना है। 'एक व्यक्ति एक मत' के सिद्धांत पर आधारित लोकतंत्र ही स्वराज्य की मूलभूत रूपरेखा है। वही मूलभूत ढांचा है। हाँ, इन लक्ष्यों को हासिल करने के दौरान हिंदुओं के न्यायिक अधिकारों पर कोई कुठाराघात ना होने पाए, इसके लिए मैं जरूर प्रयत्नों की पराकाष्ठा कर दूँगा। जो भी होगा- चलेगा, मगर मैं हिंदुओं का पक्ष कभी नहीं छोड़ूंगा। हिंदू विरोधी के रूप में वैभव की सीढ़ियां चढ़ने से भी मैं मना कर दूँगा। उसकी तुलना में हिंदू के रूप में मरना पसंद करूँगा।'

उनके इस भाषण से स्पष्ट होता है कि सावरकर जी को हिंदू हितों पर कुठाराघात किसी भी मूल्य पर सहन नहीं था। ऐसे में यदि कांग्रेस अपहरणकर्ताओं की उपरोक्त घटना का समर्थन करते हुए हिंदू युवतियों को उनकी हवस का शिकार बनने देने के समर्थन में वक्तव्य दे रही थी तो इसे सावरकर जी भला कैसे सहन कर सकते थे? उन्हें कांग्रेस की ओर से मिलने वाले किसी सम्मान या वैभव की आवश्यकता नहीं थी। इसके विपरीत वह चाहते थे कि कांग्रेस जिस प्रकार मुस्लिमों के हितों का समर्थन करती है, उसी प्रकार हिंदुओं के हितों का समर्थन भी करे। जहाँ तक नारी के सम्मान की बात है तो उसे हिंदू मुस्लिम के रूप में देखने की आवश्यकता नहीं है, वह मातृशक्ति है और मातृशक्ति का सम्मान करना भारत की प्राचीन परंपरा है। यदि कांग्रेस भारत की इस प्राचीन वैदिक हिंदू परंपरा के विरुद्ध आचरण कर रही थी तो यह उसका 'राष्ट्रीय हिजड़े' का स्वरूप ही था।

'लोकशाही स्वराज्य पार्टी' और सावरकर

उपरोक्त पुस्तक से ही हमें पता चलता है कि सावरकर जी ने 1 अगस्त 1937 को लोकमान्य तिलक की पुण्यतिथि के अवसर पर तिलक की 'लोकशाही स्वराज्य पार्टी' में सम्मिलित होने का निर्णय लिया था। लोकमान्य बाल गंगाधर तिलक एक क्रांतिकारी नेता थे। उनकी लोकशाही स्वराज्य पार्टी निश्चित रूप से उनके सपनों को साकार करने के लिए काम कर रही थी। उधर सावरकर जी स्वयं में क्रांति का एक स्रोत थे। स्पष्ट है कि उन्हें अपने अनुकूल पार्टी में जाना ही उचित लगा। यद्यपि इसके कुछ समय पश्चात ही वह हिंदू महासभा में चले गए थे। 'मैं कांग्रेस पार्टी में क्यों नहीं जाऊंगा?' इसका कारण बताते हुए 1937 में सावरकर जी ने कहा था 'हिंदुत्व के मुद्दे पर कांग्रेस के साथ मेरे मतभेद हैं। मुझे कांग्रेस द्वारा मुसलमानों का अनुनय विनय करना कतई स्वीकार नहीं है। यदि उनके साथ भी सभी लोगों के जैसा ही व्यवहार किया जाता तो मैं कांग्रेस में शामिल हो गया होता। मगर अपने आप से धोखाधड़ी कर कांग्रेस में शामिल होना

मुझे उचित नहीं लगता।'

सावरकर जी अंतरात्मा की आवाज पर काम करते थे। इसका अर्थ है कि वे मौलिक रूप में स्वाधीनता के उपासक थे। उन्हें किसी महात्मा या अन्य किसी ऐसे ही बड़े नेता की बात में अपनी अंतरात्मा के विरुद्ध जाकर हां में हां मिलाना पड़े, यह उन्हें स्वीकार नहीं था। इसे वह जमीर का सौदा करना मानते थे। एक स्वाभिमानी सावरकर के लिए जमीर बेचना किसी भी स्थिति में उचित नहीं था। यही कारण था कि सावरकर जी ने हिंदू युवतियों के साथ किए गए व्यवहार को हिंदू अस्मिता से जोड़कर देखा और हिंदू स्वाभिमान के लिए वह उठ खड़े हुए।

उस समय उन्हें अपने व्यक्तिगत सम्मान की कोई इच्छा नहीं थी। उनकी इच्छा थी तो केवल यह थी कि देश में हिंदू स्वाभिमान और नारी अस्मिता पर कोई आँच न आने पाए।

खबर झूठी थी?

वैभव पुरंदरे लिखित उपरोक्त पुस्तक 'सावरकर: द ट्रू स्टोरी ऑफ फादर ऑफ हिंदुत्व' में कहा गया है कि पुणे में सावरकर के स्वागत कार्यक्रम के प्रभारी कांग्रेसी नेता एनवी गाडगिल ने उस समय कांग्रेस के लिए सावरकर जी की कड़ी प्रतिक्रिया के दृष्टिगत स्वागत प्रभारी का पद छोड़ दिया था और कहा था कि सावरकर ने जिस खबर पर कड़ी प्रतिक्रिया दी, वह झूठी थी। पुरंदरे ने अपनी पुस्तक में लिखा कि गाडगिल ने कहा था कि डॉ. खान साहिब के नाम से मशहूर अब्दुल जफ्फार खान ने ऐसा कोई बयान नहीं दिया था कि लड़कियां अपहरणकर्ताओं को सौंप दी जानी चाहिए। अब्दुल गफ्फार खान सीमाँत गांधी के नाम से मशहूर गफ्फार खान के भाई थे। अपने स्पष्टीकरण में गाडगिल ने इतना अवश्य स्वीकार किया था कि ये उनके नाम से छपा ज़रूर था। गाडगिल के इस बयान के बाद रिपोर्टिंग को लेकर सवाल खड़े हुए।

अब बारी कांग्रेस की थी। कांग्रेस के लिए यह बात बहुत ही पीड़ादायक थी कि उन्हें कोई 'हिंदू नेता' राष्ट्रीय हिजड़े के सम्मान से नवाजे। अभी कुछ दिन पहले कांग्रेस के तत्कालीन प्रधानमंत्री डॉ. मनमोहन सिंह को पड़ोसी देश पाकिस्तान के एक नेता ने 'देहाती महिला' कहा था। कांग्रेस ने जैसे इस बात को सहज रूप में पचा लिया था, वैसे ही वह देश विभाजन के समय या उससे पहले मुस्लिम लीग की ओर से आने वाली ऐसी प्रत्येक टिप्पणी को सहज रूप में पचा लेती थी पर यदि ऐसी ही कोई टिप्पणी किसी हिंदूवादी नेता की ओर से आ जाए तो कांग्रेस के महात्मा भी फट पड़ते थे। इसका कारण केवल यही था कि कांग्रेस के नेता ऊपरी लबादा अवश्य महात्मा का या ऐसी ही किसी बनावटी नैतिकता का पहनते थे, पर भीतर से वे प्रतिशोध की अग्नि से जलते रहते थे। आश्चर्यजनक बात यह थी कि उनकी यह अग्नि मुस्लिमपरस्त नेताओं के सामने ठंडी पड़ जाती थी। आज के कांग्रेसी नेताओं के भीतर भी हम इस कुसंस्कार को यथावत देखते हैं।

उपरोक्त पुस्तक से ही यह स्पष्ट होता है कि गाडगिल के इस कदम के बाद सावरकर का जो भी कार्यक्रम होता, वहाँ कांग्रेसी काले झंडे लेकर विरोध प्रदर्शन करते। कांग्रेस ने सावरकर की पूर्ण उपेक्षा करनी आरंभ की। उसी का परिणाम निकला कि सावरकर और कांग्रेस के बीच फिर कभी नहीं बनी। सावरकर बाबासाहेब आंबेडकर को छोड़ नेहरू, गांधी और सभी प्रमुख कांग्रेसी नेताओं की समय-समय पर आलोचना करते रहे। उधर, कांग्रेस भी पूरी ताकत से सावरकर के विरोध में खड़ी हुई और सावरकर को धीरे-धीरे भारतीय राजनीति से दरकिनार करती चली गई।

सावरकर जी का हिंदुत्व के प्रति समर्पण और हिंदू अस्मिता के प्रति उनकी वचनबद्धता कांग्रेस को कभी स्वीकार नहीं थी। बस, यही वह कारण है जिसके चलते कांग्रेस उन्हें देश विभाजन का दोषी मानती है और ऐसा कह कर वह अपने पापों को छुपा लेती है।

❑

अध्याय 14: मालवीय, अंबेडकर और गांधी जी

इस्लाम के खूनी इतिहास को समझ कर भी उसके प्रति लापरवाह रहे गांधीजी लोगों के द्वारा बार-बार यह समझाने पर कि मुस्लिम किस प्रकार उनका अपमान कर रहे हैं? हत्या कर रहे हैं और महिलाओं के साथ अत्याचार कर रहे हैं, अपनी मान्यताओं से तनिक भी हटने को तैयार नहीं थे। उनके बारे में यह एक वास्तविकता है कि वे बहुत ही जिद्दी स्वभाव के थे। अपनी हर उल्टी-सीधी बात को मनवाना उनके स्वभाव में सम्मिलित था। यदि कोई नहीं मानता था तो वह उसे बाध्य करने के लिए गांधीजी प्रतिक्रिया स्वरूप अनशन करते थे, न मानने वाले उस व्यक्ति से बोलना छोड़ते थे या प्रतिशोध लेने के दृष्टिकोण से उसे कांग्रेस से बाहर निकलने का रास्ता दिखाते थे। विभाजन से 10 दिन पहले की बात है। जब 5 अगस्त को

रावलपिंडी में शरणार्थी शिविर में गांधी जी पहुँचे। गांधी जी को अपने बीच आया देखकर भीड़ में से 2 सिक्ख खड़े हुए। उनका कहना था, "यह शिविर तत्काल पूर्वी पंजाब में स्थानांतरित किया जाए, क्योंकि 15 अगस्त के बाद यहाँ पाकिस्तान का शासन हो जाएगा। पाकिस्तान का शासन, यानि मुस्लिम लीग का शासन। जब ब्रिटिशों के शासन में ही मुसलमानों ने हिंदुओं और सिखों के इतने सारे कत्ल-बलात्कार किए हैं तो जब उनका शासन आ जाएगा, तब हमारा क्या होगा, इसकी कल्पना भी नहीं की जा सकती। "

गांधी ना तो राजनीतिज्ञ थे और ना ही महात्मा थे

मुसलमानों की हिंसा से त्रस्त उन लोगों के दुख दर्द पर कोई सहानुभूति व्यक्त न करते हुए उल्टे इस्लाम की पैरोकारी करते हुए गांधी जी ने तब मुस्कुराते हुए कहा था कि 'आप लोगों को 15 अगस्त के बाद के दंगों का भय सता रहा है, लेकिन मुझे ऐसा नहीं लगता। मुसलमानों को पाकिस्तान चाहिए था, वह उन्हें मिल चुका है। इसलिए अब वे दंगा करेंगे, ऐसा मुझे तो कतई नहीं लगता। इसके अलावा स्वयं जिन्ना साहब और मुस्लिम लीग के कई नेताओं ने मुझे शांति

और सौहार्द का भरोसा दिलाया है। उन्होंने मुझे आश्वस्त किया है कि पाकिस्तान में हिंदू और सिख सुरक्षित रहेंगे। इसलिए हमें उनके आश्वासन का आदर करना चाहिए। यह शरणार्थी शिविर पूर्वी पंजाब में ले जाने का कोई कारण मुझे समझ नहीं आता। आप लोग यहाँ पर सुरक्षित रहेंगे। अपने मन में से दंगों का भय निकाल दें। यदि मैंने पहले से ही नोआखाली जाने की स्वीकृति नहीं दी होती, तो 15 अगस्त को मैं आपके साथ यहीं पर रहता। इसलिए आप लोग चिंता न करें।"
(Mahatma Volume 8, Life of Mohandas K. Gandhi-D.G. Tendulkar)

गांधी जी के इस वक्तव्य से पता चलता है कि वह मुसलमानों की हर बात पर विश्वास करते थे। जो लोग देश को तोड़ने की सौगंध उठा चुके थे, उनकी बातों पर इतना अधिक विश्वास करना किसी भी राजनीतिक व्यक्ति के लिए बहुत ही खतरनाक होता है। गांधीजी की इस प्रकार की असावधान कार्यशैली को देखकर लगता है कि वह ना तो राजनीतिज्ञ थे और ना ही महात्मा थे। वह राजनीति में राजनीतिज्ञ और महात्मा की एक ऐसी बेमेल सी खिचड़ी थे जिसे न तो कोई समझ पाया और ना ही कोई खा पाया और यदि किसी ने खा लिया तो उसको डायरिया अवश्य हुआ। डायरिया हुए व्यक्ति को यह खिचड़ी आगे रास आए, इसके लिए उसका उपचार ऐसा किया गया कि वह स्वयं की दोगला हो गया।

दीवार पर लिखे सच को भी नहीं पढ़ते थे गांधी जी

मौलाना मौदूदी ने कहा है कि मुस्लिम भी भारत की स्वतंत्रता के उतने ही इच्छुक थे जितने दूसरे लोग, किंतु वह इसको एक साधन, एक पड़ाव मानते थे, मंजिल नहीं। यह बहुत ही दुर्भाग्यपूर्ण तथ्य है कि गांधी जी दीवार पर लिखे सच को भी पढ़ने से इंकार कर देते थे। यही कारण था कि उन्होंने मौलाना मौदूदी के इस चिंतन को किसी भी मुसलमान पर लागू करके नहीं देखा। जबकि सच यही था कि मुसलमानों का प्रत्येक नेता इसी बिंदु पर काम कर रहा था। प्रत्येक मुस्लिम नेता को यह पूर्ण विश्वास था कि वह संपूर्ण भारतवर्ष को एक इस्लामिक राष्ट्र बना सकता है।

गांधीजी उस भीड़ के सामने पूर्णतया अव्यावहारिक बात कर रहे थे। वे मुस्लिम तुष्टीकरण करते हुए सच से आंखें फेर रहे थे और दीवार पर लिखी इबारत भी उन्हें दिखाई नहीं दे रही थी। यही कारण था कि जब वह इस प्रकार का भाषण वहाँ पर दे रहे थे तो लोग मुँह बिगाड़कर उनकी बातों को सुन रहे थे। लोगों को उस समय राजनीतिज्ञों की ऐसी बातों पर हैरानगी होती थी। इसके साथ - साथ गांधीजी जैसे नेताओं पर लोगों को क्रोध भी आता था। लोगों के भीतर गुस्सा था, आक्रोश था और साथ ही गांधीजी के प्रति घृणा के भाव भी उनके चेहरे पर पढ़े जा सकते थे। कांग्रेस के दृष्टिकोण से जिस व्यक्ति पर सबसे अधिक विश्वास किया जा सकता था, वह भी लोगों के भरोसे को तोड़ रहा था। लोग गांधी जी के सामने अपने दुख-दर्द को इसलिए सुनाने लगे थे

कि वे उनका कोई उपचार बताएंगे, पर जब उन्हें उपचार के स्थान पर उपहास दिखाई दिया तो वे पूर्णतया हताशा की स्थिति में आ चुके थे। अच्छी बात होती कि गांधी जी उस समय उन लोगों के दु:ख दर्द को सुनते और उसका कोई उपचार करते। इसके साथ ही वह मुस्लिम नेतृत्व से भी इस प्रकार के अन्याय और अत्याचार को रोकने की अपील करते। गांधी जी की दोगली और मुस्लिमपरस्ती की बातों को सुनकर लोगों को हताशा तो हुई ही साथ ही वह मुस्लिमों के अत्याचारों के प्रति और भी अधिक भयभीत हो उठे।

सच को सावरकर समझ रहे थे

'इन द पाथ ऑफ गॉड' में प्रोफेसर डेनियल पाइप्स लिखते हैं कि यदि मुसलमानों का शासन न होगा तो काफिरों का होगा? काफिरों के लिए शरीयत पवित्र कानून नहीं है। इस स्थिति से निपटने के लिए और राजनीतिक सुविधा के लिए गैर मुस्लिम सरकारें कुछ इस्लामी मान्यताओं को लागू करती हैं। विशेष रूप से व्यक्ति संबंधी। किंतु वह कभी भी शरिया कानून के सामाजिक प्रावधानों को लागू नहीं कर सकतीं। इस स्थिति में इस्लाम अपने अनुयायियों से गैर मुस्लिमों को सत्ता से हटाने की अपेक्षा करता है, यदि आवश्यक हो तो बल द्वारा।'

इस सच्चाई को सावरकर जी तो समझ रहे थे पर यह बात गांधीजी की समझ में नहीं आ रही थी। यही कारण था कि सावरकर जी हिंदुओं को मुस्लिमों की हिंसा से बचाने की युक्तियां खोज रहे थे और उन्हें किसी भी आकस्मिकता के लिए तैयार रहने की प्रेरणा भी दे रहे थे। जबकि गांधीजी हिंदुओं को मेमने बनाते जा रहे थे। वह भेड़ियों के सामने हिंदू रूपी मेमना को अपने हाथों से फेंक रहे थे। हिंदू को मुस्लिम भेड़ियों के सामने अपने हाथों से फेंकते गांधी को देखकर लोगों का आक्रोश फूट पड़ता था। उस समय हिंदू समाज के लोग सचमुच असहाय प्राणी के रूप में अपना जीवन भिन्न प्रकार की बंदिशों के बीच काटने के लिए बाध्य कर दिए गए थे।

मुनीर कमीशन की रिपोर्ट और मुस्लिम सांप्रदायिकता

यदि मुसलमान इस्लामिक राष्ट्र बनाने के नाम पर भारतवर्ष की सत्ता को आजादी के बाद प्राप्त करने में सफल हो जाते तो क्या होता? इस बात को समझने के लिए पाकिस्तान बनने के बाद आई मुनीर कमीशन की रिपोर्ट के इस निष्कर्ष को हमें समझना चाहिए कि मुस्लिम राज्य में गैर मुस्लिम प्रजा जिम्मी बनकर रह सकती है। जिसका अभिप्राय है कि उन्हें मुस्लिम नागरिकों के बराबर अधिकार प्राप्त नहीं होंगे। राज्य की नीति निर्धारण में और जिम्मेदारी के पदों पर नियुक्ति में उनका कोई स्थान नहीं हो सकता। इस्लाम के राजनीतिक सिद्धांतों की समीक्षा की जाए तो यह सिद्धांत उसका मौलिक सिद्धांत है। इतिहास इस बात का साक्षी है कि भारतवर्ष में जब-जब भी इस्लामिक सत्ता स्थापित हुई तो उसने मुस्लिम मजहब से विपरीत संप्रदायों के

लोगों के सारे मौलिक अधिकारों को छीन लिया। इतना ही नहीं, आज भी संपूर्ण भूमंडल पर जितने भर भी मुस्लिम राष्ट्र हैं, उन सब में विप गैर मुस्लिमों के प्रति ऐसा ही दृष्टिकोण अपनाया जाता है। उन लोगों को कोई संवैधानिक मौलिक अधिकार इन देशों में प्रदान नहीं किए जाते। मौदूदी ने स्पष्ट कहा है कि 'इस इस्लामी दृष्टिकोण का सबूत यह है कि पैगंबर अथवा खलीफाओं के काल में ऐसा एक भी उदाहरण नहीं है जिसमें किसी गैर मुस्लिम को संसद का सदस्य, किसी सूबे का गवर्नर, न्यायाधीश, किसी सरकारी विभाग का निर्देशक अथवा खलीफा के चुनाव में वोट देने का भी अधिकार दिया गया हो। सेनापति अथवा मंत्री बनाया गया हो।'

गांधीजी ने इस्लाम के नेताओं के इस प्रकार के बयानों या सोच पर कभी चिंतन करने का प्रयास नहीं किया। वह देश विभाजन न होने की बात कर रहे थे पर जब देश विभाजन हो गया और 15 जून को कांग्रेस ने उसे अपनी स्वीकृति भी प्रदान कर दी तो उस समय भी गांधीजी भारतीय उपमहाद्वीप में हिंदू मुस्लिम की कोई समस्या नहीं मान रहे थे। पूर्णतया सांप्रदायिकता के आधार पर बाँटे गए देश में भी उन्हें मुस्लिम सांप्रदायिकता नहीं दीख रही थी।

डॉक्टर अंबेडकर का व्यावहारिक दृष्टिकोण

डॉक्टर भीमराव अंबेडकर जी उस समय जो काम कर रहे थे उससे गांधीजी और नेहरू जी को कुछ शिक्षा लेने की आवश्यकता थी। बाबासाहेब विभाजन के पक्षधर थे पर उनकी एक शर्त थी कि यदि विभाजन सांप्रदायिकता के आधार पर हो रहा है तो जनसंख्या की पूर्ण अगला बदली की जाए। वह एक ऐसा 'मुकम्मल ऑपरेशन' चाहते थे, जिसमें आगे के लिए 'कैंसर' का कोई रोगाणु शेष न रहने पाए। जबकि गांधी जी बीज रूप में नहीं बल्कि पर्याप्त मात्रा में कैंसर के रोगाणुओं को रोकना चाहते थे।

'वो पंद्रह दिन' के लेखक के माध्यम से हमें पता चलता है कि कांग्रेस के अन्य कई नेताओं, विशेषकर गांधीजी और नेहरू के कारण बाबासाहब का यह प्रस्ताव स्वीकार नहीं हुआ, इसका उन्हें बहुत दुःख हुआ था। उन्हें बार-बार लगता था कि यदि योजनाबद्ध तरीके से हिंदू-मुस्लिमों की जनसंख्या की अदला-बदली हुई होती, तो लाखों निर्दोषों के प्राण बचाए जा सकते थे। गांधीजी के इस वक्तव्य पर कि 'भारत में हिंदू-मुस्लिम भाई-भाई की तरह रहेंगे,'उन्हें बहुत क्रोध आता था।'

डॉक्टर भीमराव अंबेडकर जी के इस प्रकार बार-बार क्रोधित होने का कारण केवल एक ही था कि वह इस्लाम के सच को जानते थे। वे भली प्रकार जानते थे कि मुसलमान किस प्रकार हिंदुस्तान को अपने कब्जे में लेकर यहाँ के समस्त हिंदू समुदाय को समाप्त करने की योजना पर काम कर रहा है? अब जबकि आजादी की घड़ी निकट आती जा रही है तो मुसलमान अलग देश लेने के लिए इसलिए आतुर है कि वह इस देश में अपने मंसूबे पुरे होते नहीं देख पा रहा है।

उपरोक्त पुस्तक से एक और तथ्य स्पष्ट होता है: - "7 अगस्त का वाकया है। इन दिनों कांग्रेस के अध्यक्ष कृपलानी थे।कराची की एक बड़ी सी हवेली में आचार्य कृपलानी की पत्नी श्रीमती सुचेता कृपलानी उन दिनों बड़ी सक्रियता से कार्य कर रही थीं। अपनी इसी प्रकार की सक्रियता को दिखाते हुए वे लगभग सौ-सवा सौ सिंधी महिलाओं की एक बैठक ले रही थीं। ये सभी सिंधी स्त्रियाँ इतने असुरक्षित वातावरण के बारे में अपनी व्यथा कथा श्रीमती सुचेता कृपलानी को बता रही थीं। उनसे स्पष्ट कर रही थीं कि वह किस प्रकार यहाँ तक पहुँचने में सफल हुई हैं? उधर श्रीमती सुचेता कृपलानी सिंधी महिलाओं की बातों को सुनने को भी तैयार नहीं थीं।

सुचेता कृपलानी की पीड़ित महिलाओं को सलाह

वे उनकी बातों को बीच में ही काटते हुए उन पर लगभग गरजते हुए बोलीं कि "मैं पंजाब और नोआखाली में सरेआम घूमती हूँ। मेरी तरफ तो कोई भी मुस्लिम गुंडा तिरछी निगाह से देखने की भी हिम्मत नहीं करता। क्योंकि मैं न तो भड़कीला मेकअप करती हूँ और ना ही लिपस्टिक लगाती हूँ। आप महिलाएँ लो - नेक का ब्लाउज पहनती हैं, पारदर्शी साड़ियाँ पहनती हैं। इसीलिए मुस्लिम गुंडों का ध्यान आपकी तरफ जाता है। और मान लीजिए, किसी गुंडे ने आप पर आक्रमण कर भी दिया, तो आपको राजपूत बहनों का आदर्श अपने सामने रखना चाहिए, 'जौहर' करना चाहिए!'

यही वह गांधीवाद था जो उस समय के कांग्रेसी नेताओं पर पूरी रंगत के साथ चढ़ चुका था। यदि कांग्रेस के चरित्र और संस्कृति का गहराई से अवलोकन किया जाए तो आज भी उसका दृष्टिकोण इसी प्रकार का है। हिंदू के साथ उसकी सोच दूसरी होती है और मुस्लिम के साथ दूसरी हो जाती है।

मालवीय जी के विषय में एक नया तथ्य

'बनारस हिन्दू विश्वविद्यालय' के संस्थापक पंडित मदनमोहन मालवीय जी के विषय में एक नया तथ्य प्रकाश में आया है कि उन्होंने 14 फ़रवरी 1931 को लॉर्ड इरविन के सामने भगत सिंह, राजगुरु और सुखदेव की फांसी रोकने के लिए दया याचिका दायर की थी। पंडित मदन मोहन मालवीय जी देशभक्त थे और किसी भी प्रकार की ब्रिटिश चाटुकारिता या जिन्नाहपरस्ती उन्हें पसंद नहीं थी। वे राजभक्त ना होकर राष्ट्रभक्त थे। इसी भाव से प्रेरित होकर उन्होंने भगत सिंह और उनके साथियों की फांसी को रुकवाने के लिए दया याचिका दायर की थी। पंडित मदन मोहन मालवीय जी की दया याचिका को उलझाने के दृष्टिकोण से प्रेरित होकर तत्कालीन वायसराय लॉर्ड इरविन ने उनसे कहा था कि आप कांग्रेस के पूर्व में अध्यक्ष रहे हैं, इसलिए आपको इस दया याचिका के साथ नेहरू, गाँधी सहित कांग्रेस के कम से कम 20 अन्य सदस्यों

के पत्र भी लाने होंगे।

बात स्पष्ट है कि गांधी और नेहरू पंडित मदन मोहन मालवीय

जी की उपरोक्त दया याचिका पर हस्ताक्षर करने वाले नहीं थे और उनसे अलग कुछ और कांग्रेसी इसलिए हस्ताक्षर नहीं करते कि जब उनके बड़े नेता ही इस पर हस्ताक्षर नहीं कर रहे हैं तो उनके लिए ऐसा करना असंभव है। लॉर्ड इरविन ने मामले को उलझाया और पंडित मदन मोहन मालवीय जी को निराश कर अपने सामने से लौटा दिया। इसके उपरांत भी पंडित मदन मोहन मालवीय जी ने हार नहीं मानी और उन्होंने गांधी और नेहरू से इस विषय में वार्तालाप किया। कांग्रेस के ये दोनों नेता पंडित मदन मोहन मालवीय जी के उपरोक्त प्रस्ताव पर पूर्णतया मौन हो गए थे। उनके इस प्रकार चुप्पी साध लेने के परिणाम स्वरूप कांग्रेस के अन्य किसी भी नेता ने पंडित मदन मोहन मालवीय जी का साथ नहीं दिया।

भारत से स्वदेश लौटने के उपरांत लॉर्ड इरविन ने स्वयं यह स्वीकार किया था कि "यदि नेहरू और गाँधी एक बार भी भगत सिंह की फांसी रुकवाने की अपील करते तो हम निश्चित ही उनकी फांसी रद्द कर देते, लेकिन पता नहीं क्यों मुझे ऐसा महसूस हुआ कि गाँधी और नेहरू को इस बात की हमसे भी ज्यादा जल्दी थी कि भगत सिंह को फांसी दी जाए।"

प्रोफेसर कपिल कुमार जैसे विद्वान की पुस्तक के अनुसार ''गाँधी और लॉर्ड इरविन के बीच जब समझौता हुआ तो उस समय इरविन इतना आश्चर्य में था कि गाँधी और नेहरू में से किसी ने भगत सिंह, राजगुरु और सुखदेव को छोड़ने के बारे में चर्चा तक नहीं की।"

लॉर्ड इरविन ने अपने मित्रों से कहा कि 'हम यह मानकर चल रहे थे कि गाँधी और नेहरू भगत सिंह की रिहाई के लिए अड़ जायेंगे और हम उनकी यह बात मान लेंगे।'

गांधी जी की सहमति से हुई थी फांसी

गांधी जी और नेहरू दोनों ही ऐसे नेता थे जिन्हें अपने से आगे निकलता हुआ कोई भी नेता अच्छा नहीं लगता था। उन्होंने किसी भी लोकप्रिय नेता को पसंद नहीं किया। लोकप्रिय नेताओं को रद्दी की टोकरी में फेंकने या उनकी राजनीतिक हत्या करने में कांग्रेस ने अपने इन्हीं दोनों नेताओं से बहुत कुछ सीखा है। उन दिनों भगत सिंह जनता में बहुत अधिक लोकप्रिय हो चुके थे। इसी प्रकार नेताजी सुभाष चंद्र बोस की नेहरू और गांधी से लोकप्रियता में बहुत आगे निकल चुके थे। यही कारण था कि सत्ता के लोभी नेहरू और उनके गुरु गांधी जी को भगत सिंह और नेताजी सुभाष चंद्र बोस जैसे क्रांतिकारी नेताओं की बढ़ी हुई लोकप्रियता रास नहीं आ रही थी। लॉर्ड इरविन ने यह भी कहा है कि अपनी इसी प्रकार की मानसिकता और पूर्वाग्रह के चलते गांधी और नेहरू चाहते थे कि यथाशीघ्र भगत सिंह और उनके साथियों को फाँसी पर

चढ़ा दिया जाए।

प्रोफेसर कपिल कुमार जी के अनुसार लाहौर जेल के जेलर ने स्वयं गाँधी को पत्र लिखकर पूछा था कि 'इन लड़कों को फांसी देने से देश का माहौल तो नहीं बिगड़ेगा? 'तब गाँधी ने उस पत्र का लिखित जवाब दिया था कि 'आप अपना काम करें कुछ नहीं होगा।'

सावरकर जी के रक्त में इस प्रकार की गद्दारी नहीं थी। वह राष्ट्र भक्तों को ही राष्ट्र भक्त मानते थे। राजभक्तों को दोगला और गद्दार तक कहने में वे संकोच नहीं करते थे। दोगले और गद्दारों के गिरोह ने उनको उनके जीते जी भी घेरा और उसके पश्चात भी घेरते रहे हैं। इसके बीच देशभक्त लोगों को सावरकर जी के वास्तविक चिंतन को समझना चाहिए और यह समझना चाहिए कि यदि वह गांधी जी की भूमिका में होते तो निश्चित रूप से भगत सिंह की फांसी रुकवाने में सफल हो जाते। पंडित मदन मोहन मालवीय को भी यदि लॉर्ड इरविन बातों में नहीं घुमाता तो भी भगत सिंह और उनके साथियों की फांसी रोकी जा सकती थी।

देश के विभाजन के संदर्भ में हमें यह बात समझनी चाहिए कि उस समय राजभक्तों और राष्ट्रभक्तों के बीच सारे राजनीतिक दल या राजनीतिक विचारधाराएँ विभाजित हो गई थीं। राजभक्तों को सत्ता प्राप्ति की जल्दबाजी थी और राष्ट्रभक्तों को राष्ट्र की चिंता हो रही थी। इसी द्वंद्व के बीच देश का विभाजन हुआ। जिस पर राष्ट्रभक्तों को कष्ट हुआ तो राजभक्तों को उनकी राज भक्ति का पुरस्कार मिल गया।

❐

अध्याय 15: निजाम हैदराबाद का देश विरोधी आचरण

'सावरकर समग्र' के खंड 6 के पृष्ठ संख्या 342 पर सावरकर जी तैमूर लंग के विषय में बताते हैं कि तैमूर लंग तुर्क था। प्रारंभ में उसने इस्लाम धर्म स्वीकार नहीं किया था। उसने बगदाद को जीतने के पश्चात वहाँ के समस्त मुस्लिम ग्रंथों और अनेक स्थानों की मस्जिदों को जला डाला था। ईसवी सन 1369 में वह समरकंद का सुल्तान बना।.....

तत्पश्चात उसकी दृष्टि हिंदुस्तान पर पड़ी। बाद में उसका उद्देश्य राज्य सत्ता और साम्राज्य का लोभ ही नहीं था अपितु उसके मन में हिंदुस्तान के विषय में दूसरे प्रकार का एक बड़ा द्वेष उत्पन्न हो गया था। कारण इस बीच वह इस्लाम स्वीकार कर कट्टर मुसलमान बन गया था। उसके मूलतः अत्यंत विध्वंसक स्वभाव के कारण इस नए धर्म का भूत पूर्णत: संचरित हुआ। उसने अपने आत्मचरित्र में लिखा है 'भारत पर आक्रमण करने का मेरा उद्देश्य वहाँ के हिंदू काफिरों का वध कर उनकी मूर्तियों का विध्वंस कर उन्हें इस्लामी धर्म की दीक्षा देकर अल्लाह के दरबार में गाजी पद प्राप्त करना है।'

नेहरू जी का लेखन बनाम सावरकर जी का लेखन

'डिस्कवरी ऑफ इंडिया' के लेखक पंडित जवाहरलाल नेहरू ने कहीं भी मुसलमानों की इस वास्तविकता का सही चित्रण नहीं किया है। वह बर्बर आक्रमणकारियों को भी सराहते हुए दिखाई देते हैं। यदि सावरकर जी और नेहरू जी दोनों के इतिहास लेखन पर दृष्टिपात किया जाए तो इन दोनों के लेखन में जमीन आसमान का अंतर है। एक पर राष्ट्रभक्ति का प्रभाव है तो दूसरे पर राजभक्ति का प्रभाव है। सावरकर जी का लेखन राष्ट्र को प्राथमिकता देते हुए लिखा गया है। इस प्रकार उनके लेखन में राष्ट्रभक्ति झलकती है। जबकि नेहरू जी के द्वारा राजभक्ति को दृष्टिगत रखकर लिखा गया है। यही कारण है कि उनके लेखन में भारत की उपेक्षा और अपने राजनीतिक आकाओं की चाटुकारिता अधिक दिखाई देती है। नेहरू जी अपने काल में ब्रिटिश लोगों की

कृपा के चलते भारत को एक राष्ट्र बनता हुआ देख रहे थे। जबकि सावरकर जी अंग्रेजों के काल में बने बनाए वैदिक हिंदू राष्ट्र को उजड़ता हुआ देख रहे थे। भारत को इस प्रकार उजाड़ने में वह न केवल अंग्रेजों को एक महत्वपूर्ण कारक मानते थे अपितु मुसलमानों को भी इसका बराबर का भागीदार मानते थे। नेहरू जी जहाँ मुसलमानों को उनके द्वारा किए गए सब प्रकार के अत्याचारों के उपरांत भी इस देश का मूलनिवासी मानने की दोगली चाल चल रहे थे, वहीं सावरकर जी इस बात को मानने को तैयार नहीं थे। वह हर उस व्यक्ति को इस देश का मूलनिवासी या एक अच्छा नागरिक मानने को वरीयता देते थे, जो भारत भूमि को अपनी पवित्र भूमि,पुण्य भूमि और पितृभूमि स्वीकार करता हो।

हिंदू की संख्या के बारे में सावरकर जी का मूल्यांकन

सावरकर जी ने तैमूर लंग के जिस कथन को यहाँ प्रस्तुत किया है, उससे हर उस लेखक या इतिहासकार की पोल खुल जाती है जो मुसलमानों के भारत पर किए गए आक्रमणों को राजनीतिक दृष्टिकोण से ही प्रेरित मानते आए हैं। ऐसी ही बीमारी गांधीजी और नेहरू जी को भी लगी हुई थी। वह भी इन तथाकथित विदेशी आक्रमणकारियों को कभी भी भारत द्वेषी स्वीकार नहीं करते थे। यदि सावरकर जी के दृष्टिकोण से भारत में मुस्लिमों के आक्रमण और उनके प्रवेश के परिणामों पर विचार किया जाए तो हमें यह समझने में देर नहीं लगेगी कि आज के संपूर्ण भारतीय उपमहाद्वीप में जितना भर भी मुसलमान बसा हुआ है उसका पूर्वज हिंदू ही है। कहने का अभिप्राय है कि यदि भारत का हिंदू आर्यों की संतान है तो भारतीय उपमहाद्वीप का मुसलमान भी आर्यों की सन्तान ही है। इस प्रकार यदि बांग्लादेश, पाकिस्तान, अफगानिस्तान, भारत और श्रीलंका सहित उपमहाद्वीप के किसी भी देश में मुसलमानों की संख्या को निकाला जाए और इन सबको आज थोड़ी देर के लिए यदि हिंदू मान लिया जाए तो पता चलेगा कि जितना हिंदू भारत में रहता है उतना ही भारत से बाहर इस भारतीय उपमहाद्वीप में रहता है। भारत की यह कितनी बड़ी हानि है? इसका मूल्यांकन करने के उपरांत ही सावरकर जी धर्मांतरण से मर्मांतरण और मर्मांतरण से राष्ट्रांतरण की बात कहते थे।

नेहरू जी उलझ गए 'भारत संघ' तक

अपनी इसी प्रकार की सोच के चलते पंडित जवाहरलाल नेहरू और उनके राजनीतिक गुरु महात्मा गांधी ने हैदराबाद और जूनागढ़ के नवाबों द्वारा जब भारत के साथ विलय न करके देश के कई टुकड़े करने की राह अपनाई गई तो उसे ये दोनों बड़े नेता इस रूप में ले रहे थे कि स्वतंत्रता की इस बेला में अपने अपने ढंग से निर्णय लेने का सबको अधिकार है। इसका कारण था कि 'डिस्कवरी ऑफ इंडिया' के लेखक नेहरू हमारे देश को एक प्राचीनतम राष्ट्र न मान कर

नवोदित राष्ट्र के रूप में देख रहे थे। जो विभिन्न प्रकार की राष्ट्रीयताओं का एक समुच्चय उन्हें दिखाई देता था। इसका अभिप्राय है कि सावरकर जी यदि भारत में हिंदू-मुस्लिम नाम के दो राष्ट्र देख रहे थे तो नेहरू जी और गांधी जी भारत में अनेक राष्ट्र देख रहे थे। सावरकर जी गांधी एंड नेहरू कंपनी के भारत में अनेक राष्ट्र होने के चिंतन के घोर विरोधी थे। वह चाहते थे कि भारत के मुसलमान भी भारत को अपना राष्ट्र समझें और यहाँ के रीति-रिवाजों को अपनाकर हिंदू के साथ वैसे ही संबंध स्थापित करें जैसे उनके पूर्वज आर्यों की संतान होने के रूप में स्थापित किए रहे थे।

राष्ट्र के बारे में अपना स्पष्ट और ठोस चिंतन न होने के कारण गांधीजी और नेहरू जी दोनों ही भारत संघ की एक गलत अवधारणा के जंजाल में उलझ कर रह गए। जबकि सावरकर जी ऐसे किसी जंजाल को खड़े करने के ही समर्थक नहीं थे। वे भारत को विभिन्न राष्ट्रीयताओं का समूह न मानकर एक राष्ट्र आर्य वैदिक राष्ट्र अर्थात हिंदू राष्ट्र के रूप में देखने के समर्थक थे। अपनी इस बात के समर्थन में वह शिवाजी जैसे अनेक हिंदू सम्राटों के महान कार्य का गौरवशाली ढंग से उल्लेख करते थे। वह हमें बताते थे कि भारत के आर्य हिंदू राष्ट्र के लिए अब से पूर्व कितने महान शासकों, राष्ट्रचिंतकों, महात्माओं और महानायकों ने परिश्रम किया है? जबकि मुगलों के काल से राष्ट्र बनने की स्थिति में भारत को रखने वाले नेहरू जी एक झटके में ही आर्य हिंदू राजाओं की दीर्घकालिक श्रृंखला को उपेक्षित कर देते थे।

अपनी इसी सोच के कारण उन्होंने भारत का नाम भारत संघ रखवाया था। इसके विपरीत सावरकर जी भारत को प्राचीनतम राष्ट्र के रूप में मानते थे और यह भी मानते थे कि इस देश ने दूसरों से कुछ सीखा नहीं है, उन्हें सिखाया है। वे मानते थे कि भारत राष्ट्र का निर्माण यहाँ के विभिन्न ऋषियों, चिंतकों, साधकों, अनेक सम्राटों, समाज सुधारकों के द्वारा किया गया है और जितने भर भी विदेशी आक्रमणकारी यहाँ पर आए, उन सबने भारतीय राष्ट्र की राष्ट्रीयता के साथ खिलवाड़ किया है। नेहरू जी की मान्यता थी कि बाहर से काफिले आते गए और हिंदुस्तान बनता गया। मौलिक चिंतन के इस भेद ने सावरकर जी को जहाँ भारतीय राष्ट्रीयता के साथ संबद्ध किया, वहीं नेहरू और गांधी को उनकी उस दोगली राष्ट्रीयता का संवाहक बनाया जो हमारे देश की मौलिक चेतना के साथ कभी सहकार कर ही नहीं सकती थी।

सावरकर जी और 'कोढ़ की बीमारी'

नेहरू जी और गांधी जी जैसे राष्ट्र निर्माता उस समय अनुनय विनय के साथ जूनागढ़ और हैदराबाद को एक अलग रियासत (राष्ट्र) मानते हुए अपने साथ जोड़ने का प्रयास कर रहे थे। जबकि सावरकर जी जैसे लोग इस बात को लेकर आंदोलित और व्यथित थे कि भारतीय राष्ट्र की भूमि के भीतर ही कुछ लोग अलग-अलग राष्ट्रीयता की बात कर रहे थे। जो लोग उस समय

भारतीय राष्ट्र को तोड़ने की बात कर रहे थे उसे सावरकर जी कोढ की बीमारी मानते थे, जबकि नेहरू और गांधी जी उस कोढ को सामूहिक दुराचरण की परिणति मानते थे। उनकी सोच थी कि इस कोढ़ को पैदा करने में वे हिंदू भी बराबर के जिम्मेदार हैं, जो उस समय देश की एकता और अखंडता को बनाए रखने के लिए कृत संकल्प थे और पिछली कई शताब्दियों से देश विरोधी लोगों का सामना अपने बलिदान दे देकर करते आ रहे थे। उनकी दृष्टि में देशभक्त और देश विरोधी दोनों बराबर थे, जबकि सावरकर जी देशभक्त और देश विरोधी दोनों में अंतर करके देखने के समर्थक थे।

आर्य समाज और हिंदू महासभा की देशभक्ति

मुस्लिम सांप्रदायिकता के साथ पूरी तरह एकाकार हो गए नवाब हैदराबाद और जूनागढ़ के नवाब के प्रति सावरकर जी का कठोर दृष्टिकोण था। वे जानते थे कि उनकी सोच पूर्णतया सांप्रदायिक है और इनके राज्य में हिंदू जनता के साथ जो कुछ भी होता रहा है वह पूर्णतया अन्याय पर आधारित रहा है। निजाम हैदराबाद के विरुद्ध हुए आंदोलन में कांग्रेस दूर से ही हाथ सेंक रही थी। जबकि आर्य समाज और हिंदू महासभा ने मिलकर वहाँ पर हैदराबाद के विरुद्ध आंदोलन कर हिंदुओं के अधिकार दिलवाने का प्रशंसनीय कार्य किया था। आर्य समाज और हिंदू महासभा दोनों ने मिलकर उस समय राष्ट्रीय एकता और अखंडता के लिए काम किया। वे चुन चुनकर उन देश विरोधी लोगों की निशानदेही कर रहे थे जिनके मन मस्तिष्क भारत को उजाड़ने की योजनाओं में लगे हुए थे। सावरकर जी आर्य समाज के राष्ट्रपरक कार्यों से अत्यधिक प्रभावित थे। यही कारण था कि आर्य समाज के स्वामी श्रद्धानंद जैसे महान तेजस्वी नायकों के प्रति वह सदा ही विनम्र रहे। इतना ही नहीं जब गांधी जी ने स्वामी श्रद्धानंद जी के हत्यारे को 'भाई' कहा था तो उस समय सावरकर जी अत्यधिक आग बबूला हो गए थे।

नवाब हैदराबाद और नवाब जूनागढ़

नवाब हैदराबाद के उस आचरण की यदि समीक्षा की जाए तो पता चलता है कि वह देश के भीतर ही एक नया पाकिस्तान बनाने की योजना पर कार्य कर रहा था। वह जिन्नाह के साथ समानांतर रूप से एक नया जिन्नाह खड़ा हो गया था। देश विभाजन के संदर्भ में हमें जिन्नाह के साथ-साथ इन दोनों नवाबों के आचरण की भी समीक्षा करनी चाहिए। जिससे यह पता चलेगा कि देश में उस समय द्विराष्ट्रवाद की बात न होकर कई राष्ट्रों की बात हो रही थी।

हम द्विराष्ट्रवाद की बात करते - करते जूनागढ़ और हैदराबाद द्वारा बनाए जा रहे दो अन्य राष्ट्रों की माँग को भूल जाते हैं। इसके साथ-साथ कश्मीर के शेख अब्दुल्ला ने किस प्रकार अपनी चालाकी से तत्कालीन कांग्रेसी नेतृत्व का मूर्ख बनाकर और राजा हरि सिंह को बदनाम

करवाकर जम्मू कश्मीर जैसी महत्वपूर्ण रियासत को एक 'मुस्लिम राज्य' के रूप में अपने लिए हथिया लिया और भारत के भीतर ही एक शांत 'मुस्लिम राष्ट्र' बनाने में सफल हो गया, हम इसको भी उपेक्षित कर देते हैं।

जम्मू कश्मीर के इसी शांत 'मुस्लिम राष्ट्र' में जहाँ कभी शेख अब्दुल्ला ने 'महाराजा कश्मीर छोड़ो' का राग अलापा था, वहीं अनुकूल समय आने पर 1989 में जाकर 'हिंदुओ ! कश्मीर छोड़ो' का महाराग अलापा गया। इन सब घटनाओं को एक साथ जोड़ कर देखने की आवश्यकता है।

'कैसे बना था पाकिस्तान' के लेखक डॉ. मोहन लाल गुप्ता हमें बताते हैं कि 'निजाम को अपने राज्य के विशाल भू-भाग, विपुल धन-सम्पत्ति ब्रिटिश शासकों से पीढ़ी दर पीढ़ी चले आ रहे सम्बन्धों तथा विशाल सेना पर बड़ा भरोसा था इसलिये वह हैदराबाद राज्य को भारत अथवा पाकिस्तान में मिलाने के स्थान पर स्वतन्त्र देश बनाना चाहता था। निजाम को विश्वास था कि ईस्ट इण्डिया कम्पनी तथा ब्रिटिश क्राउन से समय-समय पर जो संधियां की गई थीं, उनके बल पर वह हैदराबाद को स्वतंत्र बनाये रखने में सफल होगा। जब 15 मार्च 1946 को ब्रिटिश प्रधानमंत्री एटली ने भारतीयों के आत्मनिर्णय के अधिकार को स्वीकार करने की घोषणा की, तभी से निजाम ने अपने राज्य को स्वतंत्र राष्ट्र के रूप में मान्यता दिलवाने के प्रयास आरम्भ कर दिये। निजाम, लॉर्ड माउण्टबेटन को अपना मित्र मानता था तथा उसे विश्वास था कि माउण्टबेटन हैदराबाद को भारत एवं पाकिस्तान से अलग डोमिनियन नेशन के रूप में मान्यता दिलवाने में निजाम की सहायता करेगा। हैदाराबाद को इस तरह का आचरण करते देख सरदार पटेल को कहना पड़ा कि 'हैदराबाद भारत के पेट में नासूर की तरह है।'

निजाम हैदराबाद पिछले लंबे काल से अपने पूर्वजों के और अंग्रेजों के संबंधों की दुहाई देते हुए अंग्रेजों को इस बात के लिए प्रसन्न करना चाहता था कि वह उसे एक अलग देश बनाने की अनुमति प्रदान करें और उसमें उसकी सहायता भी करें। अपने इसी उद्देश्य की प्राप्ति के लिए निजाम हैदराबाद ने तब 9 जून 1947 को वायसराय माउण्टबेटन को एक पत्र लिखा था। उस पत्र को भी डॉ. मोहन लाल गुप्ता ने अपनी उपरोक्त पुस्तक में स्थान दिया है।

निजाम हैदराबाद का वायसराय को पत्र

इस पत्र में वह लिखता है- 'पिछले कुछ दिनों में मैंने स्वाधीनता बिल का सातवाँ क्लॉज जैसा कि अखबारों में आया है, देखा। मुझे अफसोस है कि पिछले महिनों में जैसा अक्सर होता रहा, कि इस मामले में राजनैतिक नेताओं से अच्छी तरह बातचीत की गई और रजवाड़ों के प्रतिनिधियों से बातचीत तो दूर, उन्हें यह दिखाया भी नहीं गया। यह देखकर मुझे दुःख हुआ कि यह बिल न सिर्फ एकतरफा ढंग से ब्रिटिश सरकार के साथ की गई संधियों और समझौतों को रद्द

करता है बल्कि यह आभास भी देता है कि अगर हैदराबाद पाकिस्तान या हिन्दुस्तान का हिस्सा नहीं बन सका तो ब्रिटिश कॉमनवैल्थ में भी नहीं रह सकेगा। जिन संधियों के आधार पर बरसों पहले ब्रिटिश सरकार ने विदेशी हमले और आंतरिक विद्रोह के खिलाफ मेरे खानदान और इस राज्य को बचाने का वादा किया था, उसकी हमेशा दाद दी जाती रही और हिमायत होती रही। इनमें सर स्टैफर्ड क्रिप्स का 1941 का वादा प्रमुख है।

मैंने समझा था कि ब्रिटिश फौज और वादे पर मैं अच्छी तरह भरोसा कर सकता हूँ। मैं अपनी फौज नहीं बढ़ाने पर राजी हो गया, अपने कारखानों में हथियार नहीं तैयार करने के लिये राजी हो गया। और उधर हमारी सहमति तो दूर, हमसे या हमारी सरकार से सलाह किये बगैर बिल पास हो गया। आपको पता है कि जब आप इंग्लैण्ड में थे, मैंने माँग की थी कि जब अंग्रेज़ हिन्दुस्तान छोड़कर जायें तो हमें भी उपनिवेश का दर्जा मिले। मैंने हमेशा महसूस किया है कि एक शताब्दी से ज्यादा की वफादार दोस्ती, जिसमें हमने अंग्रेजों को अपना सारा विश्वास दिया, का इतना तो नतीजा होगा ही कि बिना किसी सवाल के हमें कॉमनवेल्थ में रहने दिया जाये। लेकिन अब लगता है कि वह भी इन्कार किया जा रहा है। मैं अब भी उम्मीद करता हूँ कि किसी तरह का मतभेद मेरे और ब्रिटिश सरकार के सीधे रिश्ते के बीच नहीं आयेगा। हाल में ही मुझे बताया गया कि आपने यह भार अपने ऊपर ले लिया है कि पार्लियामेंट में ऐसी घोषणा होगी ताकि ऐसे सम्बन्ध सम्भव हों।'

निजाम हैदराबाद और अंग्रेजों की थी गुप्त संधि?

नवाब हैदराबाद के इस पत्र से पता चलता है कि वह स्वयं ही नहीं बल्कि उसके पूर्वज भी अंग्रेजों के साथ मिलकर अपना एक अलग देश लेने बनाने की तैयारी कर रहे थे। नवाब हैदराबाद के इस राज्य में हिंदुओं के साथ जो कुछ भी हो रहा था वह सब भी नवाब और अंग्रेजों की गुपचुप की गई संधियों के आधार पर ही हो रहा था। उसकी तैयारी थी कि हिंदूविहीन राज्य बनाकर वह अपने सपनों का एक नया पाकिस्तान भारत के भीतर ही तैयार करे। इसलिए सरदार पटेल ने उसके सपनों के पाकिस्तान को भारत के पेट के भीतर नासूर की संज्ञा दी थी।

अब जो लोग यह कहते हैं कि सावरकर जी के कारण देश विभाजन हुआ या हिंदू सांप्रदायिकता के परिणामस्वरूप पाकिस्तान बना तो नवाब हैदराबाद को कौन सी सांप्रदायिकता नया पाकिस्तान बनाने के लिए प्रेरित कर रही थी? इस पर भी विचार किया जाना अपेक्षित है। यदि इस विषय पर निष्पक्षता के साथ चिंतन किया जाए तो स्पष्ट होता है कि नवाब हैदराबाद को केवल और केवल मुस्लिम सांप्रदायिकता ही एक नया पाकिस्तान भारत के भीतर बनाने की प्रेरणा दे रही थी। इसी सांप्रदायिक सोच के कारण निजाम हैदराबाद ने जब 1947 में हैदराबाद में विधानसभा बनाई तो उसमें 48 पद मुसलमानों के लिए और 38 पद हिंदुओं के लिए रखे

गए। उसके द्वारा ऐसी व्यवस्था करने का एकमात्र कारण यही था कि यदि भविष्य में कोई कानून बनाया जाए तो उस कानून के माध्यम से मुस्लिम जनता के अधिकारों का किसी भी प्रकार से अतिक्रमण ना होने पाए। उसके राज्य में है 85% हिंदू थे। इसके उपरांत भी बस मुस्लिम शासन होने के आधार पर उन पर अनेक प्रकार के अमानवीय अत्याचार किए जा रहे थे। इस प्रकार के अत्याचार हैदराबाद के नवाब के पूर्ववर्ती शासक भी करते आए थे।

गांधीजी और नेहरू जी की नजरों में इस प्रकार के अत्याचार अत्याचार ही नहीं थे। जबकि सावरकर जी इस प्रकार के अत्याचारों का भंडाफोड़ करने में विश्वास रखते थे। वह किसी भी स्थिति में इस प्रकार के अत्याचारों को सहन करने को तैयार नहीं होते थे। यही कारण है कि कांग्रेसियों ने अपने नेताओं से इतर राय रखने के कारण सावरकर जी को हिंदू सांप्रदायिकता का जनक कहा।

वायसराय का निजाम हैदराबाद को उत्तर

उपरोक्त पुस्तक के लेखक आगे लिखते हैं कि वासयराय माउण्टबेटन ने नवाब को सूचित किया कि हैदराबाद को उपनिवेश का दर्जा नहीं दिया जा सकता क्योंकि इसके चारों ओर उस देश का हिस्सा होगा जो इस स्थिति में दुश्मन बन जायेगा। ब्रिटिश सरकार की दृष्टि में हैदराबाद के लिये एक ही रास्ता है कि वह हिन्दुस्तान में सम्मिलित हो जाये किंतु हैदराबाद के अधिकारियों एवं कोनार्ड कोरफील्ड के कहने पर चल रहे भारत सरकार के राजनैतिक विभाग के अधिकारियों ने नवाब को सलाह दी कि वह वायसराय की सलाह को न माने। 7 अगस्त, 1947 को कांग्रेस ने सरदार पटेल के निर्देश पर हैदराबाद रियासत में एक सत्याग्रह आंदोलन आरम्भ किया। निजाम ने इस आंदोलन को सख्ती से कुचलने के लिये रियासती पुलिस के साथ-साथ कट्टर साम्प्रदायिक मुस्लिम रजाकारों को भी प्रोत्साहित किया। इस कारण यह आंदोलन हिंसक हो गया। इसी समय तेलंगाना में कम्युनिस्टों के नेतृत्व में एक शक्तिशाली किसान संघर्ष भी हुआ।

वायसराय के दबाव से नवम्बर 1947 में निजाम ने भारत के साथ 'स्टॅंडस्टिल एग्रीमेंट' पर दस्तखत कर दिये जिसके अनुसार भारत और हैदराबाद के बीच पोस्ट ऑफिस, टेलिग्राफ, रेल, सड़क यातायात एवं व्यापार आदि सुचारू रूप से जारी रहें परन्तु निजाम, भारत संघ में सम्मिलित होने की बात को टालता रहा। इसी के साथ-साथ वह अपने राज्य में कट्टर साम्प्रदायिक मुस्लिम रजाकारों को भी प्रोत्साहित करता रहा। निजाम ने रजाकारों को विश्वास दिलाया कि जब हम विद्रोह करेंगे तो हमारे अंग्रेज़ दोस्त हमारी सहायता करेंगे। निजाम की शह पाकर मुस्लिम साम्प्रदायिक संगठन इतिदाद-उल-मुसलमीन और उसके अर्द्ध सैनिक रजाकारों ने हैदराबाद रियासत के बहुसंख्यक हिन्दुओं को डराना-धमकाना तथा लूटना-खसोटना आरम्भ कर दिया।'

निजाम हैदराबाद का 'नकली दान'

इसी निजाम हैदराबाद को देशभक्त दिखाने के दृष्टिकोण से प्रेरित होकर कम्युनिस्टों और कांग्रेसियों ने बाद में यह कहकर सम्मानित करने का प्रयास किया कि उन्होंने अपनी देशभक्ति

का परिचय देते हुए देश के लिए 5000 किलो सोना दान किया था। इस नकली भामाशाह की सच्चाई 'जी न्यूज़' ने लोगों को बताई।

जिससे स्पष्ट हुआ कि नवाब हैदराबाद मीर उस्मान अली खान अंग्रेजों के वक्त अपनी अमीरी के लिए जाने जाते थे। कहा जाता है कि उन्होंने भारत सरकार को 5 हजार किलो सोना दान में दिया था। इससे पता चलता है कि वो कितने अमीर थे? दरअसल, 1965 में भारत-पाक के बीच युद्ध हुआ और भारत की इसमें जीत हुई, लेकिन इस युद्ध की वजह से भारत की अर्थव्यवस्था डगमगा गई थी। डगमगाती अर्थव्यवस्था को सही करने के लिए तत्कालीन प्रधानमंत्री लाल बहादुर शास्त्री ने राहत कोष के लिए अपील की। इसी बीच वो हैदराबाद के निजाम से भी मिले।

मीर उस्मान अली खान ने बेगमपेट हवाई अड्डे पर तत्कालीन प्रधानमंत्री लाल बहादुर शास्त्री जी का स्वागत किया। दोनों के बीच काफी चर्चा हुई और इसके बाद उस्मान अली ने पाँच हजार किलो सोना राहत कोष के नाम पर दिया। हालांकि सरकार के पास निजाम द्वारा दान किए गए सोने की कोई जानकारी नहीं है। इससे जुड़ी आर.टी.आई. में ये जानकारी प्राप्त हुई है कि उस्मान अली खान ने सोना दान नहीं बल्कि नेशनल डिफेंस गोल्ड स्कीम में अपना 425 किलो सोना निवेश किया था, जिसका उन्हें 6.5 फीसदी की दर से ब्याज भी मिलना था।'

इन बनावटी 'भामाशाहों' के इस प्रकार के घोटालों पर यदि आप चुप रहते हैं तब तो आप देश के प्रबुद्ध और प्रगतिशील नागरिक माने जाओगे और यदि आप उनके बारे में कांग्रेसी इतिहास लेखकों के द्वारा बनाए गए भ्रामक या मिथ्या आभामंडल का भंडाफोड़ करते हैं तो समझ लीजिए कि आप भी हिन्दू सांप्रदायिकता की मानसिकता से ग्रस्त माने जाओगे।

बस, इसी मानसिकता के फलस्वरूप सावरकर जी को भी हिंदू सांप्रदायिकता की सोच का नेता कहा गया है।

❒

अध्याय16: इतिहास लेखन और सावरकर जी का दृष्टिकोण

भारतवर्ष में युद्ध में भी नियमों का अर्थात धर्म का पालन करने की बहुत ही प्रशंसनीय परंपरा रही है। इस परंपरा की जितनी प्रशंसा की जाए उतनी कम है। पर जब सामना उन मुस्लिमों से हुआ जो युद्ध में नियम या धर्म की परंपरा को जानते तक नहीं थे उनका प्रत्येक आक्रमण अधर्म और अनीति का परिचायक था तब उनके सामने युद्ध में धर्म निभाने की आवश्यकता नहीं थी।

सावरकर जी की मान्यता थी कि ऐसे अधर्मी और अनैतिक लोगों को वैसा ही प्रत्युत्तर देना अपेक्षित था जैसा वह कार्य कर रहे थे। कहने का अभिप्राय है कि सावरकर जी दुष्ट के साथ दुष्टता का व्यवहार करने के पक्षधर थे।

'सावरकर समग्र' के खंड 6 में उन्होंने भारत के लोगों की इस बात की कड़ी आलोचना की है कि वे 'सद्गुण विकृति' का शिकार बने रहे और जब अनैतिक और अधर्मी मुस्लिम भारत में अप्रत्याशित अत्याचार कर रहे थे तब हमारे पूर्वज कई बार नीति नियम और धर्म में बंधकर रह गए, जो कि राष्ट्र हित में उचित नहीं था।

उन्होंने लिखा है कि "युद्ध में संकटग्रस्त शत्रु पर आक्रमण न करें, रथियों के साथ रथी ही युद्ध करें, खड्ग वालों के साथ खड्ग वाले ही युद्ध करें, नि:शस्त्र शत्रु के साथ वह सशस्त्र होने तक युद्ध न करें, मूर्छित शत्रु पर उसकी चेतना लौटने तक आघात न करें इत्यादि नियमों से युक्त रणनीति महाभारत काल में उचित रही होगी। कारण दोनों युद्ध्यमान पक्ष उसी का पालन करते थे। दोनों पक्ष एक ही रणनीति के पूजक थे। परंतु इस रणनीति का प्रयोग पात्रापात्र विवेकानुसार ही करना चाहिए, गीता की यह अमूल्य शिक्षा भूलने के कारण सदगुण विकृति से दुर्बल, कायर और बुद्धि भ्रष्ट हुए हिंदुओं ने राक्षसी रणनीति वाले मुसलमानों के साथ भी उसी मूलत: सात्विक परंतु असमय और अस्थान होने के कारण केवल आत्मघातक सिद्ध रणनीति से युद्ध करने का

व्यसन नहीं छोड़ा। टीपू के उपर्युक्त उदाहरण के बाद भी दिल्ली की एक सहस्र वर्षों की मुस्लिम राजसत्ता का अंश शाही के रूप में दक्षिण में छटपटा रहा था, उस निजाम से मराठों की इस हिंदू- मुस्लिम महायुद्ध की अंतिम टक्कर हुई और वह मुस्लिम सत्ता भी रणभूमि में हिंदुओं के पाँवों तले कुचल डाली गई। तब भी, उस युद्ध में भी इस सद्गुण विकृति का जो एक लज्जास्पद उदाहरण घटित हुआ, उसे इस विषय का समारोप करते हुए यहाँ पर बताना उचित होगा।"

सावरकर जी इतिहास के विषय में अपनी इसी स्पष्ट बाध्यता के कारण कभी भी मुसलमानों में लोकप्रिय नहीं हो पाए। कांग्रेस ने मुसलमानों के वोटों को हथियाने के लिए उनका तुष्टीकरण करते हुए इतिहास को तोड़ मरोड़ कर लिखा। जिस समय देश अपनी आजादी की लड़ाई लड़ रहा था उस समय भी सावरकर मुस्लिम शासन में हिंदुओं पर हुए अत्याचारों की बखिया उधेड़ रहे थे। वे यह स्पष्ट बता रहे थे कि मुसलमानों ने अतीत में किस प्रकार हिंदुओं पर अनेक अत्याचार किए हैं? यदि उन पर अब भी विश्वास किया गया तो भविष्य में भी वह इसी प्रकार के अत्याचार करेंगे।

खर्डा के युद्ध का लज्जास्पद उदाहरण देते हुए उन्होंने बताया कि इस सहस्र वर्षीय हिंदू-मुस्लिम (जो लोग भारतवर्ष में हिंदू मुस्लिम सांप्रदायिक दंगों की कहानी को दस - बीस या पचास वर्ष की मानते हैं या मानते ही नहीं हैं,उन्हें सावरकर जी के इन शब्दों पर विशेष रूप से विचार करना चाहिए और यह मानना चाहिए कि भारत में हिंदू मुस्लिम सांप्रदायिक दुर्भाव की कहानी हजार वर्ष से अधिक की है अर्थात उस समय से जिस समय से इस्लाम ने यहाँ पर आकर अपने आपको शासक घोषित किया था।) महायुद्ध का अंतिम निर्णायक युद्ध साधारणतः इ.स. १७९५ में खर्डा में हुआ। उस युद्ध में हिंदू छत्रपति के सेवक मराठों ने निजाम की मुस्लिम सत्ता को पूरी तरह रौंद डाला; परंतु उस तुमुल युद्ध में ही मराठों पर सद्गुण विकृति के असाध्य रोग का दौरा पड़ा। यह दौरा यदि कुछ अधिक समय तक बना रहता तो हिंदुओं पर बाजी पलटकर उस युद्ध में मुसलमान ही मराठों को पराजित करते। युद्ध में हिंदू-मुसलमान दोनों सेनाओं की भिड़ंत होने पर रणनीति के दाँव-पेंचों में कुशल मराठों ने निजाम की सेना को ऐसे निर्जन और निर्जल स्थान पर घेर लिया कि उस विशाल मुस्लिम सेना को दाना-पानी भी मिलना असंभव हो गया। ऐसे संकट की स्थिति में, विशेषतः पानी के अभाव में सारे मुसलमान सैनिक व्याकुल हो गए। वे सैकड़ों मुस्लिम सैनिक गंदे गड्ढे का ऐसा दुर्गंधयुक्त पानी भी लाचार होकर पीने लगे, जैसा पशु भी नहीं पीते। स्वयं 'निजाम बहादुर' की आँखों में पानी आ गया, परंतु उन्हें पीने के लिए पानी नहीं मिल रहा था। जिस समय मुस्लिम सेना ऐसे विकट संकट में फँसी थी, उसी समय मराठों की तोपों की गड़गड़ाहट से सारा वातावरण गूँज उठा।

उसी समय हिंदुओं की इस पुरातन, उदार, पागलपन की नीति का अकस्मात् दौरा पेशवाओं के मंत्रिमंडल पर पड़ा कि रणभूमि में मूर्च्छित पड़े दुष्ट शत्रु को भी वह उसकी मूर्च्छा दूर होने तक

आघात नहीं पहुँचाना चाहिए, बल्कि उसकी चेतना लौटाने के लिए उसे आवश्यक सहायता देनी चाहिए। जब उनका प्रमुख शत्रु निजाम स्वयं प्यास से व्याकुल होकर तड़प रहा था, तब उसे जीवित पकड़कर उसकी समस्त मुस्लिम सेना का सर्वनाश करने का स्वर्ण अवसर प्राप्त होने पर भी, शत्रु पर शास्त्रोचित दया करना ही वीरों का सच्चा भूषण हैं, इस सद्विचार से प्रेरित पेशवा ने अपने मंत्रिमंडल की सहमति से अपनी सेना के लिए बड़े जतन से रक्षित जल में से निजाम के परिवार को पर्याप्त जल पिलाने की व्यवस्था की! और यह भी ऐन युद्ध काल में हिंदुओं ने स्वयं निजाम के साथ उसकी सारी सेना को कैंची में पक्का फाँसा था, पर वह भी 'क्षमा वीरस्य भूषणम्' इस सद्गुण विकृति के सूत्रानुसार ही किया था।"

अब थोड़ा विचार कीजिए। यदि उस समय हिंदुओं की यह उदारता उनके आड़े ना आ रही होती तो युद्ध का परिणाम क्या होता? दूसरा यह भी विचार कीजिए कि जैसी स्थिति में उस समय मुसलमानों की सेना फँसी थी, वैसी ही स्थिति में हिंदुओं की सेना फँस गई होती तो क्या इस्लाम के नाम पर युद्ध कर रहे मुस्लिम हिंदुओं पर किसी प्रकार की दया दिखा सकते थे?

मेरा मानना है कि कदापि नहीं। ऐसे अवसर का लाभ उठाकर मुसलमानों की सेना निश्चित रूप से हिंदुओं की सेना को गाजर मूली की भांति काट डालती और फिर अंत में अपनी विजय पताका फहराकर उनके संपूर्ण क्षेत्र पर अधिकार जमा लेती।

'वदतोव्याघात' का उदाहरण-

"मुसलमानों का पराभव करने का अत्यंत अनुकूल अवसर प्राप्त होने पर भी प्रारंभ से ही हिंदुओं को ऐसा भय लगता रहा कि भ्रष्ट किए गए हिंदुओं को अथवा जन्मजात मुसलमानों को शुद्ध कर आज हमने यदि पुनः हिंदू बना लिया, तो उसके परिणामस्वरूप आस- पास के मुस्लिम राज्य और लोग कल हम पर अधिक शक्ति से सशस्त्र आक्रमण करेंगे अथवा सीमा पार के प्रदेशों से कोई नया मुस्लिम समूह टिड्डी दल की तरह हम पर टूट पड़ेगा और हम हिंदुओं पर दस गुणा अधिक भयंकर अत्याचार करेगा। मुस्लिम उत्पीड़न के इस सतत भय से ही हिंदुओं ने यह कठोर जाति-नियम बनाया था। भ्रष्ट किए गए हिंदुओं को पुनः शुद्ध कर स्वजाति में न लौटाया जाए। भंगी से लेकर ब्राह्मण तक भी जातियों ने स्वेच्छा से 'शुद्धि-बंदी' की यह जो धार्मिक बेड़ी अपने पाँवों में डाली थी, उसका कारण मुसलमानों के बारंबार होनेवाले सशस्त्र आक्रमणों और अत्याचारों का भय ही था।"

इस प्रकार के ओजस्वी लेखन के माध्यम से सावरकर जी ने हिंदू मानसिकता का और साथ ही साथ मुस्लिम सांप्रदायिकता का बहुत ही वास्तविक चित्रण किया। उनके इस प्रकार के लेखन से हर वह व्यक्ति सहमत हो सकता है जो किसी प्रकार की दलीय राजनीति नहीं करता है या दलीय मानसिकता नहीं रखता है और जिसे इतिहास का थोड़ा सा भी ज्ञान है। सावरकर

जी ने हिंदू मानसिकता को जहाँ लताड़ा है वही मुस्लिम सांप्रदायिकता को नंगा करके रखने का प्रयास किया है। उन्होंने इस प्रकार के लेखन के माध्यम से हिंदुओं को झकझोरते हुए आने वाले भविष्य के प्रति सचेत किया और बताया कि मुस्लिम सांप्रदायिकता आज भी अपने उसी भयानक स्वरूप में जीवित है जिसमें वह अतीत में रही है। हिंदुओं को अब इस प्रकार का भय निकाल भगाना चाहिए कि यदि हम अपने लोगों के हितों की बात करेंगे तो मुसलमान हम को खा जाएंगे? इस प्रकार की कायरता पूर्ण सोच को दूर कर उन्हें सोचना चाहिए कि जिस प्रकार मुसलमान संख्या बल के आधार पर आज देश तोड़ने की बात कर रहा है, उस संख्या को अतीत में हमने ही बढ़ने दिया है। साथ ही यह भी कि यदि यह संख्या आज थोड़ी सी अधिक होती तो क्या होता? निश्चय ही तब संपूर्ण हिंदू समाज का नाश कर तलवार के बल पर सारे हिंदुस्तान पर मुसलमान कब्जा कर लेता। सावरकर जी भविष्य के लिए आने वाली पीढ़ियों को भी यह संकेत दे रहे थे कि सावधानी हटते ही दुर्घटना हो जाती है। इसलिए आगे भी सावधान रहने की आवश्यकता है।

उन्होंने आगे लिखा है "यह धारणा कितनी भ्रामक, नासमझ, अपूर्ण और अयथार्थ है-यह दिखाने के लिए और इस ग्रंथ में सर्वत्र हिंदू-मुसलमानों के इस महायुद्ध की आलोचना करते हुए हमने जो विधान किए हैं, उन्हें कितना विपुल ऐतिहासिक आधार उपलब्ध है, यह दिग्दर्शित करने के लिए वर्तमान प्रकरण में टीपू के साथ हुए युद्ध के कालखंड में घटित मराठों के इतिहास का कुछ वृत्तांत परिच्छेद ५२१ से ५४९ में उदाहरणस्वरूप विस्तार से दिया गया है।

इस उदाहरण को क्षण भर के लिए छोड़ दें, तब भी हमें स्वयं से एक साधारण प्रश्न पूछना पर्याप्त होगा कि सारा हिंदू समाज मुसलमानों के और भी भड़क उठने के सतत भय से यदि सचमुच इतना भयग्रस्त रहता था, तो क्या वह मुसलमानों पर धार्मिक प्रत्याक्रमण की बात न करें, तब भी राजनीतिक स्वातंत्र्य के लिए ही कभी प्रत्याक्रमण भी करता था? प्रत्याक्रमण तो दूर, वह प्रतिकार भी नहीं करता था। कारण, मुसलमान सशस्त्र आक्रमण कर जिन प्रदेशों को जीत लेते थे, वहाँ के हिंदुओं पर धार्मिक अत्याचार कर सकते थे। अतः हिंदुओं को भय ही होता तो सर्वप्रथम मुसलमानों के राजनीतिक आक्रमणों का भय होता, परंतु उस इतिहास के समग्र अवलोकन से यही विदित होता है कि महमूद गजनवी और मोहम्मद गोरी के आक्रमणों से हिंदुओं ने स्वराज्य और स्वधर्म के संरक्षण के लिए एक के बाद एक विकट युद्ध किए। राज्य यदि जाते थे, तो उन्हें हिंदू पुनः प्राप्त करते थे। आज हार तो कल जीत; आज जीत तो कल हार-यही निरंतर चलता रहा; परंतु सतत छह सौ सात सौ वर्षों तक जो हिंदू मुसलमानों से सशस्त्र होकर पूरे हिंदुस्थान में एक-एक इंच भूमि को स्वतंत्र कराने के लिए लड़ते रहे और जिन्होंने अंत में मुस्लिम सत्ता को परास्त कर नष्ट किया, वह हिंदू मुसलमानी क्रोध से भयभीत था- ऐसा कहना 'वदतो व्याघात' का ही एक उत्कृष्ट उदाहरण है।

मुसलमानों को हिंदू नहीं बनाना अथवा इस्लामी धार्मिक शासन पर किसी भी प्रकार का प्रत्याक्रमण न करना, उन्हें धार्मिक प्रश्न पर किसी भी प्रकार नहीं छेड़ना आदि प्रवृत्तियों को देखते हुए मुसलमानों को इस्लामी धर्मसत्ता के संरक्षण के लिए किसी भी प्रकार की चिंता करने का कोई कारण नहीं बचा था। उनको केवल एक ही चिंता बची थी और वह थी धार्मिक आक्रमणों को तीव्र करते हुए, यद्यपि हिंदुओं द्वारा उनकी राजसत्ता छीन ली गई थी, तथापि कम-से-कम उनकी इस्लामी धर्मसत्ता की कक्षाएँ पूरे हिंदुस्थान में फैल जाएँ, इसके लिए यथाशक्ति पूरे प्रयास करना। मुसलमानों की इस धर्मसत्ता से हिंदू जगत् की कितनी प्रचंड हानि हुई थी, इसकी चर्चा हमने इस ग्रंथ में कई स्थानों पर की है। उसका सिंहावलोकन कर निष्कर्ष के रूप में हम मुस्लिम धर्मसत्ता के फलस्वरूप जो अल्प हानिकर परिणाम हुए विषयों को छोड़, यहाँ हम उन दो विषयों की चर्चा करेंगे, जिनके कारण हिंदू समाज को गंभीर हानि हुई।

संख्याबल की हानि—पहला विषय है, हिंदुओं के संख्याबल में हुई राष्ट्रव्यापी प्रचंड हानि। उन एक सहस्र वर्षों में साधारणतः दो से तीन करोड़ हिंदुओं को मुसलमानों ने भ्रष्ट कर मुस्लिम बनाया।

हिंदुओं के संख्याबल का जो रक्तशोषण चल रहा था, उसका आकलन तत्कालीन हिंदू समाज को भी हो रहा था; परंतु उस रक्तक्षय के रोग पर 'शुद्धिबंदी' के बुद्धिभ्रंश के कारण दूसरा कोई भी उपाय, उपचार उनकी समझ में नहीं आ रहा था। किसी असाध्य रोग से ग्रस्त रोगी जिस प्रकार उस रोग की प्राणांतक व्यथा निरुपाय होकर सहन करता है, उसी प्रकार तत्कालीन हिंदू जगत् भी केवल निरुपाय होकर इस रक्तक्षय की प्राणांतक व्यथा सहन करता रहा।

भू-क्षेत्र की हानि - परंतु संख्याबल की हानि से भी भयंकर हिंदू राष्ट्र की एक दूसरी हानि भी हो रही थी। वह थी कि मुसलमानों की यह इस्लामी धार्मिक सत्ता हिंदुस्थान की विशाल भूमि को हिंदुओं से, उनके अनजाने में ही छीनती चली जा रही थी।"

सावरकर जी ने अपनी व्यावहारिक बुद्धि का परिचय देते हुए इस यथार्थ को तत्कालीन हिंदू समाज के सामने प्रस्तुत किया। इससे कांग्रेस के नेताओं की सोच पर कुठाराघात हुआ। गांधी जी और नेहरू जी जिस प्रकार काल्पनिक लोक में रहते हुए हिंदू-मुस्लिम एकता की बात कर रहे थे। सावरकर जी ने उस काल्पनिक लोक की धज्जियाँ उड़ा कर रख दी। नेहरू गांधी अव्यावहारिक दृष्टिकोण अपनाते हुए हिंदू और मुसलमान को एक साथ एक पलड़े में तोलने का अतार्किक परिश्रम कर रहे थे। यद्यपि इस बात को नकारा नहीं जा सकता कि देश में सांप्रदायिक एकता बनाए रखने के लिए हिंदू मुस्लिम की एकता अनिवार्य है, पर इसके लिए केवल हिंदू समाज को ही नैतिकता का उपदेश देना और मुस्लिम की अनैतिकता को भी पोषित करना यह कांग्रेसी संस्कृति रही है। जिसे सावरकर जी प्रारंभ से ही देश हित में अनुचित मानते थे।

अब बात यह भी आ सकती है कि क्या खरी- खरी सुनाने से किसी संप्रदाय की सांप्रदायिकता को सीधा किया जा सकता है? इस संबंध में हम यह कहना चाहेंगे कि खरी- खरी कहने से कोई

भी व्यक्ति समुदाय या संप्रदाय इतना अवश्य सोचता है कि उसकी कपट नीति को अगला जानता है। अतः वह या तो अपनी कपट नीति को छोड़ेगा या फिर दूसरा समाज जागकर सावधान रहते हुए दूरी बनाकर खेलेगा। यह दोनों बातें ही राष्ट्रहित में उचित होंगी। चुपचाप दूसरे की कपट नीति को झेलना और अपना कलेजा खिलाते रहना या कितनी भूमि और कितनी आबादी दूसरा पक्ष कपट नीति के माध्यम से एक पक्ष से छीनकर ले गया? इसका हिसाब किताब न रखना, घाटे का सौदा होता है। जिसे तुष्टीकरण और छद्म धर्मनिरपेक्षता की मनबहलाव की बातें होने देती हैं। सावरकर जी इस प्रकार की 'कलेजा खिलाओ' नीति के विरोधी थे। इसके विपरीत वह इस बात के समर्थक थे कि प्यार का हाथ बढ़ाओगे तो गले लगाएंगे, गले काटोगे तो गले काटेंगे और कलेजा खाओगे तो कलेजा खाएंगे। अपने अस्तित्व को बचाए बनाए रखने के लिए यही नीति उचित होती है। नैतिकता के उपदेश तभी अच्छे लगते हैं जब अपना अस्तित्व सुरक्षित रखकर सावधानी से खेल खेला जाए।

सावरकर जी की इस प्रकार की नीति से मुस्लिम प्रारंभ से ही असहमत रहे। उन्हें पता था कि उनकी वास्तविकता को सावरकर जी किस प्रकार ओजस्विता के साथ हिंदू मानस में अंकित करने में सफल होते जा रहे थे? यही कारण था कि तत्कालीन मुस्लिम नेतृत्व सावरकर जी को सांप्रदायिक कहता था और उनके मुकाबले मुस्लिम हितों के पैरोकार के रूप में गांधीजी और नेहरू जी को कहीं अधिक अंक देता था। गांधीजी और नेहरू जी दोनों को ही सावरकर जी को बदनाम करने में अपना राजनीतिक लाभ सधता हुआ दिखाई देता था, यही कारण था कि वह मुस्लिम तुष्टिकरण और धर्मनिरपेक्षता की नीति को अपनाकर मुस्लिमों को गले लगाते चले गए। अपने इस कार्य में वह यह भी भूल गए कि इससे हिंदुओं का कितना अहित हो रहा है?

सावरकर जी मुसलमानों की भारत के प्रति सोच और हिंदुओं की सद्गुण विकृति का खुलासा करते हुए यह भी बताते हैं कि "हिंदुओं से युद्ध कर पूरे भारत की जितनी भूमि मुसलमान जीत सके, उससे कहीं अधिक भूमि उन्होंने हिंदुओं को भ्रष्ट करके जीत ली। कारण, जो लाखों मुसलमान बाहर से भारत में आए और हिंदुओं को भ्रष्ट कर जो दो या तीन करोड़ मुसलमान बनाए गए, वे सभी भारत में ही स्थायी रूप से निवास करने लगे। इन करोड़ों मुसलमानों की बस्तियों और उपनिवेशों ने भारत के गाँवों, नगरों, प्रदेशों की जितनी भूमि प्राप्त की, उतनी भूमि वस्तुतः मुस्लिम सत्ता के ही अधीन हो गई। उस विस्तीर्ण भूमि पर मुस्लिम धर्मसत्ता का ही प्रभुत्व था। उसका 'हरा चाँद' (हरा ध्वज) हिंदुओं के देश के उस विशाल भूभाग पर अबाधित रूप से फहरा रहा था। हिंदू-मुसलमानों के इस महायुद्ध के अंत में पूरे भारत में हिंदुओं ने, विशेषतः मराठों ने मुसलमानों से उनकी राजसत्ता छीन ली। फिर भी उनकी वैयक्तिक और सामुदायिक धर्मसत्ता अबाधित थी। मुस्लिम नागरिकों की सारी संपत्ति भी सुरक्षित और अक्षुण्ण थी।

मुसलमानों की जनसंख्या में भी उनके प्रच्छन्न धर्म प्रचार के तथा बहुपत्नीत्व की प्रथा के कारण निरंतर वृद्धि हो रही थी और उसी मात्रा में भारत की अधिकाधिक भूमि भी उनके द्वारा व्याप्त होकर मुस्लिम धर्मसत्ता के अधीन होती जा रही थी। इस वस्तुस्थिति की यथार्थ कल्पना आने के लिए केवल इतना ही बताना पर्याप्त होगा कि हिंदुओं की, विशेषतः मराठों की राजसत्ता प्रस्थापित होने के पश्चात् भी भारत के प्रत्येक छोटे-बड़े गाँव और नगर में 'मुस्लिम टोला' या 'मुस्लिम मोहल्ला' कहलाने वाली एक अलग बस्ती अवश्य होती थी। साधारण गाँवों-नगरों की तो बात ही छोड़ दें, प्रत्यक्ष पुणे, सतारा, कोल्हापुर, नागपुर, बड़ौदा, देवास, धार, इंदौर, ग्वालियर, जोधपुर, उदयपुर, अमृतसर, लाहौर, श्रीनगर आदि हिंदुओं की राजधानियों के स्वतंत्र विशाल नगरों में भी 'मुस्लिम पुरा' या 'मुस्लिम मोहल्ला' कहलानेवाली कई बस्तियाँ होती थीं, जिनमें हजारों-लाखों मुसलमान सुख से रहते थे।"

वास्तव में यह सारे तथ्य ऐसे हैं जिनकी ओर केवल सावरकर जी का ही ध्यान जा सकता था। उनसे अलग किसी कांग्रेसी से तो विशेष रूप से यह अपेक्षा या आशा नहीं की जा सकती थी कि वे इस प्रकार के तथ्यों के साथ इतिहास का लेखन करेंगे।

❒

अध्याय 17: नन्हीं आँखों ने देखा बँटवारा

(जूम मीटिंग के माध्यम से चल रहे मेरे एक भाषण में जब मैंने देश विभाजन के समय की घटनाओं का उल्लेख किया और बताया कि किस प्रकार उस समय लगभग 20 लाख हिंदुओं को मार दिया गया था, तब उस मीटिंग में उपस्थित रहीं माताजी आर्या चंद्रकांता जी की आँखें सजल हो उठीं और वे अतीत की स्मृतियों में खो गईं। उन्होंने उस समय बहुत कुछ लुटता, पिटता, कटता और मिटता देखा था। उसके पश्चात उन्होंने अपनी ओर से उस मीटिंग में 2 मिनट अपनी बात रखने का प्रयास किया पर उनकी आँखों से बह चली अश्रुधारा ने बहुत कुछ स्पष्ट नहीं कहने दिया। यद्यपि उनके आंसू बहुत कुछ बयान कर रहे थे कि दर्द बहुत गहरा है। तब मैंने उनसे निवेदन किया कि वह अपने कटु अनुभवों को हमारे साथ साझा करें। जिन्हें हम इस पुस्तक में प्रकाशित करेंगे। बस, उसी का परिणाम है यह लेख। आर्या चंद्रकांता जी से उनके अनुभवों को साझा करने के पश्चात इसका संपादन मेरे द्वारा किया गया है। हमारा प्रयास है कि उस समय की वस्तुस्थिति लोगों के सामने आए और उन्हें पता चले कि 1947 का सच क्या था? देश के विभाजन की पीड़ा कितनी भयावह थी और हमारे लोगों को किस प्रकार की त्रासदी से गुजरना पड़ा था? आर्या चंद्रकांता जी देश के विभाजन के समय 5 वर्ष की थीं। उसके उपरांत भी उन्होंने कई चीजों का बड़ी सजीवता से वर्णन किया है। - लेखक)

14 अगस्त, 1947 को भारत का बँटवारा हुआ। अंग्रेजों ने देश का बँटवारा करने में बड़ी चालाकी से काम लिया था। उन्होंने पहले अपना मनचाहा एक अलग देश अर्थात पाकिस्तान बनाया और फिर मूल देश अर्थात भारत को आजाद किया। इससे पता चलता है कि अंग्रेज इस बात की पूरी योजना बनाए हुए थे कि उन्हें हिंदुस्तान का बँटवारा करना ही करना है। अपनी योजना को सफल बनाने के लिए उन्होंने पाकिस्तान को पहले जन्म लेने दिया। उन्हें डर था कि यदि आपने हिंदुस्तान को पहले आजाद किया और फिर हिंदुस्तान पर इस बात को छोड़ दिया

कि वह पाकिस्तान का हिस्सा अलग करता है कि नहीं, तो यह घाटे का सौदा भी हो सकता है। कुल मिलाकर अंग्रेज मुस्लिम लीग के साथ मिलकर अपनी योजना को अपने हाथ में सत्ताधिकार रहते हुए निपटा देना चाहते थे।

बड़ी कष्टकारी त्रासदी थी वह....

जिन लोगों ने हिंदुस्तान की सीमाओं को ईरान और अफगानिस्तान से मिलते हुए देखा था, उनके लिए विभाजन की नई रेखा बहुत ही कष्टकारी थी। आज के पाकिस्तान में रहने वाले उस समय के अनेक हिंदुओं को इस बात की कल्पना भी नहीं थी कि उन्हें कभी अपने देश को ही छोड़कर उजड़ना पड़ेगा और फिर अपने ही देश अर्थात हिंदुस्तान में जाकर शरण लेनी पड़ेगी। सचमुच वह बहुत भयानक त्रासदी थी। लोग रो रहे थे, चीख रहे थे, चिल्ला रहे थे। अपने ही लोगों से बिछुड़ने का उन्हें गहरा सदमा था। अपने जिस देश के लिए वह चल दिए थे, उसमें वह सुरक्षित पहुँच भी पाएंगे या नहीं, वह कुछ नहीं जानते थे। उन्हें इस बात का भी कोई भरोसा नहीं था कि यदि वे हिंदुस्तान सुरक्षित पहुँची भी गए तो वहाँ पर उनका काम धंधा कैसा जमेगा, चलेगा? गमों की स्याह रात्रि उनके चारों ओर पसर चुकी थी। नहीं पता था कि इस गहरी स्याह रात का सवेरा होगा भी कि नहीं।

उस समय सब कुछ अनिश्चित था। भरोसा साथ छोड़ रहा था। विश्वास डगमगा चुका था। देश टूटने का गम था। देश छोड़ने का गम था और सुरक्षित स्थान पर पहुँच जाने की बहुत बड़ी चुनौती थी। इस दौरान मौत और जिंदगी लुकाछिपी का खेल खेलते रहे। कभी जीवन की आस दिखाई देती थी तो कभी दीया बुझता हुआ दिखाई देता था। लोगों ने कल्पना की थी कि जब आजादी आएगी तो सुख, समृद्धि, वैभव सब उनके चारों ओर बिखर जाएगा। उन्होंने यह तो सोचा भी नहीं था कि आजादी भयानक बर्बादी के रूप में उनके प्राणों का सौदा करती हुई आएगी।

डरावनी आजादी

लाखों लोगों के खून के गारे में सनी आजादी जब आई तो उसका चेहरा इतना डरावना था कि उसे देखकर हर कोई सहम गया था। लोगों के लिए वह डरावनी आजादी पूरी तरह बेमानी हो चुकी थी। उन्होंने कभी सपने में भी नहीं सोचा था कि जब आजादी आएगी तो वे लाशों के जंगल में अपने आपको अकेला देख रहे होंगे। सचमुच ऐसी आजादी की लोगों ने कल्पना तक नहीं की थी। लोगों के सपने कुछ और थे और उस समय उन्हें मिल कुछ और गया था।

अपने पिताजी से मुझे बहुत कुछ सुनने को मिला था। वह इतिहास के एक गंभीर विद्यार्थी थे। वह बताया करते थे कि किस प्रकार अपने भारत देश की रक्षा के लिए, धर्म और संस्कृति की

रक्षार्थ लोगों ने यहाँ रहकर सदियों से अपने अप्रतिम बलिदान दिए हैं? उन बलिदानों के कारण देश की एकता और अखंडता को बनाए रखने का कार्य किया गया है। पर उस समय हम जो कुछ देख रहे थे उससे लगता था कि हमारे पूर्वजों के सब बलिदान व्यर्थ गए। आज देश भी टूट रहा है, धर्म और संस्कृति पर भी अप्रत्याशित खतरा मंडरा रहा है और हम सबके प्राण भी संकट में हैं।

वे दुखद दृश्य

जो कुछ मिला था उसकी कड़वी यादें अब तक मन को कचोटती हैं। उस समय मैं मात्र 5 वर्ष की थी। इसके उपरांत भी मेरे मानस में उस समय के भयावह दृश्य मानो जीवन भर के लिए स्थायी डेरा डाल कर बैठ गए। जैसे ही वे चित्र मेरे मानस में उभरते हैं एक अजीब सी सिहरन अभी तक मेरे शरीर में बिजली की तरह कौंध जाती है। कुछ ऐसे दृश्य हैं जिन्होंने मेरे मानस के साथ अपना स्थायी संबंध स्थापित कर लिया है। जिन्हें मैं भूलना चाहती हूँ पर वे भूले नहीं जाते। जीवन में ऐसे अनेक क्षण या दृश्य आते हैं जो अंतर्मन को छू जाते हैं और उनमें से भी कुछ ऐसे होते हैं जो अंतर्मन में अपना डेरा डाल लेते हैं। जब भी प्रत्येक वर्ष 15 अगस्त को हमारा स्वाधीनता दिवस आता है, और देश उस समय ढोल नगाड़ों की मस्ती में झूमने लगता है, तब मेरे मानस में स्थायी डेरा डाले हुए वे दृश्य अनेक गमगीन चेहरों को लेकर मुझे भीतर से हिला डालते हैं। मैं खो जाती हूँ अतीत की उन भूली बिसरी यादों में जो मेरे अपनों से जुड़ी हैं, जो मेरे देश की माटी से जुड़ी हैं और जो मेरे इर्द-गिर्द रहने वाले अनेक लोगों के जीवित परिजनों के साथ जुड़ी हैं। उनकी यादों के बड़े-बड़े सवालिया निशान जब मेरे जीवन में बनते हैं तो मैं उनका जवाब नहीं दे पाती और खामोश हो जाती हूँ। उस समय की खामोशी मुझसे बहुत कुछ कहती है। बतियाती है। रातों को जगाती है। मुझे दूर अकेले जंगल में ले जाकर अनेक प्रकार की चीखों से अवगत कराती है।

मैं सोते में अपने बिस्तर पर उछल पड़ती हूँ। सब कुछ ऐसा लगता है कि जैसे आज ही घटित हो रहा है। जीवन की उस त्रासदी को बीते हुए 75 वर्ष कब व्यतीत हो गए, कुछ पता ही नहीं चला। क्योंकि उनकी कड़वाहट और उनका दर्द सदा एक जैसा बना रहा है। चीजों को दूरी से नापा जा सकता है कि कौन सी घटना कितनी दूर की है? पर जब घटना पूरी शिद्दत के साथ संग निभाती रहे तो वह दूरी नहीं बना पाती और दूरी नहीं बना पाती तो यह पता नहीं चलता कि घटना कितनी देर पहले घटित हो चुकी है और हम कितनी दूर निकल आए हैं?

पिताजी के बारे में...

मुझे अच्छी तरह याद है कि मेरे पूजनीय पिताश्री राणा सखीर चन्द जी कपूर मधियाना जिला झंग में मिडल स्कूल के प्राचार्य थे। समाज में उनका बड़ा सम्मान था। उन दिनों प्राचार्य

के प्रति लोग विशेष श्रद्धा रखते थे। सभी लोग उन्हें सम्मान की दृष्टि से देखते थे। घर में पूरी तरह शांति थी। समृद्धि थी। प्रसन्नता थी। संपन्नता थी। हम सब उनके साथ अपने एक स्वर्ग से भी सुंदर घर में रहते थे। ग्रीष्म अवकाश के कारण हम अपने गाँव कक्की नौ जो शोरकोट नगरी के पास था, गये हुए थे। वहीं हमारी खेती बाड़ी थी। खेतों का वह दृश्य बड़ा मनोरम होता था। उनकी स्मृतियां अनायास ही मुझे झकझोर डालती हैं। उस समय मैं बहुत छोटी थी और माताजी पिताजी के कंधे चढ़कर कभी-कभी अपने खेतों पर जाया करती थी। तब नहीं पता था कि इन खेतों को मैं बहुत अधिक देर तक नहीं देख पाऊँगी। आज उन खेत खलिहानों को देखने के लिए आंखें तरस गई हैं। सचमुच कभी-कभी तो उनकी बहुत याद आती है। जैसे बड़ी उम्र में जाकर मामा के घर की याद आती है, नानी-नाना और दूसरे संबंधी जो धीरे-धीरे विलुप्त हो जाते हैं,पर हमारा पीछा नहीं छोड़ते, वैसी ही स्थिति अपने खेत खलिहानों को लेकर मेरे लिए आज भी बन जाती है।

पिताजी बचपन के दिनों में हमको संस्कार देने के प्रति बड़े सजग रहते थे। इतिहास की अनेक घटनाओं को वह एक कुशल चितेरे की भांति हमारे मानस पर अंकित करने का हर संभव प्रयास करते थे। पता नहीं, शायद उनको आभास था कि कोई अप्रत्याशित त्रासदी आने वाली है। इसके दृष्टिगत वह हमें बचपन की उस भोर में मानसिक रूप से तैयार रहने के लिए प्रेरित करते रहते थे।

आ गई मुस्लिम गुंडों की टोली

एक दिन अचानक मुसलमानों की भीड़ हमारे घर के सामने एकत्र हो गई थी। शोरकोट से 'अल्लाह हू अकबर' चिल्लाने वाले अजनबी स्वरों की आवाज सुनाई दे रही थी। संभवत: उस समय कोई नहीं जान रहा था कि यह भीड़ क्या करना चाहती है और क्यों ऐसे नारे लगा रही है? मेरे छोटे मामा जी श्री राम नारायण मल्होत्रा वहीं रहते थे। गुंडे मुस्लिमों की टोलियाँ गलियों में घूमती थी। उन्हें देखकर बच्चे सहम जाते थे। बच्चों की भाव भंगिमा बताती थी कि वे भी जानते थे कि स्थिति बहुत प्रतिकूल हैं और हम सबके प्राणों को बड़ा गंभीर संकट है। जिस प्रकार वह हिंदुओं के विरोध में नारे लगाते थे, उससे पता चलता था कि वह हिंदुओं के प्रति कितने अधिक कट्टर थे? उनकी कट्टरता उनके अत्याचारों को बढ़ाती जा रही थी। हिंदुओं को छुपने या भागने का भी अवसर नहीं मिलता था। उनकी नजरें हिंदुओं की जवान बेटियों और बहुओं पर होती थीं। जिन्हें वह अपने लिए रख लेना चाहते थे। बाकी सब परिवार वालों का कत्ल कर देना उनके लिए एक शौक बन गया था। उनकी दिनचर्या में सम्मिलित हो गया था। उन पर 'गाजी' बनने का शौक सवार हो गया था। स्वर्ग में मिलने वाली 72 हूरों का नशा उन्हें मानवता की हत्या करने के लिए प्रेरित कर रहा था।

उनकी सोच केवल एक थी कि हिंदुओं की जमीन-जायदाद और स्त्रियों पर अधिकार कर लो,जो अल्लाह ने तुम्हें भोगने के लिए दी हैं। कहने का अभिप्राय है कि वह जो कुछ भी कर रहे थे उसे वह पाप न मानकर दीन के रास्ते में किया जाने वाला सबसे उत्तम और पवित्र कर्म मान रहे थे। उनकी स्थिति, मानसिकता सोच और कार्यशैली सभी सांप्रदायिकता की खूनी रंग में रंग चुके थे।

आर्य समाज और मुस्लिम सांप्रदायिकता

मुसलमानों की उस हिंसक भीड़ में से कुछ लोग मेरे मामाजी का नाम लेकर चिल्लाते कि हम अभी उन्हें परिवार सहित काट कर आए हैं। हमारी माता जी अपने भाई के परिवार के इस प्रकार काटे जाने के शब्दों को सुनकर जिस प्रकार रोती थीं, वह देखा नहीं जाता था। उनके आंसू थे कि बंद होने का नाम नहीं लेते थे। मेरे पिता जी को ग्राम में सभी जानते थे। वे कट्टर आर्य-समाजी थे। उस समय आर्य समाजी होना मुसलमानों का सबसे बड़ा शत्रु होना माना जाता था। क्योंकि आर्य समाज ने ही इस्लाम की वास्तविकता को लोगों के सामने उजागर करने का कार्य किया था। यही कारण था कि मुसलमान हिंदुओं में से आर्य समाजी को ढूँढ-ढूँढकर मारने का प्रयास कर रहे थे। प्रत्येक आर्य समाजी को उस समय राष्ट्रभक्ति का धधकता हुआ शोला माना जाता था। मुसलमान यह भली प्रकार जानते थे कि हिंदुओं को शास्त्रार्थ के माध्यम से या हथियार उठाकर विधर्मियों को या विदेशियों को मार भगाने के लिए प्रेरित करने का काम केवल आर्य समाज ने किया है। यही कारण था कि इस्लाम में विश्वास रखने वाले वे सभी संप्रदायिक हिंसक लोग आर्य समाज के लोगों से विशेष शत्रुता रखते थे।

आर्य समाज के प्रति किसी पूर्वाग्रह के चलते मुसलमान चाहते थे सबसे पहले मेरे पिताजी को ही 'कलमा' पढ़ाया जाए और यदि वे ऐसा नहीं करते हैं तो उनका हाल भी वही कर दिया जाए जो मेरे मामा जी का कर दिया गया था।

पिताजी ने लिया अपने जीवन का सबसे कठोर निर्णय

हिंसक बने मुसलमानों को यह विश्वास था कि यदि मेरे पिताजी को मुसलमान बना दिया गया तो सारा गाँव अपने आप मुसलमान बन जाएगा। ऐसी विकट परिस्थिति में पिताजी ने बहुत ही साहसिक लेकिन अप्रत्याशित निर्णय लिया। उन्होंने निश्चय कर लिया कि इससे पहले कि मुसलमान मेरे परिवार की महिलाओं, बेटियों और बच्चियों को हाथ लगाएं, उनका वध मैं स्वयं कर दूं। मेरे पिताजी के लिए ऐसा निर्णय लेना कितना कष्टकर रहा होगा? यह तो सहज ही अनुमान लगाया जा सकता है। क्योंकि वह बहुत ही सात्विक विचारधारा के वैदिक सिद्धांतों में विश्वास रखने वाले शाकाहारी मनुष्य थे। हिंसा उनके विचारों में दूर-दूर तक नहीं थी, परंतु

'आपद्धर्म' को समझते हुए उन्होंने उस समय ऐसा निर्णय लिया। प्रत्येक आर्यवीर की भांति उस समय उनके लिए प्राणों से बढ़कर धर्म हो गया था। धर्म की रक्षा इसी में थी कि कोई भी विधर्मी परिवार की किसी भी महिला को हाथ ना लगा पाए।

पिताजी शस्त्र और शास्त्र दोनों के उपासक थे। वह जानते थे कि जब शस्त्र की आवश्यकता हो और वह अपने ऊपर ही चलाना पड़े तो ऐसा करना भी धर्म होता है। मैं नहीं जानती कि उनके भीतर उस समय कैसे-कैसे मनोभाव बनते बिगड़ते रहे होंगे और उनकी मानसिक दशा ऐसे कठोर निर्णय को लेते समय कैसी रही होगी? पर मैं इतना अवश्य जानती हूँ कि धर्मवीर योद्धा की भांति वह कर्तव्य के निर्वाह को प्राथमिकता देने वाले व्यक्ति थे। भावुकता को पीछे छोड़ कर उन्होंने कर्तव्य को प्राथमिकता दी और उनका यह कर्तव्य निर्वाह ही उनके लिए उस समय राष्ट्रधर्म बन गया था। मैं आज तक अपने आप पर इस बात के लिए गर्व अनुभव करती हूँ कि मैं ऐसे एक धर्मवीर महायोद्धा, राष्ट्र धर्म के संवाहक पिता की संतान हूँ।

मुसलमान मित्र की मानवता

हमारा मकान बहुत बड़ा था। बहुत बड़े आँगन में चारपाईयाँ डली हुई थीं। पिताजी इस बात को लेकर बहुत ही चिंतित और आशंकित रहते थे कि न जाने बदमाशों की कोई टोली कब घर में प्रवेश करने में सफल हो जाए? और यदि वह इस प्रकार प्रवेश करने में सफल हो गई तो उससे आगे का मंजर उनकी आंखों में अनायास ही उतर आता था। जिसे वह किसी बदमाश की बदमाशी के माध्यम से अपने घर में होते देखना नहीं चाहते थे। वह चाहते थे कि ऐसा कुछ भी होने से पहले वे स्वयं ही अपने परिवार को समाप्त कर डालें। इसी प्रकार की उधेड़बुन में रहते हुए आज उन्होंने निर्णय ले लिया कि अब बचने की कोई संभावना नहीं है, इसलिए परिवार का सफाया कर देना उचित रहेगा। तब पिताजी ने तलवार उठाई और माता जी को कहा कि आप चारपाई पर लेट जाओ, पहले आप को ही मारूँगा। फिर अपनी चारों बेटियों को समाप्त करूँगा। ज्यों ही तलवार उठाई, उसी समय अचानक उनका एक मुसलमान मित्र वहाँ आ गया। उसने तलवार छीन ली। उस व्यक्ति ने मित्रता का कर्तव्य निर्वाह करते हुए पिताजी को धैर्य से काम लेने की सलाह दी। उसने कहा- 'मेरे साथ चल, अभी लौट आएंगे।'

पिताजी को अब अपने उस मित्र पर भी अधिक विश्वास नहीं था। वह समझ रहे थे कि उसके ऐसा कहने में भी कोई रहस्य छुपा हो सकता है। वह नहीं जानते थे कि उनका वह मित्र उन्हें कहाँ ले जा रहा था? और क्यों ले जा रहा था? वे यह भी नहीं जानते थे कि उसके साथ जाने का परिणाम क्या होगा? उस समय हर व्यक्ति के पास सवाल अधिक थे, उनका उत्तर कुछ भी नहीं था। पिताजी की भी यही मनःस्थिति बन चुकी थी। वह एक अजीब से द्वंद्वभाव में फंसे हुए थे। चारों ओर बड़े-बड़े प्रश्नचिन्हों के घेरे में अनेक प्रकार के विचार उनके मानस में आ जा रहे थे।

विचारों का प्रवाह भी बड़ा तेज हो रहा था। इतना तेज कि उन्हें पकड़ना भी कठिन हो रहा था। एक-एक पल पहाड़ की भांति दिखाई दे रहा था। जीवन बेभरोसे की गाड़ी बन चुका था। ऐसा लगता था कि कभी भी कोई गिद्ध जीवन पर झपट्टा मार सकता है। पल पल जीना कठिन होता जा रहा था।

माताजी को मिली धर्म निभाने की जिम्मेदारी

ऐसी मन:स्थिति और परिस्थिति में फंसे पिताजी ने अपने उस मुसलमान मित्र से थोड़ा बचकर माता जी को एकांत के एक कोने में बुलाकर उनके कान में कहा कि मुझे नहीं पता कि मैं अब लौटूँगा भी या नहीं? यदि मैं बचकर लौट न पाऊं तो तुम बच्चों को विष खिला देना और अपने आप भी खा लेना। पिताजी चाहते थे कि हर स्थिति में अपने धर्म और सम्मान की रक्षा होनी चाहिए। मेरी माताजी भी शेरनी थीं। उन्होंने पिताजी का हर स्थिति परिस्थिति में पूर्ण तन्मयता से साथ निभाया था। उस समय उन्होंने पिताजी को आश्वस्त किया कि वे नि:संकोच चले जाएं। समय आने पर मैं अपने कर्तव्य का निर्वाह कर लूंगी।

इस पुस्तक के लेखक सुप्रसिद्ध इतिहासकार डॉ. राकेश कुमार आर्य हमारी ऐसी वीरांगनाओं के किस्से सुनाया करते हैं। जिन्होंने अपने पति को युद्ध के मैदान के लिए सहर्ष भेज दिया और भेजते समय अपने पति को यह विश्वास भी दिला दिया कि वे अपना कर्तव्य निभाएं, मैं अपना कर्तव्य निभाऊँगी। किसी भी स्थिति में धर्म को भ्रष्ट नहीं होने देंगे और ना ही शत्रु के समक्ष शीश झुकाएंगे। जब जब भी डॉ. आर्य इस प्रकार के प्रसंग लाते हैं तब तब मैं अपनी माताजी और पिताजी के बारे में सोचने लगती हूँ। निश्चय ही मेरी माँ ने भी उस समय एक ऐसी ही वीरांगना नारी का आदर्श उदाहरण प्रस्तुत किया था। जिसे याद कर आज भी आंखों में आँसू आ जाते हैं।

माताजी ने पिताजी के आदेश को शिरोधार्य किया। वह एक सच्ची वीरांगना थीं और पति के प्रति उनकी अगाध निष्ठा थी। अपने धर्म के प्रति उनका गहरा अनुराग था। अतः कोई प्रश्न ही नहीं था कि वह उन परिस्थितियों में अपने आपको किसी भी दृष्टिकोण से पीछे हटाती।

डाला गया मुसलमान बनने का दबाव

अपने उस मुसलमान मित्र के साथ पिताजी काफी देर बाहर रहे। बाहर ले जाकर पिताजी पर मुसलमान बनने का दबाव डाला गया। पिताजी टस से मस नहीं हुए। उन्होंने सिख गुरुओं, बंदा बैरागी, दीवार में चुनवाए गए गुरु पुत्र फतेह सिंह और जोरावर सिंह, भाई सती दास, मती दास, वीर हकीकत राय जैसे अनेक वीर पुरुषों के किस्से पढ़ रखे थे। जिन्होंने अपने जीवन को देश, धर्म और संस्कृति की रक्षा के लिए बलिदान देना तो उचित माना पर धर्म को गवाना उचित नहीं माना। वैसे भी पिताजी पर स्वामी दयानन्द जी महाराज की आर्य विचारधारा का रंग बड़ी

गहराई से चढ़ा हुआ था। वह एक संकल्पशील व्यक्ति थे और धर्म के प्रति उनका अनुराग बहुत गहरा था। वैदिक धर्म के सिद्धांतों में उनकी गहरी निष्ठा थी। जिसे खोना उन्हें किसी भी मूल्य पर स्वीकार नहीं था। इस्लाम के अत्याचारों के बारे में उन्होंने अच्छी प्रकार पढ़ रखा था और आर्य विचारधारा में रचे बसे होने के कारण वह यह भी भली प्रकार जानते थे कि मुसलमानी शासन में किस प्रकार हिंदुओं पर अत्याचार किए गए थे? इस्लाम को मानने वाले लोगों को प्रोत्साहन देना अपने आपको जीते जी मृत घोषित कर लेने जैसा है। यही कारण था कि पिताजी रोज रोज मरने की अपेक्षा एक दिन मरने को प्राथमिकता दे रहे थे।

कुछ समय उपरांत पिताजी को उनका वह मुस्लिम मित्र हमारे घर छोड़ गया। अगले दिन सारा गाँव हमारे घर पर एकत्रित हो गया। घर को चारों ओर से दो दिन तक मुसलमानों ने घेरे रक्खा। पिताजी के साथ अपने उसी मुसलमान मित्र के कारण कोई अनहोनी नहीं हुई। पिताजी को सकुशल लौटा हुआ देखकर परिवार के सभी सदस्यों ने राहत की सांस ली। सभी ने ईश्वर को धन्यवाद ज्ञापित किया।

मेरे अपने निजी अनुभव

मैं उन दिनों बहुत छोटी थी। उस छोटी सी अवस्था में ही जीवन मरण के कई अनुभव मैं कर चुकी थी। मुझे इतना ज्ञात था कि जो कुछ भी हो रहा है वह बहुत ही दुखदायक है और कभी भी हमारे जीवन का अंत हो सकता है। परिवार के सभी लोग एक दूसरे को टकटकी लगाकर देखते थे। वैसे नींद आती तो नहीं थी पर फिर भी सोने से पहले सब एक दूसरे को देखते अवश्य थे। उसका कारण केवल एक था कि सभी इस बात को लेकर सशंकित रहते थे कि पता नहीं कल की सुबह हम देख भी पाएंगे या नहीं। उस समय जीवन की उमंग तो थी, पर उस पर मौत की काली छाया इतनी गहरी थी कि उमंग बार-बार फीकी पड़ जाती थी। मौत की उस काली छाया से बाहर निकलने का परिश्रम हम सब कर रहे थे, उपाय भी खोज रहे थे, परंतु गहरी काली छाया में कहीं कुछ दिखता नहीं था। कहते हैं जब भाद्रपद की रात हो और काली घटा छाई हो तो उस समय बिजली की कड़क भी कई बार रास्ता दिखा दिया करती है। पर हमारे साथ तो ऐसा भी नहीं था।

छोटी बच्ची होने के कारण मैं खेलने के लिए निकल जाती तो बाहर चौपालों या किसी भी व्यक्ति की बैठक पर बैठे मुसलमान लोगों के पास खेलते-खेलते नाटक करती हुई पहुँच जाती। वे लोग हम हिंदुओं के बारे में जो कुछ भी बात कर रहे होते थे, उसे गहराई से सुनती-समझती और आकर पिताजी को बता देती थी। उस समय यह जिम्मेदारी बहुत बड़ी थी। जीवन के उस महासंग्राम में मेरी जैसी बच्ची कि इससे बड़ी कोई भूमिका हो भी नहीं सकती थी। इस प्रकार उस संग्राम की मैं एक नन्हीं सी सिपाही थी। मुझे संतोष है कि मैं अपनी भूमिका को उस समय बहुत ही उत्तमता से निर्वाह कर रही थी।

मुसलमानों के लिए मैं बालिका नहीं थी। उनके लिए मैं एक हिंदू की बेटी थी और मेरे साथ उस समय कुछ भी होना संभव था। इस सबके उपरांत भी मैं अपनी उस भूमिका का निर्वाह करते हुए अत्यंत आनंद का अनुभव करती थी। ऐसा नहीं था कि मैं ऐसे समाचार केवल मुसलमानों के यहाँ से ही लेती थी और उन्हें पिताजी को जाकर यथावत सुनाती थी, मैं हिंदुओं के बीच जाकर भी उनके मन की बात लेती और पिताजी को जाकर बताती।

मिली राहत भरी खबर

जीवन मरण से जूझ रहे हम हिंदुओं के लिए कुछ राहत भरी खबर सुनने को मिली। पता चला कि हिंदू सेना शीघ्र ही हमारी प्राण रक्षा के लिए आ रही है। ठीक 3 दिन बाद हिंदू सेना आई। वह सब हिंदू महिलाओं को ट्रकों में बैठाकर दूर सुरक्षित स्थानों पर ले जाने लगे। उस समय हिंदू पुरुषों और महिलाओं के लिए वहाँ से 56 कोस दूरी पर और शोरकोट में खुले मैदान में बाड़ लगाकर एक कैंप लगाया गया था। यह कैंप हिंदू शरणार्थी राहत शिविर था। हमारी हिंदू सेना के सिपाही महिलाओं को बड़े सम्मान के साथ ट्रक में ले जाकर वहाँ छोड़ आते। बारी-बारी से सभी महिलाओं और पुरुषों को वहीं छोड़ा गया।

पिताजी महिलाओं के हर ट्रक के साथ जाते थे। उन्हें विश्वास नहीं होता था कि वह हिंदू सेना है या नहीं। जब यह सैनिक हिंदू महिलाओं को उस राहत शिविर में छोड़ देते तो पिताजी को एक अजीब सी राहत अनुभव होती थी। जिसे वह प्रकट तो नहीं करते थे पर उनके चेहरे पर आए भावों से उसे समझा जा सकता था। पिताजी का इस प्रकार उन ट्रकों के साथ हर बार आना जाना उस समय अपने प्राणों को जोखिम में डालने के समान था। यद्यपि पिताजी जोखिमों से डरते नहीं थे, पर हम सबको उनकी अनुपस्थिति में उनकी बहुत चिंता होती थी। पिताजी इस बात को लेकर कुछ आश्वस्त थे कि जीवन की कुछ आशाएं अब बनने लगी थीं। यद्यपि संकट टला नहीं था, पर फिर भी वह अब पहले से कहीं अधिक प्रसन्न नजर आ रहे थे। जितने अनुपात में पिताजी निश्चिंत दिखाई देते थे,उतना ही हम सब परिवार वाले अपने आपको प्रसन्न अनुभव करते थे।

राहत शिविर की कठिनाइयाँ

हम सब उस राहत शिविर के खुले मैदान में चार मास तक रहे। दिनभर में एक परिवार को एक लोटा पानी और सदस्यों के हिसाब से आधी रोटी मिलती थी। पानी में नमक घोल कर उसके साथ रोटी खाते थे। दो घूँट पीने का पानी मिलता। गर्मी के दिन थे। हम सब दिन भर भूख प्यास से तड़पते रहते थे। रात्रि को कैम्प के चारों ओर मुसलमान गोलियां बरसाते थे। प्रातः काल कई लाशें मिलती थीं। जो मुसलमान इन कामों को कर रहे थे उन्हें आप हविश के भूखे भेड़िए भी कह सकते हो, निर्मम और पाशविक अत्याचारों के प्रतीक भी कह सकते हो, लाशों के सौदागर भी कह सकते हो और इसी प्रकार के कई अन्य विशेषणों से भी संबोधित कर सकते हो।

पिता जी एक शूरवीर योद्धा की भांति युद्ध में डटकर लोहा ले रहे थे। वह अत्यधिक आशावादी थे। यही कारण था कि वह एक जीवंत पुरुष की भांति उस समय न केवल अपने परिवार का बल्कि अन्य हिंदू बहन भाइयों का भी ध्यान रख रहे थे। प्रात: काल वे अपने लोगों को पिस्टल चलाना सिखाते थे। पिताजी जिन युवाओं को पिस्टल चलाना सिखाते थे, उनसे कहते थे कि शिविर की रक्षा करते समय उन्हें चारों ओर से पिस्टल चलाने का काम करना है। जिससे कि मुसलमानों को लगे कि यहाँ पर बहुत सारे सैनिक हैं। जबकि सच यह था कि कैंप की सुरक्षा के लिए वहाँ पर सेना के केवल दो ही जवान थे।

मामा जी के प्राण संकट में

हम आखिरी ट्रेन में सवार होकर भारत की ओर गए। मेरे मामा जी का छोटा बेटा उस समय केवल दो मास का था। खाना पीना ठीक न होने के कारण मामी जी के दूध से उसका पेट नहीं भरता था। वह भूख के कारण रोता रहता था। मेरी मामी जी को भी भरपूर खुराक नहीं मिलती थी, इसलिए दूध भी उतना नहीं बनता था, जितना बच्चे के लिए आवश्यक था। मेरे मामा जी की आर्थिक स्थिति बड़ी मजबूत थी। इस बात को गाँव का प्रत्येक मुसलमान जानता था। उस समय उनकी नजरें मेरे मामाजी को खोज रही थीं। उनकी इच्छा थी कि यदि मेरे मामा जी उनके पल्ले पड़ जाएं तो उनका सारा धन जेवर आदि उनसे ले लिया जाए। मुसलमानों ने उस समय नाटक करते हुए मेरे मामा जी से कहा कि आप हमारे साथ चलें, हम आपके बच्चे के लिए आपको दूध देंगे। मेरे मामा जी ने उन पर विश्वास करते हुए उनके साथ जाना स्वीकार कर लिया।

मुसलमान लोग मेरे मामा जी को उनके घर ले गए। उन मुस्लिमों ने मामा जी को उन्हीं के घर ले जाकर उनसे कहा कि फटाफट हमें अपना वह धन माल जेवरात आदि दे दीजिए जिसे आप दबाकर यहाँ से भाग रहे हो। यदि आप अपना सारा धन माल आराम से हमको दे देंगे तो उसका आधा हम आपको दे देंगे। मामा जी ने उन सभी मुस्लिमों की बात पर विश्वास कर लिया और उन्होंने जमीन में गड़ा अपना सब धनमाल उनके सामने रख दिया। तब मुसलमानों ने एक बोतल दूध देकर मामाजी को वहाँ से यह कहकर भगा दिया कि जाओ ! अपनी खैर मनाओ कि हम आपको मार नहीं रहे हैं।

मामा जी वस्तुस्थिति को समझ चुके थे और उन्हें पता था कि ये मुसलमान लोग नीचता के किस बिन्दु तक जा सकते हैं? उन्होंने बड़े सहज भाव से उनसे धन्यवाद कहकर वहाँ से चलना ही उचित समझा।

दूध लेकर मामाजी सुरक्षित कैंप लौट आए। हम सबकी चिंता दूर हुई। हममें से किसी को भी उस समय इस बात का बुरा नहीं लगा कि मामा जी सारे सोने चांदी को देकर हमारे पास लौटकर आए थे। उस समय प्राण बच जाना ही सबसे बड़ी बात थी। ऐसी कितनी ही घटनाएं हो रही थीं, जिन्हें देखकर मानवता लज्जित हो रही थी।

...और हम भारत पहुँच गए

आखिर वह दिन भी आ गया जब हम लोग ट्रेन में बैठकर भारत आए। उधर लाहौर स्टेशन पर पाकिस्तान की ओर से आ रही हिंदुओं की दो गाड़ियाँ काटने के लिए रोक दी गईं। कुछ ही क्षणों में वहाँ पर हिंदुओं का काटा जाना आरंभ हो गया। वह दृश्य अत्यंत दर्दनाक था। गाड़ियों में बैठे हिंदुओं को जीवन की अंतिम आशा भी अपने हाथों से खिसकती हुई नजर आ रही थी। जब रेल में बैठकर पाकिस्तान से हिंदुस्तान के लिए चले थे तो कुछ आशाएं जीवंत हो उठी थीं, पर अब उन पर भी तुषारापात हो गया था। ट्रेन में बैठे सभी हिंदुओं को अब मौत साक्षात नजर आ रही थी। तभी भारत से पाकिस्तान के शासकों के लिए फोन आया कि यदि आपने दो गाड़ियों को काटा तो हमने हिंदुस्तान से पाकिस्तान जाने वाली मुसलमानों से भरी हुई चार गाड़ी रोकी हुई हैं। हम उन्हें काट कर भेजेगें। बताया गया था कि इस संदेश के पीछे उस समय सरदार वल्लभभाई पटेल की कड़कती हुई आवाज काम कर रही थी। उनका साहस बोल रहा था। उनकी राष्ट्रभक्ति बोल रही थी। इस साहसिक निर्णय के बाद स्थितियों में तुरंत परिवर्तन आया। कटने वाली पंक्ति में लाहौर में मामा जी का पाँचवा नंबर था। सौभाग्य से वे बच गए। भारत में सुरक्षित लौट आए।

भारत आकर हमारे लिए पुनर्वास का काम सबसे बड़ी समस्या था। हमने उस समय की पहली जंग जीत ली थी। भारत आकर अब कम से कम हमको इतना तो आभास हो गया था कि अब प्राणों के लिए संकट बहुत कम हो गया है। हमने अपने आपको सिद्ध करने के लिए और जीविकोपार्जन हेतु हर छोटे से छोटा काम किया। पिताजी का निर्देश था कि किसी के भी सामने हाथ नहीं पसारना है। अपने परिश्रम और पुरुषार्थ के बल पर आगे बढ़ना है। अतः पिताजी की आज्ञा को शिरोधार्य कर हमने किसी के आगे हाथ नहीं पसारा। परिश्रम करके ही अपना भरण पोषण किया। 1968 में मेरा विवाह श्री धर्मवीर आर्य जी के साथ हुआ वह गृह मंत्रालय में सेक्शन ऑफिसर थे। तब तक कई प्रकार के घावों को सहन करके भी जिंदगी ने कुछ आगे बढ़ना आरंभ कर दिया था।

बँटवारे की फाइलें रोंगटे खड़े हो गए। पता चला कि पाकिस्तान में कई स्थानों पर हिंदू महिलाओं को निर्वस्त्र कर उनके साथ इस प्रकार के अत्याचार किए गए जिन्हें लेखनी लिखते हुए भी कांपती है। बड़ी ही जालिम कौम है मुसलमान। हम कल्पना भी नहीं कर सकते कि ये लोग कितने निम्न स्तर के अपराध बड़ी आसानी से कर लेते हैं?

अंत में सावरकर जी के बारे में

आजादी के 4 - 5 वर्ष पश्चात जब मैं कुछ और बड़ी हुई तो पता चला कि सावरकर जी उस समय एक हिंदू नेता के रूप में जाने जाते थे। वह अपनी स्पष्टवादिता के कारण खासे चर्चा में रहते थे। पाकिस्तान से भारत आने वाले जितने भर भी हिन्दू उस समय भारत के तत्कालीन नेतृत्व ने

और विशेष रूप से कांग्रेस ने मुसलमानों के रहमोकरम पर छोड़ दिए थे, वे सारे के सारे किसी सरकार या किसी व्यवस्था के कारण सुरक्षित नहीं रह पाए थे, अपितु किसी अदृश्य सत्ता ने उन्हें मुसलमानों की निर्मम तलवारों से बचा लिया था। नेहरू और गांधी के प्रति लोगों में उस समय बड़ा गहरा आक्रोश था। गांधीजी जिस प्रकार की बातें कर रहे थे उससे हिंदू विरोध को प्रोत्साहन मिलता था। लगता था कि सरकारी स्तर पर भी वही किया जा रहा होगा जो गांधी कह रहे थे। कुछ लोग उस समय मुसलमानों के एक धर्म स्थल में प्रवेश कर गए थे। जिसका मुसलमानों ने भारी विरोध किया था। उनका कहना था कि काफिरों के हमारे धर्म स्थल में प्रवेश करने से वह धर्म स्थल अपवित्र हो गया है।

1947 के अक्टूबर नवंबर माह की बात है, जब कुछ हल्की बारिश हो जाने के कारण शरणार्थी हिंदुओं ने मुस्लिमों के धर्मस्थल में बचाव के लिए प्रवेश कर लिया था। इस पर भी गांधी जी ने इस प्रकार प्रवेश करने वाले हिंदुओं को ही दोषी माना था। ऐसी घटनाओं से लोगों ने गांधीजी के प्रति आदर का भाव लगभग समाप्त हो गया था। यद्यपि सावरकर जी उस समय भी हिंदुओं के समर्थन में अपने स्पष्ट वक्तव्य दे रहे थे।

मुसलमानों की जैसी अमानवीय घटनाओं को हमने अपने साथ घटित होते देखा या झेला उससे यही कहा जा सकता है कि उनकी सांप्रदायिकता उनके लिए सबसे बड़ी है अर्थात वह हर स्थिति परिस्थिति में अपनी संप्रदायिक मान्यताओं को ही प्राथमिकता देते हैं। सावरकर जी बार-बार गांधीजी और नेहरू जी को यही समझा रहे थे कि जब कोई विषम परिस्थिति आएगी तो यह लोग हमारे हिंदू बहन भाइयों के साथ किसी भी प्रकार का मानवीय दृष्टिकोण नहीं अपनाएंगे। इन पर अधिक भरोसा करने की आवश्यकता नहीं है। यह एक दुर्भाग्यपूर्ण तथ्य ही था कि गांधीजी और नेहरू जी सावरकर जी की इस प्रकार की सलाह को मानने को तैयार नहीं थे।

सच यह है कि उस समय की परिस्थितियों में गांधीजी अपने 'अहिंसा दर्शन' का इतना अधिक शिकार हो गए थे कि वे और उनकी राजनीति अपना धर्म ही भूल गए थे। यदि गांधीजी विषम परिस्थितियों में राजनीति के धर्म को सही ढंग से समझ गए होते या उसकी सही व्याख्या कर रहे होते तो वह अन्याय, अत्याचार और शोषण के विरुद्ध अपने आपको मजबूत करते और मुस्लिमों के अत्याचार का सही प्रत्युत्तर देते।

प्रस्तुतिकर्ता : आर्या चन्द्र कान्ता क्रान्ति"

आर्या चन्द्र कान्ता" क्रान्ति"

सेवानिवृत्त राजपत्रित अधिकारी

शिक्षा विभाग, हरियाणा।

❒

अध्याय 18: दंगों का वह विकराल रूप

मेरा जन्म मुल्तान जिले के जस्सो कावेन गाँव में हुआ था। मेरा वह गाँव और शहर आज केवल यादों में शेष रह गए हैं। उनकी मिट्टी की सोंधी-सोंधी खुशबू आज तक मेरा पीछा कर रही है। अपने देश से उजड़ना और अपनी मिट्टी से बिछुड़ना कितना कष्टकर होता है? यह वही लोग जान जानते हैं जिन्हें विभाजन की उस दर्दनाक पीड़ा से दो-चार होना पड़ा और अपने घर-बार छोड़कर भागने के लिए मजबूर होना पड़ा। यह उस समय और भी अधिक दर्दनाक हो जाता है जब अपने ही देश से अपने ही लोगों के कारण उजड़ना पड़े और अपने ही देश में बेगानों की तरह जाकर जिंदगी जीने के लिए मजबूर होना पड़ जाए। अपने ही लोगों पर हम पीढ़ियों से भरोसा करते चले आ रहे थे। इसका एक कारण यह भी था कि वे अपने लोग पीढ़ियों पहले और भी अधिक अपने थे। क्योंकि उनका और हमारा धर्म एक था, खान-पान, वेशभूषा, बोलचाल सब एक थे। पर मजहब ने उन्हें आज हमें उनके लिए दुश्मन बना दिया था। आज वह मजहब के नाम पर हमारे लिए भेड़िया बन चुके थे।

कावेन बहुत ही छोटा सा गाँव था। पर वहाँ के लोग बहुत अच्छे थे। सब एक दूसरे के दु:ख दर्द में सम्मिलित होते थे और पूरा गाँव एक परिवार जैसा लगता था। यदि कोई मुसलमान भी था तो वह भी अपने अतीत से भली प्रकार परिचित था और वह जानता था कि हम भी हिंदुओं की ही संतानें हैं। यही कारण था कि वे हिंदुओं से अपनेपन का भाव दिखाकर बर्ताव करते थे। पर बँटवारे की बात सुनकर उनके दिमाग में इस्लाम का भूत सवार हो गया और उन्हें लगा कि यदि यहाँ अपनों को ही मारकर या भगाकर समाप्त कर दिया जाए तो उनकी सारी जमीन जायदाद मिल सकती है।

आर्य समाज की भूमिका

पंजाब के हर क्षेत्र में उन दिनों आर्यसमाज का बोलबाला था। ऋषि दयानंद के शिष्यों के प्रति लोगों में विशेष प्यार देखा जाता था। ऋषि दयानंद के दीवाने जिधर निकल जाते थे उस ओर ही इत्र की खुशबू बिखर जाती थी। उन लोगों के प्रति लोगों में एक विशेष सम्मान और आदर का भाव देखा जाता था। उसी का परिणाम था कि हिंदू घरों में गायत्री और गाय का मान

बढ़ चला था। वेदों के प्रति लोगों में गहरी श्रद्धा बढ़ चली थी। वैदिक संस्कृति को लोग हृदय से स्वीकार करते जा रहे थे। उन्हें अपने आपको 'आर्य' कहलाने में गर्व और गौरव की अनुभूति होती थी। आर्य समाजियों के बारे में उस समय यह एक गहरी मान्यता थी कि वह एक साथ वेदभक्त, ईश्वरभक्त और देशभक्त तीनों होता है। इसी मान्यता के चलते आर्य समाज उस समय देशभक्ति का प्रतीक बन चुका था। एक आर्य समाजी 1000 पौराणिक हिंदुओं में देशभक्ति के भावों का संचार करने के लिए पर्याप्त होता था। आर्य समाज सनातन धर्म का उद्धारक था। अपने पौराणिक भाइयों को साथ लेकर देश को आजाद करने की धुन यदि उस समय किसी संस्था में थी तो वह केवल आर्य समाज था।

उस समय किसी आर्य समाज जी को अपने बीच देखकर लोग सुरक्षा का आभास करते थे। इसके साथ ही साथ प्रत्येक आर्य समाजी की चारित्रिक मजबूती पर सबको विश्वास होता था। यहाँ तक कि मुसलमान और ईसाई भी उनकी चारित्रिक मजबूती का सम्मान करते थे। जहाँ तक देशभक्ति की बात है तो आर्य समाजी लोगों की देशभक्ति के उबाल को देखकर मुर्दा भी जिंदा हो उठते थे।

लोगों में आ रहे थे क्रांतिकारी बदलाव

सभी हिंदुओं के अपने खेत खलिहान थे। आर्य समाज के लोगों के द्वारा सांस्कृतिक जागरण और देश जागरण के कारण हर घर में गाय पालन अनिवार्य था। यज्ञ हवन की खुशबू हर घर से फिर से आने लगी थी। गीता, गाय और गंगा के प्रति लोगों में फिर से श्रद्धा बढ़ती जा रही थी। इसके अतिरिक्त वेदों की चर्चा लोगों में सामान्य रूप से होने लगी थी। इस प्रकार के परिवेश ने संस्कृति प्रेम और देश प्रेम को बढ़ावा दिया। गुरुकुल में शिक्षा प्राप्त विद्यार्थी शुद्ध संस्कृत का उच्चारण कर वेद मंत्र बोलते थे तो लोगों का ध्यान अनायास ही उनकी ओर चला जाता था। देशभक्ति के आगार बने उन ब्रह्मचारियों के ब्रह्मबल और तेज बल को देखकर हर कोई समझ लेता था कि उनकी देशभक्ति अनुपम और अद्वितीय है। देशभक्ति के उन अंगारों को देखकर उनके तेज के सामने शत्रु टिक नहीं पाता था।

आर्य समाज के कारण पढ़े लिखे लोगों की संख्या बहुत बढ़ गई थी। देशभक्ति के दीवाने और महर्षि दयानंद के शिष्य वे आर्य युवक जिधर भी निकलते थे, उधर ही देश भक्ति का रंग बिखर जाता था। देश का युवा वर्ग अपने उन क्रांतिकारी युवाओं के पीछे हो लेता था और उनके नेतृत्व में काम करने में अपने आपको गौरवान्वित अनुभव करता था।

अपनी जन्मभूमि से विदा होने का कष्ट

हिंदू समाज के लोग किसी भी प्रकार की गुलामी के विरोधी थे। उन्होंने सैकड़ों वर्ष तक अपनी आजादी की लड़ाई को जारी रखा था। जिस इस्लाम के विरुद्ध वे अपनी आजादी के

लिए लड़ते रहे, आज उसी के लोग उसके लिए प्राणलेवा सिद्ध हो रहे थे। जिस भारत माता को अपना सर्वस्व सौंपकर भी हर हिंदूवीर के मन मस्तिष्क में कुछ और भी सौंपने की इच्छा बनी रहती थी, आज उसी पवित्र भूमि से उसे विदा होना पड़ रहा था। अपने खेत-खलिहान, पेड़-पौधे, मकान-दुकान आदि को छोड़ते समय हिंदुओं के दिल पर क्या बीत रही होगी? यह मुझे उस समय तो आभास नहीं था, पर आज अवश्य आभास होता है।

बहुत देर बाद जाकर मुझको पता लगा कि वह कष्ट किस प्रकार का था और उन विपरीत परिस्थितियों में अपने आपको जीवित बनाए रखना भी कितनी बड़ी चुनौती बन चुकी थी?

ऐसी परिस्थितियों में :-

उत्तम खेती मध्यम व्यापार,

निखह चाकरी धूल समान।

हर हिंदू की यही भावना थी। मेरे पिताजी अध्यापक थे। साथ ही मुस्लिमों की रग -रग से परिचित भी थे। वे जानते थे कि मुस्लिम अपने मजहब की कट्टरता के सामने किसी को कुछ नहीं मानता। समय आने पर वह हर काफिर के लिए तलवार लेकर बाहर निकलता है। वह तब तक ही किसी के साथ रहने को तैयार होता है जब तक वह कमजोर होता है। थोड़ी सी उर्जा मिलते ही वह काफिरों के खून का प्यासा हो जाता है।

1947 में बँटवारे की घोषणा से मुस्लिमों के उपद्रव बढ़ चुके थे। मुस्लिम समाज के लोग उस समय हिंदुओं की जमीन-जायदाद, मकान-दुकान, बहू-बेटियों को हड़पने के लिए लालायित था।

वैसे तो उनके भीतर इंसानियत होती ही नहीं और यदि कुछ थी भी तो अब वह भी समाप्त हो चुकी थी। वे पूरी पाशविकता के साथ हिंदुओं पर टूट पड़ते थे। शस्त्रविहीन निस्सहाय हिंदू उनके आक्रमण का सामना पूरे प्रतिकार के साथ करते तो थे, पर फिर भी जानमाल की हानि अधिकतर हिंदुओं को ही उठानी पड़ती थी। इसका कारण था कि पूरा शासन-प्रशासन मुस्लिमों का साथ दे रहा था। दूसरे, हिंदू उजड़ रहा था, जिससे उसका मनोबल भी टूट चुका था।

गाय माता ने रुला दिया था हम सबको

मैं तब 15 साल का था, हमारा गाँव अत्यंत पिछड़े क्षेत्र में था, संकट की परिस्थितियों में वहाँ से किसी सुरक्षित स्थान पर पहुँच पाना नितांत आवश्यक था। मेरे पिताजी को वहाँ के मुस्लिमों के गुप्त षड़यंत्रों को भांपने में तनिक भी देर न लगी। वे भविष्य की आपदा का अनुमान लगा चुके थे। मुसलमानों को झाँसा देने के उद्देश्य से प्रेरित होकर एक दिन पिताजी ने अचानक यह प्रचारित किया कि मैं अपने पूरे कुटुम्ब के सभी सदस्यों के संग कुछ दिन बाहर रहने के लिए जाऊंगा। उन्होंने यह भी कहा कि हम अपने साथ पहनने योग्य वस्त्र व भोजन खाने पकाने के कुछ

आवश्यक बर्तन लेकर जाएंगे। शेष सब कुछ यहीं पर रहेगा। भाग्य ने साथ दिया तो लौट आएंगे। निर्धारित तिथि को हम घर से निकल पड़े थे। गाय माता को पहले ही खुला छोड़ दिया था। पर वह हमें छोड़ जाने को तैयार ही नहीं थी। वह ऐसी निगाहों से हमें निहार रही थी- .मानो हम उसके साथ अत्याचार कर रहे हैं। यह सब देखकर हम सबकी आंखें भर आई थीं। वह समझ रही थी कि यह कैसी 'विदा' है और इसका परिणाम क्या होगा? उस निरीह प्राणी को अत्याचारियों के हाथों छोड़ना हमारे लिए घोर पाप था। बहुत ही दु:खी दिल के साथ हमने अपने उस निर्णय के साथ समझौता किया था। आज तक भी उस दृश्य को हम याद करते हैं तो आंखें भर आती हैं। उस निरीह प्राणी के साथ हमारी वह अंतिम बातचीत थी। जिसे वह और हम दोनों ही केवल आंसुओं के माध्यम से प्रकट कर रहे थे। आंसुओं ने एक दूसरे को बहुत कुछ समझा दिया था।

सभी हिंदुओं ने अपनी-अपनी गाय माताओं के साथ यही कुछ किया था। सालों बीत जाने के बाद भी हर उस व्यक्ति के भीतर अपनी गाय माता को लेकर गहरा पश्चाताप रहा, जिन्हें उस समय पाकिस्तान से हिंदुस्तान आना पड़ा था। मेरे परिवार के भी प्रत्येक सदस्य की यही स्थिति थी। अपनी गौ माता से आँसुओं के माध्यम से स्थापित हुआ अंतिम संवाद घर के प्रत्येक प्राणी को रोने के लिए सालों तक मजबूर करता रहा।

अचानक पिताजी ने मार्ग बदल दिया

उस दिन हमें कुछ दूर स्थित जोधपुर नामक एक बड़े गाँव में पहुँचना था। वहाँ जाने का प्रचलित मार्ग बड़ा ही सुगम व सीधा सपाट था। पिताजी ने बार-बार प्रचारित किया था कि हम उसी मार्ग से जाएंगे ताकि दोपहर पूर्व तक जोधपुर पहुँच जाएं।

हम गाँव से बाहर पहुँच चुके थे। वहाँ से पिताजी ने सुगम मार्ग को छोड़, बड़े ही दुर्गम, बड़े-बड़े गड्ढे वाले गहन रेतीले तथा नुकीले कांटेदार झाड़ियों वाले मार्ग को चुना। हम सब कुछ पूछते इससे पूर्व ही पिताजी ने हमें चुप रहने का इशारा किया।

जब हम घर से निकले 15 या 20 मिनट हुए थे। तभी एक बुद्धिमान व्यक्ति ने पिताजी से कहा था..... जोधपुर जाने वाले मार्ग पर मुस्लिमों ने जल पर प्रतिबंध लगा रखा है। छोटे बच्चे हेतु पानी साथ लेते जाओ। तब पिता जी ने कहा था .....हमें तो सीधे मार्ग से ही जाना है... तब पिताजी ने मेरे बड़े भ्राता के सिर पर लदी कीमती सामान वाली गठरी नीचे फिंकवा दी। एक पानी से भरा कनस्तर उसके सिर पर रखवा दिया, तभी हम आगे बढ़े थे। हमारे ही गाँव के श्री राम दत्ता जी को यह विश्वास ही न हो रहा था कि उन्हें अपने जन्म स्थान को त्यागना होगा। उन्होंने हमारे साथ चलने से मना कर दिया था।

जोर-जोर से घंटा बजाने वाला वह व्यक्ति

बाद में वह उसी सीधे मार्ग से आगे बढ़े कई मुसलमान वहाँ पहले ही छिपे बैठे थे। वह उनका सब कुछ लूट ले गए। जैसे-तैसे वह सब जान बचाकर भागे, जोधपुर गाँव बहुत बड़ा था।

आसपास के कई गाँवों के हिंदू वहाँ एकत्र थे। वहाँ मुस्लिम लोग भी बहुत थे। वह हिंदुओं के रक्त के प्यासे बने बैठे थे। सभी हिंदुओं ने डटकर सामना किया। हमें वहाँ से पर्याप्त तलवारें आदि कुछ मिल गया था। सभी महिलाओं को वहाँ के गुरुद्वारे के अंदर बंद रखा गया। इधर हम लोग भारी मात्रा में मुस्लिमों का सफाया करते गए। हमने एक व्यक्ति को एक गुप्त स्थान पर छुपा रखा था। उससे कहा गया था कि यदि हिंदू लोग मारे जाएं तो जोर-जोर से घंटा बजाने लग जाना। इसे सुनते ही गुरुद्वारे में बैठी हिंदू महिलाएं एक दूसरे को मार डालेंगी।

शाम होने तक हमने बहुत सारे मुस्लिमों को मार डाला था। बस कुछ ही शेष बचे थे। उनको भी निपटाने में हमें कुछ देर नहीं लगने वाली थी। पर अचानक न जाने क्या हुआ, उस व्यक्ति ने घंटा बजा दिया। गुरुद्वारे की सभी वीरांगनाओं में अपने रक्त से सब कुछ रंग डाला। एक भी जीवित नहीं रही। यह सब कुछ कैसे हुआ? वह व्यक्ति कुछ भी बोल नहीं पाया। वह फटी आंखों से इधर उधर देखता, फिर दहाड़े मारने लगता। कुछ दिनों में ही वह चल बसा। हम अभी पाक में ही थे। दंगों ने विकराल रूप ग्रहण कर लिया था। अब बच पाना असंभव लग रहा था। हममें से कोई भी अकेला नहीं रहता था। कभी-कभी कोई व्यक्ति जल लेने किसी हैंड पंप आदि के पास जाता तो लौटता नहीं था। हर पेय-जल के स्थान के आसपास हत्यारे छिपे रहते थे।

गोरखा सैनिकों ने की सहायता

एक विशेष बात उस क्षेत्र में हिंदुओं की रक्षार्थ गोरखा सैनिक भेजे गए थे। पर वे संख्या में बहुत कम थे। मुसलमान सैनिक उन से इतना डरते थे कि वह पूरी टुकड़ी के आते ही भाग खड़े होते थे। हम भारतीय सैनिकों के कौशल को देख बड़े हैरान होते थे। वह पल मैं यहाँ और क्षण में वहाँ होते थे। दुष्कर से दुष्कर कार्यों को वह क्षणभर में पूरा कर डालते थे। ऊँची लंबी छलांग लगाना, हर प्रकार के वाहनों को सुगमता से उत्तम ढंग से चलाना उनकी मरम्मत आदि अस्त्र-शस्त्र धारी शत्रुओं को किसी भी शस्त्र के बिना मुक्के मारकर गिराना, उनकी अद्भुत वीरता को प्रकट करता था। उन्हें देखकर तो हमें वीर हनुमान जी की याद आती थी।

हमें जिस रेलगाड़ी से भारत पहुँचना था, उसका चालक एक मुस्लिम था। भारतीय सैनिक के बार बार कहने पर भी वह गाड़ी चलाने को तैयार नहीं हुआ। तब उस सैनिक ने उसे नीचे उतार कर उसकी खूब धुनाई कर दी। वही सैनिक उस ट्रेन को चलाकर हमें वहाँ से ले चला। हमारी गाड़ी पाक के एक बड़े स्टेशन पर रुकी।

सरदार पटेल ने दी समय पर सुरक्षा

वहाँ हिंदुओं से भरी दो रेलगाड़ियाँ पहले ही खड़ी थीं। हम सब की वहीं हत्या करने की योजना बनाई गई थी। यह सूचना भारत में सरदार पटेल तक पहुँच गई। उन्होंने भारत से पाक

जाने वाली सभी रेल रुकवा दीं। साथ ही पाकिस्तान को संदेश भिजवाया कि मेरे एक भी हिंदू को थोड़ी सी भी हानी पहुँची तो यहाँ से एक भी मुस्लिम आपके वहाँ जीवित नहीं पहुँच पाएगा। यदि पटेल जी न होते तो हम कदापि भारत नहीं पहुँच पाते।

उस समय सरदार पटेल हम सब के लिए जीते जागते साक्षात भगवान। हो गए थे। उनकी मजबूती के किस्से सुनकर लोग किस प्रकार रोमांचित हो उठते थे? यह आज तक याद है। उनका साहसिक व्यक्तित्व हम सबके लिए सुरक्षा का एहसास कराता था। उनकी नीतियाँ गांधीजी और नेहरू जी की तरह ढुलमुल नहीं थीं, बल्कि वह सपाट बात कहते थे और इस बात की कभी चिंता नहीं करते थे कि उनकी बात किसको अच्छी लगेगी और किसको नहीं?

यद्यपि सरदार पटेल सावरकर की कई नीतियों से सहमत थे पर इन दोनों ही नेताओं को लेकर पाकिस्तान से भारत आए लोगों में सम्मान का एक विशेष भाव बना रहा। इसका कारण केवल एक था कि वे हम सब लोगों के प्रति सहानुभूति और संवेदना का भाव रखते थे।

सखीर चंद जी के बारे में

अब हम हरियाणा के हांसी जिला हिसार में आ गए और वहीं बसे गए। तब श्री सखीर चंद जी कपूर वहाँ ही रहते थे। उन्होंने वहाँ पर आर्य कन्या विद्यालय सोलवा खुलवा दिया था। मेरी सब पुत्रियाँ उसी विद्यालय में पढ़ी हैं। वह भारत सरकार के उच्च पदों पर आसीन रहीं। बाद में सखीर चंद जी सपरिवार हिसार जा बसे।

आज जो लोग विभाजन के लिए सावरकर जी को दोषी मानते हैं या हिंदू सांप्रदायिकता को कोसते हुए मुस्लिमों का तुष्टीकरण कर उनके पापों पर पर्दा डालते हैं, वे लोग नहीं जानते कि उस समय हमारे ऊपर क्या बीती थी? हमने उस दु:ख-दर्द, तकलीफ को निकट से देखा है, झेला है। सावरकर जी एक संवेदनशील व्यक्ति थे। जिनके भीतर राष्ट्रवाद कूट कूटकर भरा हुआ था। उनकी राष्ट्रभक्ति असंदिग्ध थी। उनके व्यक्तित्व में पूर्ण पारदर्शिता थी। उनके जैसा व्यक्तित्व ही हमें सरदार पटेल का दिखाई देता था। जिनके कारण हम जीवित अपने देश आ सके। यदि उस समय के नेतृत्व के भरोसे हम रह रहे होते तो निश्चय ही हमारा जीवन समाप्त हो गया होता।

कांग्रेस के नेताओं की कमजोरी

कांग्रेस के बड़े नेता उस समय जिन्नाह को 'कायदे आजम' कहकर पुकारते थे। उनके भीतर यह साहस नहीं था कि वे जिन्नाह को देशद्रोही कह सकें, या देश के बँटवारे का दोषी मान सकें। जो मुसलमान हिंदुस्तान में रह गए थे, कांग्रेस के नेतृत्व को उनकी वोट लेकर उन्हें अपना 'वोट बैंक' बनाने की चिंता थी। जो लोग उधर से इधर आ रहे थे उनकी तो वोटों की भी चिंता किसी कांग्रेसी विशेष रूप से गांधी जी और नेहरू जी को नहीं थी।

मुझे इस बात को कहने में बहुत ही गर्व की अनुभूति होती है कि उस समय सावरकर एक ऐसे नेता थे जो अक्सर कह दिया करते थे कि 'जब तक मेरे देह में रक्त की एक बूँद भी शेष है, मैं अपने को हिंदू कहूँगा और हिंदुत्व के लिए सदा लड़ता रहूँगा।'

यदि इसी प्रकार की वीरता और हिंदुओं के प्रति आत्मीयता का प्रदर्शन कांग्रेस के बड़े नेता भी करते तो 1947 में देश के विभाजन के समय जितनी बड़ी मात्रा में हिंदुओं को जानमाल की क्षति उठानी पड़ी थी, वह बहुत कम रह सकती थी। क्योंकि मैंने स्वयं ने देखा था कि हिंदू वीरों के समक्ष मुसलमानों के क्रूर राक्षस दल के लोग किस प्रकार भाग जाया करते थे? मैंने अनुभव किया था कि उनके सामने मात्र मजबूती से खड़े होने की आवश्यकता है। यदि उन्हें यह आभास हो गया कि आगे लोग मजबूती के साथ खड़े हैं तो उनका साहस नहीं हो सकता था कि वे उनसे कुछ कहें।

सावरकर जी के बारे में

इस प्रकार गांधीजी और नेहरू जी की उदारता या मुस्लिमपरस्ती मुस्लिम गुंडों को और भी अधिक ऊर्जा दे जाती थी। जिसका दंड उस समय विस्थापित हुए हिंदुओं को भरना पड़ता था। यदि 'गांधी नेहरू कंपनी' भी सावरकर जी और सरदार पटेल जी की भांति कठोर रही होती और केवल दोषियों को सजा देने की बात कहने का साहस कर पाती तो इतने से भी परिस्थितियां बहुत अनुकूल हो सकती थीं। पर ऐसा हुआ नहीं।

सावरकर जी मुस्लिम तुष्टिकरण के विरोधी थे। उनकी स्पष्ट मान्यता थी कि तुष्टीकरण राष्ट्र के लिए घातक होता है। वह चाहते थे कि तुष्टीकरण किसी भी व्यक्ति या समुदाय का नहीं होना चाहिए। राष्ट्र धर्म के निर्वाह के प्रति सभी समान रूप से कर्तव्यवाद पर चलने वाले हों और राष्ट्रवाद के समक्ष संप्रदायवाद पूर्णतया गौण होना चाहिए। उन्होंने मुस्लिमों के पीछे भागती कांग्रेस को भी लताड़ते हुए एक बार कहा था कि हमें हिंदू मुस्लिम एकता के लिए मुसलमानों के पीछे नहीं भागना चाहिए। बल्कि आओगे तो तुम्हारा स्वागत है, नहीं आओगे तो तुम्हारे बिना स्वराज तो हम लेंगे ही। यदि विरोध करोगे तो तुम्हारे विरुद्ध डटकर सामना किया जाएगा, किसी भी स्थिति में हिंदू राष्ट्र तो अपना भविष्य निर्माण करेगा ही।'

सावरकर जी के 'हिंदू राष्ट्र' का अभिप्राय उस सर्व समन्वयी दृष्टिकोण अपनाने वाले सनातन की मान्यताओं से था जो सबका साथ सबका विकास करने में विश्वास रखती हैं। जबकि गांधी नेहरू का राष्ट्रवाद हिंदुओं के हितों को मुस्लिमों के हितों पर उपेक्षित करना था। इसके विपरीत मुस्लिम लीग या जिन्नाह राष्ट्रवाद हिंदुओं का जन्म और मुस्लिमों का पक्ष पोषण करना था।

प्रेषक - धर्मदेव टुटेजा
राजा पार्क शकूर बस्ती दिल्ली

❐

अध्याय 19: बहनों की छातियों पर लिखा - "पाकिस्तान जिंदाबाद"

भारत विभाजन के समय लालकुर्ती दल का बड़ा आतंक था। ये लोग हिंदुओं को मारने काटने में बड़ी शीघ्रता दिखाते थे। सरगोधा की ओर से जो गाड़ियाँ फुल्लरवान की ओर आती थीं, उनमें सादा वस्त्रों में सवार होकर लालकुर्ती दल के हत्यारे मुसलमान चढ़ जाते थे। आउटर सिग्नल आने पर ये लोग अपनी वास्तविक वर्दी को पहन लेते थे और उसके बाद जो भी हिंदू उस गाड़ी में दिखाई देता था, उसे काट डालते थे। इस प्रकार की घटनाओं का हिंदू मानस पर बड़ा विपरीत प्रभाव पड़ता था।

'विभाजनकालीन भारत के साक्षी' खंड-3 में पुस्तक के लेखक कृष्णानंद सागर जी पृष्ठ संख्या 36 पर विभाजन कालीन भारत के साक्षी बलदेव राज चावला के माध्यम से 'बहन के लिए भाई की अजब कहानी' के उपशीर्षक से हमें जानकारी देते हैं कि अंबाला शरणार्थी शिविर में कुछ दिनों बाद एक दिन अचानक भेडांवाला के तिलकराज और लीलो मुझे मिल गए। मेरे पूछने पर तिलक राज ने अपनी कथा बताई --

फुलरवान टब्बा से आप लोगों के चले जाने के बाद मैं वहाँ मुसलमान बनकर रहने लगा। मुस्लिम वेश और मुसलमानों वाली टोपी पहनने लगा। हमारे ऊपर हमला करने वाले मुसलमान किस गाँव के थे? यह तो मुझे पता था, लेकिन यह लीला उस गाँव के किस घर में है? - यह पता लगाना था। अतः मैंने उसी गाँव में जाकर सब्जी बेचने शुरू कर दी। सब्जी की छाबड़ी सिर पर रखकर मैं उस गाँव की गलियों में फेरी लगाता हुआ आवाज लगाता था और ले लो की जगह 'लीलो' बोलता था। जैसे सब्जी 'लीलो' आलू मटर लीलो आदि। इसमें 'लीलो' मैं जरा जोर से और उसी तरह बोलता था जैसे मैं पहले बहन लीला को बुलाता था। एक दिन लीलो ने मेरी आवाज सुन ली और पहचान भी ली। वह घर के बाहर आ गई। मैंने भी देख लिया कि वह इस घर में है।

मैंने फुल्लरवान जाकर यह बात हिंदू मिलिट्री के अधिकारी को बताई। उन्होंने एक दिन एक सैनिक टुकड़ी मेरे साथ भेज दी। सैनिकों ने उस घर की तलाशी ली किंतु लीला वहाँ नहीं मिली। टुकड़ी वापस चली गई। मैंने फिर सब्जी की फेरी लगानी शुरू कर दी और एक दिन लीला सब्जी लेने के बहाने मेरे पास आ गई और बताया कि उस दिन सेना के आने पर घर वालों ने मुझे एक बड़े ट्रंक में बंद कर दिया था।

मैंने यह बात जाकर सेनाधिकारी को बताई। उन्होंने फिर से मेरे साथ कुछ सैनिक भेज दिए। मुसलमानों ने फिर से उसे छिपाने की कोशिश की लेकिन इस बार उनकी दाल नहीं गली। लीलो को घर से बरामद कर लिया गया और इसे हम उस घर से निकाल लाए।"

हमें इसी प्रकार का एक संस्मरण श्रीमती राजकुमारी कपूर द्वारा भेजा गया है। जिसे हम यथावत प्रस्तुत कर रहे हैं। - संपादक मेरे परिवार की एक वयोवृद्ध महिला ने मुझको यह आप बीती सुनाई थी। मैं इसे ज्यों की त्यों लिख रही हूँ।

'मेरा जन्म चन्योट कस्बे में हुआ। यह 1932 की बात है। उन दिनों देश में बालिकाओं को शिक्षा दिलाना घोर पाप माना जाता था। मेरे पिता बसंत लाल जी पक्के आर्य समाजी थे। प्रत्येक आर्य समाजी के बारे में यह बात उस समय पक्की मानी जाती थी कि वह पौराणिक लोगों की प्रचलित मान्यताओं के कट्टर विरोधी हैं। यही कारण था कि आर्य समाज ने जहाँ बाल विवाह का विरोध किया, वहीं विधवा विवाह पर भी बल दिया। पर्दा प्रथा को भी आर्य समाज ने वेद विरुद्ध माना और नारी को शिक्षा देने की पौराणिक मान्यता का भी डटकर विरोध किया।

पिताजी के भीतर आर्य समाज के संस्कार कूट-कूट कर भरे थे। यही कारण था कि उन्होंने उस समय की प्रचलित मान्यताओं का विरोध करते हुए मुझे वहाँ की प्राइमरी पाठशाला में प्रवेश दिलवाया। प्रारंभिक शिक्षा पूरी होने पर मुझे लायलपुर में उच्च विद्यालय में भेजा गया। चन्योट में आगे की पढ़ाई का प्रबंध नहीं था।

अब मैं स्वयं, मेरी माता जी व मेरा अनुज सतपाल लायलपुर में रहने लगे। वहाँ मेरे नाना जी का घर था। मैं आगे की पढ़ाई करने लगी। सन 1947 में मैंने मैट्रिक परीक्षा में भाग लिया। यह वही समय था जब देश विभाजन को लेकर चारों ओर सांप्रदायिक दंगों की आग लगी हुई थी। मुस्लिम सांप्रदायिकता अपना नंगा नाच दिखा रही थी। मुस्लिमों को उस समय हिंदुओं की संपत्ति लूटने के साथ-साथ बहू बेटियों को भी लूटने का अपना परंपरागत चस्का लगा हुआ था। अगस्त 1947 में हमारे क्षेत्र में भी दंगे भड़क गए। हमें ऐसी घटनाओं का लेश मात्र भी आभास न था। कभी सपने में भी नहीं सोचा था कि इस प्रकार की अवस्था में हमको फंसना पड़ेगा और हमारे ही आसपास रहने वाले लोग हमारे ही खून के प्यासे हो जाएंगे। हम किंकर्तव्यविमूढ़ की अवस्था में थे। जिन लोगों को हम अपना समझ रहे थे, वही हमारे लिए खून के प्यासे हो गए थे। यह देख कर आश्चर्य भी होता था और दुख भी होता था। इसके साथ ही साथ निरन्तर असुरक्षा

का गहराता जा रहा घेरा हमारी चिंता भी बढ़ाता था।

एक दिन हमें चन्योट से समाचार मिला कि वहाँ हिंदुओं की हत्या हो रही है, मेरी दादी जी व मेरे पिताजी वहीं थे। मेरे पिताजी की एक युवा भान्जी हमारे घर चन्योट आई हुई थी। पर हमें उनमें से किसी के विषय में कोई सूचना प्राप्त नहीं थी। एक दिन लायलपुर के जिलाधीश का आदेश आया कि सभी हिंदू लोग तत्काल यहाँ के उच्च माध्यमिक विद्यालय में पहुँच जाएं। जिलाधीश के आदेश का पालन करते हुए हम सब अपना आवश्यक सामान लेकर इंगित किए गए स्थान पर पहुँच गए। सभी हिंदुओं को वहाँ तंबू में रखा गया था। उस समय यह नहीं देखा जा रहा था कि जिस स्थान पर हम सब लोग एकत्र हो रहे थे, वहाँ सुविधाएं क्या हैं? केवल सबका साथ मिलना उस समय अपनी सुरक्षा का एहसास दिला रहा था। बस, इसी एहसास के साथ हम सब वहाँ पहुँच गए। इसके उपरांत भी किसी को यह पता नहीं था कि किसके जीवन का अंत कब हो जाएगा?

मौत गहराती जा रही थी। उसका डर निरंतर सता रहा था। कब मौत रूपी गिद्ध किस पर झपट्टा मार ले,इस बारे में उस समय कुछ नहीं कहा जा सकता था।

हम सबके मन में पक्की धारणा थी कि दो-चार दिन की ही बात है, फिर तो हम सब अपने घरों को लौट ही जाएंगे, पर ऐसा कुछ नहीं हुआ। हम लंबी अवधि तक वहाँ नारकीय जीवन भोगते रहे। इसका कारण केवल एक था कि मुस्लिम सांप्रदायिकता निरंतर डायन होती जा रही थी। जिसके चलते न तो प्रशासनिक अधिकारी हमें अपने घरों को भेजकर किसी प्रकार का खतरा मोल लेने की स्थिति में थे और ना ही लोग वहाँ से हटने को तैयार थे। मौत जब सिर पर मंडरा रही हो तो साधारण लोगों का आत्मविश्वास तक लड़खड़ा जाता है। उस समय अधिकांश लोगों की मन:स्थिति बड़ी ही भयग्रस्त हो चुकी थी। यद्यपि कुछ लोग ऐसे भी थे जो सब लोगों का मनोबल बनाए रखने का काम कर रहे थे। जो लोग अन्य लोगों के गिरते मनोबल को उठाने का काम कर रहे थे उनका यह प्रयास सचमुच वंदनीय था।

एक रात गहरे अंधकार में मुसलमानों के कुछ झुंड के झुंड हिंदुओं के तंबुओं में आ घुसे। वे हिंदुओं को गाजर मूली की भांति काटने लगे। जिस प्रकार बेरहमी के साथ वे अत्याचार कर रहे थे उस प्रकार के भयावह अत्याचारों की हम बच्चों ने कभी कल्पना भी नहीं की थी। हम हिंदुओं के घरों में चींटी को मारना भी पाप माना जाता है। पर हम अपनी आंखों से देख रहे थे कि वह किस प्रकार मनुष्यों की हत्या करते जा रहे थे और जितनी चीत्कार मचती थी, उतना ही उन्हें उसमें आनंद आता था। बाद में जब कभी तुर्कों या मुगलों के उन अत्याचारों के बारे में इतिहास में पढ़ा तो पता चला कि इन मुसलमानों का तो यह परंपरागत धंधा रहा है। इतिहास में जब-जब भी मुगलों के अत्याचारों को पढ़ा तो अपने साथ बीते हुए वे पल अनायास ही याद आते रहे। "तुर्कों और मुगलों के अत्याचारों को इतिहास में दिखाया नहीं गया" - जब कभी इस प्रकार के सच को कहीं से जानने का अवसर मिला तो भी यह बात अनायास ही दिमाग में

कौंधती रही कि हमारे साथ हुए अत्याचारों को भी इसी सोच के साथ कभी लोगों को दिखाया या बताया नहीं जाएगा।

बालक चीखते रहे और वे काटते रहे

हम कई बालक उस समय ऐसे थे जो राक्षस बने उन हत्यारे मुसलमानों के पैरों तले पड़े चीत्कार कर रहे थे, परन्तु उन्होंने लगातार कत्लेआम जारी रखा। हमारी चीख-पुकार या रोने धोने का उन पर कोई प्रभाव नहीं पड़ा। वे निर्भय होकर पूरी बर्बरता के साथ अपना काम करते रहे। ऐसे लोगों के बारे में किसी शायर ने ठीक ही तो कहा है: -

एक ही अनुभव हुआ है आदमी की जात से।
जिंदगी काटे नहीं कटती महज जज्बात से।।
आह भरने से नहीं सैयाद पर होता असर,
टूटता पाषाण है, पाषाण के आघात से।।

हमारे में से कुछ लोग चुपके से विद्यालय के कक्ष में जा छुपे। वे कक्ष बहुत ही छोटे थे। अतः हम सबने चुपचाप एक दूसरे के ऊपर बैठकर पूरी रात बिताई। अगले दिन भारतीय सेना के वीर हमें रेलगाड़ी से भारत ले आये। उस काल की दुर्दशा कैसे बताऊं? कुछ समय बाद न जाने कैसे हमारी दादी जी हमसे मिलने आईं। उन्होंने बताया-भारी संख्या में मुस्लिम चन्योट स्थित घर में आ घुसे और उन्होंने मेरे कानों में पड़ी बालियों को झपट लिया, मैं बेहोश हो गई। उन्होंने मुझे मरा हुआ मान लिया। तेरे पिताजी व दादाजी की हत्या कर दी। तेरी बुआ की युवा पुत्री को उठाकर ले गए। दादी जी बताती जा रही थीं और हम सबके आँसू बहते जा रहे थे। सारा परिवार बर्बाद हुआ। जो बचे थे, उनके पास बर्बादी की कहानी पर आंसू बहाने के सिवाय और कुछ नहीं था। बर्बाद परिवार की जिंदा कहानी को सुनकर रोंगटे खड़े हो रहे थे। एक हंसता खेलता परिवार जब उजड़ जाता है तो उसके उजड़ने की दास्तान कितनी गमगीन होती है? - यह बात उस दिन दादी जी के मुँह से टपकते उन शब्दों को सुनकर एक दुखद अनुभूति के साथ प्रकट होती जा रही थी।

जब-जब भी दादी जी के बताए हुए उस विवरण की याद आती है तो शरीर सिहर उठता है। आंखों से अश्रुधारा बहने लगती है। अतीत की ऐसी भयावह यादें विरासत बनकर जिंदगी भर रुलाती रहेंगी - यह बात बचपन के उन दिनों में कभी सोची भी नहीं थी। पर आज देखती हूँ कि आंसुओं की विरासत की एक लम्बी कहानी कलेजा में एक दर्द बनकर बैठी है।

लड़कियों की छाती पर लिखा था पाकिस्तान जिंदाबाद

हम लोग हिसार में रहने लगे। मैं प्राथमिक विद्यालय में अध्यापिका बन गई। साथ में पढ़ाई भी करती रही। बाद में मैं हिसार के कॉलेज में प्रोफेसर बन गई। अनुज सतपाल को मैंने पढ़ा कर अध्यापक बना दिया। विभाजन के उस काल में 600 हिंदू लड़कियों को भारत लाया गया।

उन सबकी छातियों पर किसी नुकीले धारदार सुएं से मांस को चीर कर लिख दिया गया था "पाकिस्तान जिंदाबाद"।

उन बहनों में से जिससे भी मिली, उसने ही अपनी ऐसी दर्द भरी कहानी को बयां किया, जिसे यहाँ लिखा भी नहीं जा सकता। उन्होंने खून के आँसू रोते हुए अपनी दर्दभरी कहानी को मुझे बताया था। उनके गहरे दर्द को सुनकर मैं भी उनके साथ रोने लगी थी। उन सभी बहनों ने मुसलमानों के अत्याचारों को देखा ही नहीं था झेला भी था। उस देखने और झेलने की प्रक्रिया में वे कैसे जीवित रहीं? यह बात मेरे लिए आज भी एक पहेली बनी हुई है।

सावरकर जी के बारे में

सावरकर जी के बारे में उस समय तो मुझे कोई विशेष जानकारी नहीं थी। पर बाद में जब उनके बारे में जानने और समझने का अवसर मिला तो पता चला कि वह बहुत ही व्यवहारिक दृष्टिकोण वाले व्यक्ति थे। उस समय का कांग्रेसी नेतृत्व जहाँ अपने दोगले चरित्र के कारण हम हिंदुओं की रक्षा करने में पूर्णतया असफल रहा था, वहीं सावरकर जी जैसे लोग खतरे के प्रति पूर्णतया सजग थे। हिंदू महासभा के कार्यकर्ताओं के माध्यम से वे लोग उस समय हिंदुओं के बचाव के लिए बहुत बड़ा काम कर रहे थे। वे प्रखर राष्ट्रवादी थे। यदि उनकी बात को समय रहते सुना जाता तो निश्चित रूप से 1947 में देश का बँटवारा नहीं होता। इसके साथ-साथ हमारे जैसे अनेक अभागे लोगों के साथ वे अत्याचार भी नहीं होते जो अब इतिहास का एक काला पृष्ठ बन चुके हैं। जिन कांग्रेसियों ने आलीशान अर्थात सभी सुख सुविधाओं से संपन्न जेलों में रहकर तथाकथित जेलें काटीं, वे आज इतिहास में सम्मान पाते हैं और जिन लोगों ने अनेक प्रकार के अत्याचारों को झेला, उनकी वह दर्दभरी कहानी भी इतिहास के कूड़ेदान की वस्तु बन गई। मेरी यह स्पष्ट मान्यता है कि यदि आज भी सावरकर जी के विचारों के अनुसार कार्य किया जाए तो प्रत्येक प्रकार की सांप्रदायिकता का विनाश हो सकता है। सावरकर जी ने समय रहते मुस्लिमों की बढ़ती जनसंख्या पर प्रश्न चिन्ह लगाया था। उन बातों पर आज चर्चा होती है तो कई लोग अपने आपको सावरकरवादी कहने में गौरव की अनुभूति करते हैं। काश ! यह बात 1947 में देश के नेतृत्व की समझ में आ जाती तो कितना अच्छा रहता?

देश के बारे में हमें यह बात ध्यान रखनी चाहिए कि 1947 में मुसलमानों की कुल जनसंख्या भारत की जनसंख्या की 35% के लगभग थी। आजादी के शताब्दी समारोहों के समय यदि यह संख्या फिर 35% तक पहुँच गई तो ये 1947 को फिर दोहरा सकते हैं। मैं देश के लोगों से अपील करना चाहूँगी कि हम 2047 की प्रतीक्षा किए बिना और यह सोचे बिना कि उस समय हमें फिर कोई सावरकर आकर जगाएगा, अपने आप सावरकर वादी बनकर सजग और सावधान होकर आगे बढ़ें।

प्रसिद्ध लेखक सच्चिदानंद ने कहा कि अंडमान की यातनाओं के कारण कुछ कैदियों ने आत्महत्या की, तो कुछ पागल हो गए। लेकिन ये सभी कठोर यातनाएं सहकर वीर सावरकर ने राष्ट्रहित में हजारों पृष्ठों का साहित्य लिखा। धर्म का स्थान हृदय में बताते हुए कारावास में धर्मांतरित हिन्दुओं का शुद्धीकरण किया।

इस बात के दृष्टिगत हमें सावरकर जी को इतिहास में सम्मान को स्थान देना ही चाहिए।

-श्रीमती राजकुमारी कपूर
राजा पार्क, शकूरबस्ती,नई दिल्ली

❐

अध्याय 20: असहनीय थी विभाजन की त्रासदी

1947 का अगस्त माह। मैं तब 4 वर्ष का था। पर उन दिनों की अनेक घटनाएँ आज भी मेरे मन मस्तिष्क में ज्यों की त्यों जमी बैठी हैं। जिन बातों का अनुभव व्यक्ति को बहुत बड़ी अवस्था में जाकर होता है, वह मुझे बचपन के उन दिनों में हो गया था। चित्त पर उनकी यादें कुछ इस प्रकार बैठ गईं कि आज मिटाए से भी नहीं मिट पाती हैं।

आपत्ति के दिनों में लोगों को समूह, संप्रदाय या समाज की याद आती है। जब सुख के दिन होते हैं तो हर व्यक्ति अपने जीवन साथी और बच्चों के साथ खुश रहने का प्रयास करता है। 1947 अर्थात देश विभाजन के समय के वे दिन बड़े ही भयावह थे। उस समय लोगों को साथ रहना और समूह के रूप में एकत्र हो जाना अपने प्राण बचाने की सबसे बड़ी गारंटी दिखाई देती थी। सबका साथ पाकर ही उसमें सुरक्षा का आभास होता था। 'अल्लाह हू अकबर' के नारे उस समय प्राणलेवा दिखाई देते थे। उनकी याद आज तक कानों में गूंजती है। कई ऐसे चेहरे याद आते हैं जो बचपन की उस प्रभात में मुझे कुछ कुछ पहचानने में आने लगे थे, पर 1947 की उस त्रासदी में वे चेहरे कहीं अनंत में विलीन हो गए।

हर छत पर रखा था आत्मरक्षा का सामान

जब देश विभाजन की उस पीड़ा के दौर से गुजर रहा था तो एक दिन हमारे घर की छत पर मोहल्ले भर के लोग विराजमान थे। हमारे मोहल्ले में मात्र 20 या 25 घर थे। हर एक छत पर एक केरोसिन तेल का भरा कनस्तर रखा था। दो-दो फुट लंबे लकड़ी के डंडों पर रुई व कपड़े लपेटे गये थे। यह सारा सामान लड़ने के लिए नहीं था बल्कि किसी भी आकस्मिकता के क्षणों में आत्मरक्षा का एक उपाय मात्र था। उसमें हम कितना सफल हो पाएंगे? -यह तो किसी को पता नहीं था। पर उन भयावह परिस्थितियों में आत्मरक्षा के लिए जितना किया जा सकता था, उतना करने का यह प्रयास मात्र था।

मुझे उस समय तो कुछ समझ नहीं आया कि इन डंडों का या मशालों का करना क्या है? पर आज वह बता सकता हूँ। उन सबको एकत्र करने का प्रयोजन क्या था और वह हमारे लिए उन भयावह परिस्थितियों में कितने कारगर हो सकते थे? -इस बात की समझ बाद में आई। इसके उपरांत भी उस समय मुझे इतना अवश्य आभास था कि स्थिति परिस्थिति बहुत ही भयावह बन चुकी हैं। उन डंडों के सिरों पर तेल लगाकर उन्हें जलाया जाना था। समय आने पर गली में उन जलती मशालों को आने वाले आक्रांताओं पर फेंका जाना था। उस समय उन आक्रांताओं से बचने के लिए गाँव के लोगों द्वारा छत पर भारी मात्रा में ईंट रोड़े रखे गए थे। कहने का अभिप्राय है कि हम सबकी रक्षा के लिए उस समय हमारे सबसे बड़े हथियार ईंट, रोड़े और डंडों में लगाई गई मशालें थीं। वह समय ऐसा था कि कहीं दूर से जाकर हम ना तो हथियार ला सकते थे और ना ही उस समय हथियार बनाने की कोई सामग्री हमारे पास उपलब्ध थी।

मकानों की छतें ही हमारे लिए किला बन गई थीं। इन सब बातों से अनुमान लगाया जा सकता है कि एक वह संप्रदाय था जो चाकू छुरा चलाना बचपन से सीख जाता है, इसलिए समय आने पर चाकू और छुरों को ही अपनी प्राण रक्षा का आधार बना लेता है और एक हम हिंदू लोग थे जो पूर्णतया अहिंसावादी होते हैं और हथियार रखने को भी उचित नहीं मानते हैं। ऐसे में लड़ाई की तैयारी तो थी, पर यह लड़ाई केवल इतने तक सीमित थी कि यदि मरें तो मरने से पहले थोड़ा तो हाथ - पांव हिला ही लें। एक कौम विशेष से अपना संबंध बताने वाले लोग उस समय जल्लाद का रूप धारण कर चुके थे। उन्हें काफिरों का धनमाल लूटने और लूट के माल में काफिरों की बहन बेटियों को लेने का एक स्वर्णिम अवसर हाथ लगा था।

गांधी नेहरू की स्थिति

गांधीजी और नेहरू जी उस काल में हमारे राष्ट्रीय नेता थे। गांधी जी ने एक बार कहा था कि पाकिस्तान मेरी लाश पर ही बनेगा। कांग्रेस के बड़े नेता होने के कारण हम लोग उनकी इस बात पर विश्वास कर रहे थे। हमें लगता था कि जो कुछ गांधी जी ने कहा है वही सत्य है और हमें अपने देश में ही अपना घर छोड़कर कहीं और के लिए पलायन करना नहीं पड़ेगा। आजादी के बाद कुछ बड़ा होने पर मैंने अपने घर के बड़े बुज़ुर्गों को चर्चा करते सुना कि गांधी जी यदि उस समय लोगों को यह विश्वास नहीं दिलाते कि पाकिस्तान उनकी लाश पर बनेगा और वह कदापि देश का बँटवारा स्वीकार नहीं करेंगे तो जितनी जानमाल की क्षति उस समय हम लोगों को उठानी पड़ी वह न उठानी पड़ती। अच्छा होता कि गांधीजी हिंदू समाज के लोगों को यह संकेत कर देते कि वह अपना सुरक्षित स्थान प्राप्त करने के लिए भारत की ओर आ जाएं। पर दुर्भाग्यवश उन्होंने ऐसा कुछ भी नहीं किया।

देश विभाजन के पूर्व गांधीजी की उक्त बात को सुनकर उस समय हिंदू समाज के लोगों को थोड़ा भरोसा मिला था और उन्होंने सोचा था कि कांग्रेस के नेता देश का बँटवारा नहीं होने

देंगे। उन्हें भरोसा था कि हमें अपने घर, स्थान, खेतीबाड़ी की भूमि को छोड़कर कहीं जाना नहीं पड़ेगा। अतः वे निश्चिंत होकर अपने काम धंधे में लगे हुए थे। हम हिंदू लोगों ने यह सोचा ही नहीं था कि कांग्रेस के नेता और गांधी जी स्वयं समय आने पर हाथ खींच लेंगे और उस दस्तावेज पर स्वयं ही हस्ताक्षर कर देंगे जो देश के विभाजन के संबंध में था। जब कांग्रेस के नेता गांधी जी ने देश के विभाजन पर सहमति दे दी तो हमें अत्यंत पीड़ा हुई। आश्चर्य तो हमें उस समय हुआ जब जनसंख्या की अदला-बदली को भी कांग्रेस के नेताओं ने उचित नहीं माना और हम हिंदुओं को मुसलमानों के सामने उनका सबसे प्रिय शिकार बना कर डाल दिया। अपने मनपसंद शिकार को पाकर अर्थात काफिरों को असहाय देखकर मुसलमान उन पर गिद्ध की भांति टूट पड़े। कितने ही ऐसे मुसलमान थे जो हिंदुओं के साथ बड़े घनिष्ठता के संबंध रखते थे, पर समय आने पर उनकी नजरें टेढ़ी हो गईं और जो कल हिंदुओं के बच्चों को या बहू बेटियों को अपनी बहू बेटियाँ या बच्चों की भांति देखते थे, वही अब उन पर गिद्ध दृष्टि रखे हुए थे।

सारे कांग्रेसी मौन हो गए थे

उस समय नेहरू गांधी की कांग्रेस के किसी भी नेता के पास समय नहीं था कि हम लोगों की पीड़ा के विषय में कोई सोचे, सुने या समझे। जब ये लोग शिकारी कुत्ते की भांति हमारा शिकार कर रहे थे, तब भी हमारा राष्ट्रीय नेतृत्व हाथ पर हाथ धरे बैठा था। यह कर्तव्य के प्रति संवेदनहीनता की पराकाष्ठा थी। पर यह सब कुछ हो रहा था। टूटे हुए दिलों और रिसते हुए घावों पर मरहम लगाने या आंसू पोंछने का वक्त नेताओं के पास नहीं था।

कांग्रेस की इस प्रकार की नीति और सोच को देखकर लोगों को बड़ा कष्ट होता था। उस समय लोगों का अपने नेतृत्व के प्रति भरोसा उठ चुका था। ऐसे अनेक कांग्रेसी थे जिन्हें उस समय सत्ता प्राप्त करने की शीघ्रता थी। पंडित जवाहरलाल नेहरू स्वयं भी उनमें से एक थे। उन्हें भी प्रधानमंत्री बनने की शीघ्रता थी। उस समय के बड़े कांग्रेसी नेता महात्मा गांधी के पास या नेहरू जी के पास जा जाकर अपने लिए मंत्री पद पाने, विदेश में राजदूत का पद पाने या राष्ट्रमंडल के देशों में हाई कमिश्नर नियुक्त होने या किसी प्रदेश के मुख्यमंत्री या राज्यपाल का पद पाने की लालसा में लगे हुए थे। उनके आचरण से लगता था कि उन सबको सत्ता की भूख सता रही थी।

इस समय लोगों की स्थिति क्या थी और उनके दिल पर क्या गुजर रही थी? इस ओर उनकी संवेदनहीनता लोगों को साल रही थी। गांधीजी भी कोई निर्णायक भूमिका नहीं निभा पा रहे थे। सरदार पटेल निश्चित रूप से उस समय सराहनीय कार्य कर रहे थे। पर इसी समय सावरकर जी भी हिंदू महासभा के कार्यकर्ताओं के माध्यम से लोगों के लिए यथासंभव सहयोग करवा रहे थे। ऐसे राष्ट्रवादी लोगों के प्रति लोगों के भीतर विशेष श्रद्धा का भाव देखा जा रहा था। मैं यद्यपि उस

समय बहुत छोटा था, परंतु उसके बाद पिताजी और दूसरे लोगों के माध्यम से सरदार पटेल और सावरकर जी की प्रशंसा मुझे बार-बार सुनने को मिली। पिताजी हिंदू महासभा और सावरकर जी के हिंदू हितैषी भाव के बारे में बताते रहे। उनके द्वारा सुनाए गए व्रत्तांतों के आधार पर सावरकर जी के प्रति मेरी निष्ठा जीवन भर बनी रही है। यही कारण था कि वह हम हिंदुओं के प्रति उस समय पूर्णतया मौन हो गए थे। स्वतंत्रता की प्रभात में देश के नेतृत्व का इस प्रकार मौन हो जाना बता रहा था कि वे उस समय भी हिंदुओं की अपेक्षा मुसलमानों को प्राथमिकता दे रहे थे। इस प्रकार का पक्षपाती आचरण किसी भी नेता से अपेक्षित नहीं था, पर ऐसा हो रहा था।

हम निभा रहे थे 'कबूतरी धर्म'

यद्यपि 1947 में हुए देश विभाजन के संबंध में यह बात भी सही है कि उससे कुछ समय पहले तक हमें गांधीजी और नेहरू जी जैसे नेताओं पर पूरा विश्वास था। साथ ही हमारा विश्वास था कि जब हम किसी संप्रदाय विशेष के व्यक्ति के साथ कोई बुरा नहीं करते हैं और ना उनका बुरा सोचते हैं तो वह भी समय आने पर हमारे लिए बुरा क्यों सोचेंगे? जैसे हमारे भीतर मानवीय भाव थे वैसे ही भाव हम दूसरे संप्रदायों के लोगों में अपने प्रति देखते थे। बिल्ली को आते देख कर जैसे कबूतर आंखें बंद कर लेता है और वह समझ लेता है कि अब तू बिल्ली को दिखाई नहीं दे रहा है और बिल्ली कबूतर की मूर्खता के चलते ही उसे अपना शिकार बना लेती है। वास्तव में हमारी उस समय की ऐसी मानसिकता हमारे लिए 'कबूतरी धर्म' ही बन कर रह गई थी। जो हमारे लिए सबसे अधिक खतरनाक साबित हुई। हमें पहला धोखा अपने नेताओं से मिला और दूसरा धोखा हम स्वयं ही खा गए कि हमने पूर्णतया सांप्रदायिक लोगों को भी मानवीय समझ लिया।

गांधीजी का अनोखा प्रस्ताव

उस समय गांधी जी ने देश के विभाजन को टालने के उद्देश्य से प्रेरित होकर वायसराय के सामने एक अनोखा प्रस्ताव रखा था कि आप वर्तमान मंत्रिमंडल को भंग कर दें। उसके पश्चात आप जिन्नाह को सरकार बनाने का निमंत्रण दीजिए। सरकार के सभी सदस्य मुसलमान हों या न हों, इससे कोई अंतर नहीं पड़ता। यदि जिन्नाह प्रस्ताव मान लेते हैं तो कांग्रेस की ओर से मैं आपको विश्वास दिलाता हूँ कि हम उनका सरकार चलाने में पूर्ण सहयोग करेंगे। यद्यपि गांधी जी का यह प्रस्ताव कुछ सीमा तक ठीक था, पर माउंटबेटन का अंतिम उद्देश्य देश को बाँट देना था। इसी उद्देश्य से प्रेरित होकर वह भारत आया था।

सावरकर जी की मान्यता

सावरकर देश को किसी भी स्थिति में सांप्रदायिक आधार पर बाँटने के पक्षधर नहीं थे। उन्हें अपनी मातृभूमि का छोटे से छोटा टुकड़ा भी विधर्मियों को देने में अत्यंत कष्ट की अनुभूति

हो रही थी। सावरकर जी मातृभूमि को अपने लिए सबसे पवित्र मानते थे जबकि गांधी जी की कांग्रेस पाकिस्तान को दिए जाने वाले भूभाग को जमीन का एक टुकड़ा मात्र मानती थी।

राष्ट्रवादी सावरकर जी नहीं चाहते थे कि जो भारत भूमि युग युगों से हिंदुओं की पवित्र भूमि और पितृभूमि रही है, उसे विदेशी मजहब वाले लोग तोड़ने में सफल हों। स्वामी दयानंद जी महाराज की भांति सावरकर जी की स्पष्ट मान्यता थी कि भारत भारतीयों का है। जैसे स्वामी दयानंद जी कहते थे कि आर्यावर्त आर्यों का है वैसे ही सावरकर हिंदुस्तान को हिंदुओं का मानते थे।

वह इस पवित्र भूमि को हिंदुस्तान के रूप में नहीं बल्कि 'हिंदू' 'स्थान' के रूप में देखते थे। हमारी छत पर उस दिन एक बहुत बड़े पात्र में खजूर भी रखी थीं। किसी भी व्यक्ति ने उस दिन एक भी खजूर को छुआ तक नहीं था। सबकी भूख प्यास समाप्त हो चुकी थी। लोग बैठे हुए साँसें गिन रहे थे। यदि हवा के झोंके से भी पत्ता हिलते थे तो भी लगता था कि 'अल्लाह हू अकबर' कहने वाले हथियारों और हथियारों से लैस गुंडे बदमाश कहीं निकट ही आ चुके हैं। लोगों का गुमसुम बने बैठे रहना उस समय मुझे समझ नहीं आ रहा था। पर उनके वे चेहरे आज तक मेरे चित्त पर अंकित हैं।

आर्य समाज के प्रति लोगों की आस्था

हमारे घर के आंगन में बड़ी संख्या में स्त्रियां एकत्र हो गई थीं। वहाँ पर भी बहुत से केरोसिन तेल के कनस्तर रखे गए थे। समय आने पर उन सबको जलकर राख हो जाना था। उस समय कई लोगों को इस बात का रह-रहकर आभास हो रहा था कि हम लोगों को भी घरों में हथियार रखने चाहिए। न जाने कब कैसी स्थिति उत्पन्न हो जाए - कुछ कहा नहीं जा सकता? लोग इस बात को भी समझ रहे थे कि अहिंसावाद एक सीमा तक ही हमारे लिए उचित है। पर जब हिंसक लोग हम पर हावी हो जाएं तो उस समय हिंसा करना कितना आवश्यक हो जाता है? कहने का अभिप्राय है कि अहिंसा की रक्षा के लिए हिंसा करना भी धर्म में सम्मिलित है। लोगों को गांधी की अहिंसा और अहिंसा की रक्षा के लिए हिंसा करने के बीच का भेद भी समझ में आ रहा था। सालों बाद तक भी लोग इस बात की चर्चा करते रहे थे कि हमारे पास भी उस समय हथियार होने चाहिए थे।

हाँ, उस काल के लोगों में धर्म के प्रति आस्था बेजोड़ थी। आर्य समाज ने हम सबको धर्म से पूरा जोड़ रखा था। आर्य समाज लोगों के बीच रहकर वीरता का संचार कर रहा था। अनेक ऐसे किस्से कहानी आर्य समाज के उपदेशक लोगों को सुनाते थे, जिनसे उनकी बाजुएं फड़कने लगती थीं। वेदों के अंदर राष्ट्र और भारत भूमि के प्रति श्रद्धा और सत्कार का भाव स्थान - स्थान पर प्रकट किया गया है, उसे भी आर्य समाज लोगों में अच्छी प्रकार से फैला रहा था। आर्य समाज की इस सकारात्मक भूमिका का बहुत अच्छा प्रभाव लोगों पर पड़ रहा था। अनेक देशभक्त इतिहासपुरुषों

को आर्य समाज के प्रचारक लोग ढूँढ-ढूँढकर निकाल कर ला रहे थे और लोगों के सामने वीरोचित शैली में जब उनके बारे में कुछ बयान करते थे तो मुर्दों में प्राण संचार हो जाता था।

श्री सखीर चंद जी के बारे में

सन 1880 के आसपास तक हमारे दादा जी एक सशक्त और कर्मठ आर्य समाजी बन चुके थे। सन 1930 तक हमारे फूफा जी श्री सखीर चंद जी को एक सुदृढ़ आर्य समाजी माना जाता था। यह दोनों महानुभाव न केवल हमारे परिवार का मार्गदर्शन करते थे बल्कि अन्य लोगों को भी धर्म के प्रति आस्थावान बनाए रखने के लिए भांति-भांति के कार्यक्रम करते रहते थे। उनके इस प्रकार के कार्यक्रमों से लोगों को प्रेरणा मिलती थी और अपने धर्म व संस्कृति के बारे में जानने का अवसर प्राप्त होता था। इतना ही नहीं, कितने ही इतिहास पुरुषों के वास्तविक किस्से कहानी भी लोगों को ऐसे अवसरों पर सुनने को मिल जाते थे।

हमारे लिए यह प्रसन्नता का विषय था कि हम इस राष्ट्रवादी संस्था से जुड़े हुए थे और हमारे बड़े बुजुर्ग हमें स्वामी दयानंद जी महाराज और आर्य समाज के सिद्धांतों से परिचित कराते रहते थे। मुझे यह भली प्रकार ज्ञात है कि स्वामी दयानंद जी के प्रति लोगों में उस समय असीम श्रद्धा थी। लोग उनके बताए मार्ग पर चलते तो अपने आप ही देश भक्ति का संचार उनके भीतर हो जाता था। स्वामी जी का नाम लोग बड़ी श्रद्धा से लेते थे और उन्हें 'वेदों वाले बाबा' के नाम से पुकारते थे। श्री सखीर चंद जी स्वामी दयानंद जी के सिद्धांतों पर अक्षरश: चलने वाले व्यक्ति थे। वे लोगों को भी स्वामी दयानंद जी के प्रति निष्ठावान बने रहने की शिक्षा दिया करते थे।

हमें छोड़ना पड़ गया घर बार

छत पर बैठे हम लोग देख रहे थे कि दूर-दूर तक जलते मकानों का धुँआ दीख रहा था। 'अल्लाह हू अकबर' के नारे सब ओर से सुनाई देने लगे थे। हम क्या करें? कुछ भी समझ में नहीं आ रहा था। आखिर पूरी तरह लाचार होकर हमें घर छोड़ना पड़ा। माताजी ने मुझे और पिताजी ने मेरी छोटी बहन को कंधा पर उठा रखा था। हमारी जान पर आन पड़ी थी। कोई भी सामान लिए बिना हम बेतहाशा भागे। पर जाएंगे कहाँ? किसी को कुछ भी पता नहीं था। सच्चाई तो यह थी कि हमें जीवित रहने की तनिक भी आस नहीं थी।

जब प्राणों के लिए बन रही हो तो उस समय किसी सामान आदि का क्या मूल्य रह जाता है? भौतिक संसार के भौतिक साधन धन संपदा आदि लोगों के लिए कितनी देर के साथी हो सकते हैं? - यह बात उस समय अधिकांश लोगों की समझ में आ चुकी थी। सांसारिक धनसंपदा आदि सब उसी समय अच्छी लगती है, जब व्यक्ति का व्यक्तिगत जीवन सुरक्षित होता है। हमारा समूह आगे बढ़ता गया। झुंड में चल रहे सयाने लोग बड़ी सावधानी से बच्चों की देखभाल

करते हुए और युवाओं को उचित मार्गदर्शन देते हुए आगे बढ़ते जा रहे थे। वह चाहे किसी भी विपरीत परिस्थितियों में कुछ भी ना कर सकते हों पर वह अपने आचरण से यह दिखा रहे थे कि उन्हें बालकों की भी चिंता है, महिलाओं की भी चिंता है और बुजुर्गों के साथ-साथ युवाओं की भी चिंता है।

सर्वत्र लाशें ही लाशें दिखाई दे रही थीं

जब हमारे समूह के लोग आगे बढ़ रहे थे तो देख रहे थे कि राह भर में लाशें ही लाशें पड़ी थीं। हम लोगों को यह विश्वास नहीं हो रहा था कि हम लाशों के जंगल में हैं या मानवों की बस्ती से गुजर रहे हैं। मानव कितनी दानवता दिखा सकता है? -वास्तव में यह उसी का प्रमाण था। महिलाओं के शवों को उन दरिंदों ने नंगा कर रखा था। जिससे स्पष्ट हो रहा था कि उन्हें मरने से पहले कैसे-कैसे अपमानों से गुजरना पड़ा होगा? ऐसे दृश्यों को देखकर लोगों का कलेजा निकलने को हो जाता था। हम में से किसी ने भी ऐसे दृश्य कभी पहले नहीं देखे थे। यह सब हमारे लिए अकल्पनीय था। आंखों के सामने जो कुछ दिखाई दे रहा था वह सब अप्रत्याशित था।

कई बार लगता था कि हमारे साथ भी ऐसा कभी भी हो सकता है। इसी प्रकार हम रेलवे स्टेशन जा पहुँचे। हम सभी वहाँ खड़ी रेलगाड़ी के एक डिब्बे में जा घुसे। मन में बार-बार विचार आता कि यदि यहाँ भी मुसलमान आ पहुँचे तो....? वह रेलगाड़ी भारत देश की ओर बढ़ चली। नया सफर था, नया एहसास था। नई मंजिल की ओर हम बढ़ रहे थे। सामान्यतया ऐसे सफर और ऐसे एहसास में मन बहुत प्रसन्नता अनुभव करता है, पर मुझे पता है कि उस समय हमारा मन किसी भी प्रकार से प्रसन्न नहीं था। यदि यह सब सामान्य परिस्थितियों में हो रहा होता तो हमारे उत्साह का ठिकाना ना होता। पर हम नई मंजिल तक जा भी पाएंगे या नहीं? - यह सोचकर उस समय तो हृदय चीत्कार कर उठता था।

बेटी के लिए पिताजी ने लगा दिए प्राण दांव पर

विदा के क्षण सचमुच बड़े गंभीर होते हैं। आज हम सदा- सदा के लिए अपने प्रिय नगर से विदा हो रहे थे तो सभी ने हसरत भरी निगाहों से अपने नगर को अंतिम बार देखा। रेल लाइन के दोनों ओर लाशों के ढेर लगे थे। सभी बच्चों को खिड़कियों से दूर रखा गया। इसका कारण केवल यह था कि वे बच्चे होने के कारण कहीं पड़ी हुई लाशों को देखकर सहम न जाएं। वह रेल बड़ी धीमी गति से आगे बढ़ रही थी। एक घंटे में 5 किलोमीटर की दूरी भी पूरी न हो रही थी। मौत का साया अभी भी मंडरा रहा था। हे ईश्वर क्या हम बेवक्त मारे जाएंगे? यह प्रश्न बार-बार मन में कौध रहा था। हमारी व्यथा का अंत कहीं नहीं दीख रहा था। गाड़ी हर स्टेशन पर घंटों तक रुकी रहती थी। हमारी सांसें हमारे गलों तक आ चुकी थीं और वही अटक कर हमसे पूछ बैठती थीं कि क्या हम बच पाएंगे?

मेरी एकमात्र बहन तब 3 वर्ष की थी। वह माँ का दूध पीना बंद कर चुकी थी। उस समय माँ ने देखा कि उसके होंठ सूख रहे थे। उसे जल पिलाना बड़ा आवश्यक था। पर जल था ही कहां, कुछ समय उपरांत वह तड़पने लगी थी। जल बिना वह मरणासन्न थी। मेरे पिताजी ने हजारों प्रार्थनाओं आदि के बल पर उसे पाया था। पुत्री के बिना पिता का जीवन सफल कहां? यह पिताजी की दृढ़ धारणा थी। तभी गाड़ी अचानक रुकी। पिताजी झट से नीचे कूद गए। उनके हाथ में पुत्री सरला की नन्ही सी गिलासी थी। अब वे लौट कर ना आ पाएंगे, वहाँ बैठे सभी लोगों का यही मानना था। उधर पिताजी रेल इंजन तक जा पहुँचे। उस इंजन से एक-एक बूँद जल की कुछ-कुछ देर में नीचे टपक रही थीं। उन्होंने उन बूँदों से थोड़ा सा जल एकत्र किया। गाड़ी चलने तक वे लौट भी आए। सरला बच गई। यह उनके लिए सबसे बड़ी नियामत थी। पिताजी के सकुशल लौट आने पर सभी लोगों ने भी राहत की साँस ली थी। पिताजी ने अपने प्राणों को दांव पर लगाकर सरला की जान बचाई थी। सरला के चेहरे पर लौटी रंगत को देखकर पिताजी का भी चेहरा खिल उठा था। सरला की उस स्थिति को देखकर पिताजी कितने प्रसन्न थे? - यह उनके चेहरे को देखकर स्वयं ही अनुमान हो रहा था।

माँ की ममता की वास्तविकता को मैं नहीं समझ सका

हमारी रेलगाड़ी को पाक स्थित एक सुनसान क्षेत्र में रोका गया था। सभी लोगों को नीचे उतारकर पंक्तिबद्ध खड़ा किया गया। पंक्ति के दोनों छोरों पर बंदूकें ताने मुस्लिम सैनिक हमें मार डालने को उद्यत थे। उन बंदूकधारियों ने हमें निशाना बनाना था। अब इतना तो निश्चित ही था। तभी माता जी ने मुझे अपनी बांहों से उतार नीचे खड़ा कर दिया। ये मेरे जीवन के अब तक के सर्वाधिक आश्चर्य व कौतूहल के पल थे। गर्मी के दिन थे। भरी दोपहरी और चिलचिलाती धूप थी। वह दृश्य आज तक मेरे मस्तिष्क में ज्यों का त्यों अंकित है।

मैं सोच रहा था कि आज माँ को क्या हो गया है? माँ ने मुझे उन गरम-गरम पत्थरों पर खड़ा कर दिया था। मैं नंगे पैर था। आज तक कभी ऐसा हुआ नहीं, पता नहीं माँ ने आज ऐसा क्यों कर दिया था? उसे दिखता नहीं क्या? मेरे पैर जले जा रहे हैं, मैं कभी इस पैर पर तो कभी उस पैर पर खड़ा होने का प्रयास कर रहा था। मारे गर्मी के मैं तड़प रहा था। मात्र 4 वर्ष का सुकुमार शरीर, माता का सबसे छोटा पुत्र। उधर माँ थी कि मेरी ओर देख भी नहीं रही थी। माँ ऐसा क्यों कर रही थी?- मैं उस समय तो नहीं समझ पाया पर बाद में समझा कि उन राक्षस, दरिंदे और हत्यारे मुसलमानों से बचाने के लिए माँ ने मुझे अपनी ओट में खड़ा कर लिया था। वह अपने से पहले अपने पुत्र को मरता नहीं देख सकती थी। सचमुच माँ की ममता अनुपम है। आज जब उस दृश्य को याद करता हूँ तो माँ की ममता की महानता को समझकर अनायास ही आँखों में आँसू आ जाते हैं।

भारतीय सैनिकों ने की हमारी रक्षा

जब माँ और मैं उन अत्यंत पीड़ादायक क्षणों से गुजर रहे थे तब पिताजी कहां थे? मेरा विचार है कि वे भी उस समय कहीं पंक्ति में ही रहे होंगे। उस समय सबका मरना निश्चित था। मैं तो बालक था पर सभी बड़ों को उस समय यह स्पष्ट आभास हो गया था कि अब जीवन की कोई संभावना नहीं है। सभी को अपनी मृत्यु अपने सामने ही खड़ी दिखाई दे रही थी। लग रहा था कि संसार के जो भी दृश्य इस समय हमारे सामने हैं, यह कुछ क्षणों का खेल है। जिस जीवन को बचाने के लिए घर बार छोड़ा, धन माया आदि सब कुछ छोड़ा, अब वह भी असुरक्षित दिखाई दे रहा था।

ईश्वर के प्रति आस्था से असंभव भी संभव हो जाता है। उस समय बचने की कोई संभावना नहीं थी। कोई चमत्कार ही हमें बचा सकता था। तभी भारत की ओर से भारतीय सैनिकों से भरी एक रेलगाड़ी वहाँ से गुजरी। उन्होंने यह दृश्य देखा। उनमें से कुछ एक ने तत्काल विभिन्न अधिकारियों को सूचित कर दिया। रेल लाइन के पास खड़े पाक सैनिक सब कुछ समझ गए। उन पाकिस्तानी दरिंदों को यह समझने में देर नहीं लगी कि अब उनका काल निकट है। हमें तत्काल गाड़ी में जाने को कहा गया। सभी की जान में जान आ गई। हमें ईश्वर ने बचा लिया। तभी से मेरे मन में ईश आस्था सुदृढ़ है।

ऐसा ही एक उदाहरण और है। एक बार मुझे पाँच लफंगों ने एक सुनसान जगह में घेर लिया। चारों ओर अंधकार था। मन ही मन ईश्वर को स्मरण करके मैं उन पर टूट पड़ने को तत्पर था। तभी क्या हुआ? कुछ पता नहीं। उनके सरदार ने उन्हें वहाँ से हटने की आज्ञा दे दी। उस समय में 30 वर्ष का था।

हिसार में बनाया अपना बसेरा

पूर्णतः कंगाल होकर हम हिसार पहुँच गए। अब प्रश्न था-" खाएंगे क्या और पहनेंगे क्या?" उन दिनों हिसार की गलियों में एक छोटी सी बछिया लड़खड़ाती हुई घूमती थी। मालिकों का विचार था कि घूमने फिरने से यह ठीक हो जायेगी...। मेरे पिताजी ने महर्षि कृत 'गो करुणानिधि' को पढ़ रखा था। भ्रग में हमारे यहाँ कई गायें थीं। एक दिन पिताजी उस बछिया के स्वामी के घर गए। "यह बछिया मुझे दे दो, 1 वर्ष में ही किस्तों में दाम चुका दूँगा।" हमने उस बछिया को बड़ी लगन से पाला। बाद में हम हिसार के शुद्ध दूध विक्रेता बन गए। मुस्लिमों द्वारा छोड़े गए एक मोहल्ले में हम कई लोग आ बसे। पिताजी ने उस मोहल्ले का नाम रखा 'आर्य बाजार' आर्य समाज ने हमें सत्य मार्ग पर चलना सिखाया, पूरे नगर में हमारे सत्य की धाक थी। 'शुद्ध दूध लेना हो तो आर्यबाजार में मास्टर जी से लो' यह चर्चा चारों ओर थी। मेरे अग्रज श्री अविनाश लाल जी को तत्कालीन मुख्यमंत्री भजन लाल जी ने विशेष रूप से पुरस्कृत किया था। कारण

था उनकी सत्य निष्ठा व ईमानदारी। श्री अविनाश लाल जी उस समय जिला शिक्षाधिकारी के रूप में कार्य थे।

आर्य समाज के कारण हमारे व्यवसाय फलते-फूलते रहे। आर्य समाज के कारण हम अग्रसर हो पाए व सभी परिस्थितियों को अत्यधिक आदर सम्मान मिला। परिवार में आज वैदिक विदुषियाँ भी विद्यमान हैं।

वास्तव में परिवार का इस प्रकार संभल जाना अंधेरे और उजाले की लड़ाई में उजाले के जीत जाने जैसा था। जिस समय दूर-दूर तक आशा की कोई किरण दिखाई नहीं दे रही थी, उस समय भी परमपिता परमेश्वर के प्रति श्रद्धा का भाव बनाए रखने की प्रेरणा पूज्य पिताजी देते रहे। सचमुच ईश्वर का नाम सिमरन और उसके प्रति सच्ची श्रद्धा का भाव बड़े-बड़े कष्टों से पार लगा देता है।

सावरकर जी के बारे में

आज देश में कई लोग हैं जो यह कहते हैं कि देश के विभाजन के लिए सावरकर जी और मोहम्मद अली जिन्नाह जिम्मेदार थे। मेरा मानना है कि जो लोग इस प्रकार की विचारधारा रखते हैं वे मुस्लिम तुष्टीकरण करते हुए यह दिखाने का प्रयास करते हैं कि 1947 में जो कुछ हुआ उसके लिए हिंदू और मुसलमान दोनों के ही नेता उत्तरदायी थे। ऐसा कहकर ये लोग मुस्लिम सांप्रदायिकता के साथ समझौतावादी दृष्टिकोण अपनाने का प्रयास करते हैं। जिसे देश हित में कतई भी उचित नहीं माना जा सकता। मेरा परिवार उन परिवारों में से है जिन्होंने मुस्लिम सांप्रदायिकता को नंगा नाच करते हुए देखा था। उस समय की परिस्थितियों में मुस्लिम सांप्रदायिकता जिस प्रकार अपनी पाशविकता का खेल खेल रही थी उसके दृष्टिगत यह कहा जा सकता है कि देश के बँटवारे के लिए मुस्लिम संप्रदाय जिम्मेदार थी। जिसका प्रतीक उस समय मोहम्मद अली जिन्नाह था। सावरकर जी इस प्रकार की सोच का प्रतिकार कर रहे थे, उनके इस प्रकार के प्रयास की सही संदर्भ में लेने की आवश्यकता है।

प्रेरक- सुखदेव आर्य
भूतपूर्व राजपत्रित शिक्षाधिकारी हरियाणा, शिक्षा विभाग।
वर्तमान निवास- शकूरबस्ती पीतमपुरा दिल्ली।

❒